全国建设行业中等职业教育推荐教材

会计电算化操作

(建筑经济管理专业)

主编 李 晶 陆 潘
主审 王 珊 胡晓娟

中国建筑工业出版社

图书在版编目(CIP)数据

会计电算化操作/李晶,陆潘主编.—北京:中国建筑工业出版社,2004
全国建设行业中等职业教育推荐教材.建筑经济管理专业
ISBN 7-112-06181-4

Ⅰ.会... Ⅱ.①李... ②陆... Ⅲ.计算机应用-会计-专业学校-教材 Ⅳ.F232

中国版本图书馆 CIP 数据核字(2004)第 019652 号

全国建设行业中等职业教育推荐教材
会计电算化操作
(建筑经济管理专业)
主编 李 晶 陆 潘
主审 王 珊 胡晓娟

*

中国建筑工业出版社出版(北京西郊百万庄)
新华书店总店科技发行所发行
北京市兴顺印刷厂印刷

*

开本:787×1092毫米 1/16 印张:13 字数:312 千字
2004 年 6 月第一版 2004 年 6 月第一次印刷
印数:1—2,500 册 定价:18.00元
ISBN 7-112-06181-4
TU·5448 (12194)

版权所有 翻印必究
如有印装质量问题,可寄本社退换
(邮政编码 100037)

本社网址:http://www.china-abp.com.cn
网上书店:http://www.china-building.com.cn

本教材是为中等职业学校教学改革而编写的新教材。以安易财务软件 V3.11 版作为操作软件，结合会计电算化系统的特点、功能模块、要求等，详细介绍了软件的操作和会计电算化系统的原理和方法。本教材共分七章，包括：绪论；账务处理系统；报表处理系统；工资核算系统；固定资产管理系统；材料采购及管理系统；财务、报表系统上机练习题；会计电算化工作规范。

本教材可作为中等职业教育建筑经济管理专业广大师生的教学用书，也可用于在职财务管理人员的岗位培训教材。

* * *

责任编辑：向建国　张　晶
责任设计：崔兰萍
责任校对：王　莉

出 版 说 明

为贯彻落实《国务院关于大力推进职业教育改革与发展的决定》精神，加快实施建设行业技能型紧缺人才培养培训工程，满足全国建设类中等职业学校建筑经济管理专业的教学需要，由建设部中等职业学校建筑与房地产经济管理专业指导委员会组织编写、评审、推荐出版了"中等职业教育建筑经济管理专业"教材一套，即《建筑力学与结构基础》、《预算电算化操作》、《会计电算化操作》、《建筑施工技术》、《建筑企业会计》、《建筑装饰工程预算》、《建筑材料》、《建筑施工项目管理》、《建筑企业财务》、《水电安装工程预算》共 10 册。

这套教材的编写采用了国家颁发的现行法规和有关文件，内容符合《中等职业学校建筑经济管理专业教育标准》和《中等职业学校建筑经济管理专业培养方案》的要求，理论联系实际，取材适当，反映了当前建筑经济管理的先进水平。

这套教材本着深化中等职业教育教学改革的要求，注重能力的培养，具有可读性和可操作性等特点。适用于中等职业学校建筑经济管理专业的教学，也能满足自学考试、职业资格培训等各类中等职业教育与培训相应专业的使用要求。

建设部中等职业学校专业指导委员会

二〇〇四年五月

前　言

电子计算机于 20 世纪 50 年代便开始运用于经济领域中。会计电算化就是利用会计软件，由电子计算机代替手工进行会计核算、会计管理和辅助决策，是一门融合会计学科、管理学科、信息学科和计算机学科的综合性学科。它的出现带来了会计领域的新技术革命，是实现我国会计工作走向国际化和现代化的重要途径。

为了满足中等职业教育各专业会计电算化教学的需要，我们受建设部中等职业教育建筑与房地产经济管理专业指导委员会的委托，组织编写了本书，作为中等职业教育建筑经济管理专业、会计学专业以及其他经济类专业的教材。本书也可作为在职财务管理人员的岗位培训用书。

本书主要讲述了会计电算化的一般原理，并以我国目前优秀的安易软件作为操作软件，详细介绍了会计电算化系统中的账务处理系统和会计报表系统两大模块，并对这两大系统模块的功能进了具体的描述和应用性操作，同时还对会计电算化系统中的工资、固定资产、材料以及销售等管理系统的操作进行了全面、系统的阐述。本书力求突出以下几个特点：

（1）内容全面完整。对会计电算化系统中账务处理系统、会计报表系统以及工资、固定资产、材料、销售等子系统均作了详细的介绍。

（2）给出了一套企业实际发生经济业务的上机练习题。这样一来，突出了本书内容的"实"，增强了可操作性。

（3）采用目前我国优秀的安易财务软件（V3.11 版）作为操作软件。安易财务软件就是北京安易软件有限责任公司的软件，具备许多超强功能，用户广泛。北京安易软件有限责任公司是财政部批准成立的专门从事会计电算化研究和推广工作的新技术企业，这也体现了本书选用的软件具有先进性和代表性。

（4）按照教学的基本程序编排教材结构和内容。这样使学生不但懂得软件的具体操作，而且懂得众多财务软件的原理和方法。全书简明扼要，通俗易懂。

本书由攀枝花市建筑工程学校、攀枝花市建筑高级技工学校有关教师编写。李晶、严光鹏编写第一章；李晶编写第二、三章；陆潘编写第四、五章；彭刚、李亮编写第六章；陆潘、严光鹏编写第七章。全书由主编李晶、陆潘修改和总纂。本书由四川建筑职业技术学院王珊、胡晓娟主审。

本书是为中等职业学校教学改革而编写的新教材。虽然我们在编写此书过程中付出了极大努力，但因水平有限，加之编写时间仓促，书中难免有疏误之处，恳请广大读者批评指正。

目 录

第一章 绪论 1
 第一节 会计电算化概述 1
 第二节 会计电算化的实现过程 5
 第三节 会计软件的结构功能 8
 第四节 会计核算软件基本功能规范 12

第二章 账务处理系统 17
 第一节 数据处理流程 17
 第二节 会计软件的系统管理 20
 第三节 系统初始化 24
 第四节 凭证的编制 35
 第五节 记账和结账 42
 第六节 账簿输出 43
 第七节 辅助核算 49

第三章 报表处理系统 62
 第一节 概述 62
 第二节 建立报表 68
 第三节 报表的编制与审核 86
 第四节 报表输出 88
 第五节 系统管理 92
 第六节 编制现金流量表的方法 95
 第七节 报表汇总、合并 104

第四章 工资核算系统 106
 第一节 工资核算系统的功能和特点 106
 第二节 工资核算和管理系统的模块构成 107
 第三节 数据处理流程 124

第五章 固定资产管理系统 126
 第一节 固定资产管理系统的功能与特点 126
 第二节 固定资产管理系统的模块构成 127
 第三节 数据处理流程 140

第六章 材料采购及管理系统 142
 第一节 材料采购及管理的内容和特点 142
 第二节 材料采购及管理系统的模块构成 144
 第三节 数据处理流程 157

第七章　销售管理系统……………………………………………………………… 158
　　第一节　销售核算的内容和特点……………………………………………… 158
　　第二节　销售核算管理系统的模块构成……………………………………… 159
　　第三节　数据处理流程………………………………………………………… 172
附录一　账务、报表系统上机练习题………………………………………………… 174
附录二　会计电算化工作规范………………………………………………………… 191
参考文献………………………………………………………………………………… 199

第一章 绪 论

第一节 会计电算化概述

一、会计电算化的涵义

电子计算机在 20 世纪 40 年代诞生，于 50 年代便开始运用于经济领域中。1954 年美国通用电器公司首次利用电子计算机计算职工工资，这一举动开创了电子计算机运用于会计工作的新纪元。我国"会计电算化"一词最早是在 1981 年由中国会计学会于长春召开的"财务、会计、成本应用电子计算机专题讨论会"上正式提出的，可以简单地将其理解为"将现代有关电子计算机方面的技术应用到会计实务中"，具体地说，就是利用会计软件，由电子计算机代替手工进行会计核算、会计管理和辅助决策，是我国会计工作现代化的重要组成部分。

二、会计电算化的内容

（一）会计核算电算化

会计核算电算化即运用电子计算机代替手工核算，主要是记账凭证处理电算化、账簿处理电算化及报表处理电算化等。

（二）会计管理电算化

将电子计算机运用到会计管理的具体活动中，便会产生筹资管理电算化、存货管理电算化、固定资产管理电算化、工资管理电算化、应收（付）账款管理电算化、营业收入管理电算化等等各项管理业务活动。这些管理活动既相互独立，又相互联系，组成会计管理活动的整体，同时还与企业其他相关部门的管理活动紧密联系。

（三）决策支持电算化

现代管理理论认为：管理的中心在经营，经营的重心在决策，利用决策贯穿于企业的多项管理活动中。采用电子计算机辅助决策工作，绝不是代替人决策，而是为决策者提供所需的各类信息，提供使用的种种科学方法和数学模型，帮助决策者能够选择到最佳方案，以减少或避免决策失误，降低决策风险。

三、手工会计与电算化会计的比较

（一）手工会计的技术特性

手工会计信息系统主要由纸张、笔墨、算盘等物质工具作为技术支持，其对会计信息的处理表现为如下特性：

1. 复杂性

（1）信息关系复杂。会计信息主要包括资产、负债、所有者权益、成本、损益等几大部分。这些信息有着相互依存、相互制约的关系。

（2）信息接口复杂。会计信息是以货币形式综合地反映企业的生产经营活动，其信息的源点和终点涉及产、供、销每个环节以及人、财、物每个部门或单位。

(3) 信息计算复杂。会计信息的处理过程自始至终离不开各种计算方法，如存货的计价可采用先进先出法、后进先出法、加权平均法等；成本的计算可采用品种法、分步法、分批法等；借款费用中区分资本化部分和费用化部分的计算等。

2. 有序性

会计信息系统对经济活动的反映和监督是根据经济业务发生的先后顺序连续不断地进行的，即根据会计主体每一经济业务的时间先后顺序，填制和审核会计凭证，设置和登记会计账簿，同时进行成本的核算，实施必要的财产清查，试算和编制会计报表，进行财务分析。每一个会计期间，会计工作都是这样周而复始，循环不已，严格按照既定的程序依次进行，不得随意打乱和跳跃。

3. 规范性

会计信息出现具有一整套系统、完整的程序和方法，必须遵循"会计法"、"会计准则"和"会计制度"的规定，会计信息的收集、处理、交换均以有形的实体为载体，如各种原始凭证、记账凭证、账簿、具有一定格式的会计报表等，对于每一个环节的处理结果都具有可验证性，并可追溯其来龙去脉，提供清晰的审计线索。

4. 分散性

由于会计信息系统能综合、系统地反映企业经济活动的全貌，使得会计信息处理的工作量很大，在手工条件下需要由多名会计人员分工协作才能完成。为了避免人工在每一环节和每一时间可能出现的各种差错，根据复式记账原理，账证核对、账账核对、账实核对、账表核对、试算平衡等技术贯穿于整个处理过程。

（二）电算化会计的技术特性

与手工会计相比，电算化会计信息系统在保持原有共性（规范性）的基础上，又具有如下技术特性：

1. 集中性

（1）信息处理的集中。会计电算化后，原来在手工条件下需要由多人不同岗位分别完成的记账、算账、报账工作往往只需1~2台计算机即可实现。在网络或多用户的环境下，同一组信息可以被不同的用户同时共享，信息处理集中化的特性尤为明显。

（2）信息存储的集中。在电算化条件下，系统信息是集中连续存储的，只要计算机有足够的存储空间，就可跨年度储存和利用会计信息。

2. 自动性

由于电子计算机具有强大的运算功能，系统由计算机来执行从会计凭证到财务会计报告全过程的信息处理，客观上消除了手工方式下信息处理过程的诸多技术环节，如记账、结账等，而且，计算机还承担了成本计算、计提折旧、存货计价等繁杂的核算工作。所以，相对于手工会计而言，人工干预大大减少，其技术性与复杂程度也大幅度降低。

（三）手工会计与电算化会计的共性

1. 目标一致

两者的最终目标都是为了提供准确的会计信息，参与经营决策，加强经营管理，提高经济效益。

2. 遵守的会计法规和会计准则等一致

3. 遵循的基本会计理论和会计方法一致

4. 基本工作要求一致
(1) 收集数据，予以输入；
(2) 对数据进行加工处理；
(3) 存储和记录资料；
(4) 制定各种程序，规定需要何种数据，于何时何地取得该项数据，以及如何使用和传递；
(5) 编制输出会计报表。
5. 借贷复式记账的原理一致
6. 都必须保存会计档案

实施电算化会计后，大部分会计档案的物理性质发生了变化，由纸质的会计档案变为磁性介质的会计档案，这就要求用更科学的方法，加强对会计档案的保管。

四、会计电算化的作用

会计电算化的实施，彻底改变了会计的面貌。它的作用主要表现在以下诸方面：

（一）减轻会计工作强度，提高会计信息处理的准确性和及时性

传统的会计工作由于手工操作，不仅劳动强度大，而且手工处理差错的概率也较大，同时会计核算中还存在着大量重复劳动。随着经济的发展，市场的扩宽和竞争的加剧，会计信息处理工作量日趋增多，这种现象也要求会计信息处理更加及时。采用计算机处理会计信息，可以大大减轻会计工作强度，充分发挥计算机速度快、准确性高的特点，为日常管理提供更加详细、更加准确、更加及时的信息。

（二）加强了会计数据处理的集中化、自动化程度

采用计算机处理后，原始数据通过自动扫描装置或人工输入方式输入后存储于计算机，在此后的数据加工过程中，计算机自动按照事先编制的程序进行各种处理工作，很少或者完全不需人工干预。随后，就可以根据需要，随时查阅或打印有关账簿和报表。

（三）改进会计工作，提高会计工作质量

实施会计电算化，必须认真做好各项基础工作。首先必须按照会计准则和会计制度的要求，根据企业管理的需要和计算机技术的要求，使企业会计业务工作规范化、程序化和科学化，这样就会使会计业务工作质量得到极大的提高。

（四）发挥会计管理的作用，提高企业经营决策的能力

实施会计电算化，能提高会计信息处理的灵敏度和准确度，提高综合处理数据能力，提高会计分析决策数据的处理能力，使会计信息资源能得到充分有效的利用，从而增强了会计管理决策的科学性和有效性，提高了企业经营决策的能力，增强了企业市场竞争能力。

（五）对传统会计理论与实务的挑战

在电算化方式下，会计系统以电子计算机、网络技术等新型的信息处理工具置换了传统的纸张、笔墨和算盘。而这种置换不仅仅是简单的工具改变，也不再是手工会计的简单模拟，更重要的是它所带来的对传统会计理念、理论与实务前所未有的强烈的冲击与挑战。而我国当前的会计理论与方法仍旧立足于延续了几百年的、以手工处理为技术特征的基础之上，并未充分考虑到现代信息技术其强大信息处理的潜能。将现代计算机技术引入会计领域，势必给会计本身带来一场深刻的变革，使会计从被动事务型向主动管理决策型

转变，从简单计算型向复杂智能型转变。

五、我国会计电算化的发展历程

我国由于受到各方面条件的制约，会计电算化起步较晚，起始于20世纪70年代。迄今为止，可以说已经历了四个阶段。

（一）开始起步阶段（1978～1983年）

这一阶段我国只有少数企业在某项业务中开始使用了计算机。1979年，财政部以长春第一汽车制造厂为重点试点单位，从前民主德国进口电子计算机，尝试将计算机技术应用于会计。

这一阶段的主要特点是：(1) 局限于单项会计业务的电算化工作，最为普遍的是工资核算的电算化；(2) 还处于理论研究和试验探索阶段；(3) 后期对会计电算化的重要性已有所认识。

（二）缓慢发展阶段（1983～1986年）

随着计算机技术的飞速发展，全国掀起了一个计算机应用的热潮。但由于经验不足，理论准备与人才培训不够，跟不上客观形势发展的需要。

这一阶段的主要特点是：①采用工程化方法开展会计电算化工作和开发会计软件的少，多是单位各自为政，自行组织开发会计软件，因此通用性、适用性较差，造成了许多盲目的低水平重复开发，浪费严重；②单位会计电算化工作的开展缺乏与之相配套的各种组织管理制度及其他控制措施；③在宏观上，缺乏统一的规划、指导与管理，没有相应的管理制度。

（三）逐步走上有组织、有计划发展的阶段（1986～1992年）

这一期间，我国会计电算化进入了一个大发展阶段，各地区、各部门逐步开始了对会计电算化组织与管理工作。

这一阶段的主要特点是：①涌现出一批会计电算化的先进单位，他们开发了一些质量较高的专用会计软件，并在电算化后的组织管理上积累了一些经验；②会计软件的开发向通用化、规范化、专业化、商品化方向发展，出现了一批开发和经营商品化会计软件的商品化单位；③主管部门组织、推广会计软件取得显著成效；④各地、各主管部门加强了会计电算化的组织、指导、管理工作；⑤一大批单位甩掉了手工操作，实现了会计核算业务的电算化处理；⑥以财政部为中心的会计电算化宏观管理体系正在形成；⑦会计电算化的理论研究工作开始取得成效；⑧逐步培养和形成了一支力量雄厚的会计电算化队伍；⑨与单位会计电算化工作的开展相配套的各种组织管理制度及其他控制措施逐步建立和成熟起来。

（四）宏观调控以制度为主，会计软件开发以市场为主，企业会计电算化从单纯的软件应用到强调组织管理作用的阶段（1992年至今）

在这一阶段，会计电算化的宏观管理与企业及行政事业单位的会计电算化工作逐步走向成熟，全国商品化会计软件厂家与商品化会计软件如雨后春笋，全面发展，同时各级财政部门也规范了对会计软件的评审条例。到目前为止，由财政部评审通过的财务软件有近40种，省级财政厅评审通过的财务软件有100多种，形成了中国财务软件的商品化市场。计算机技术、信息处理技术的飞速发展促成了我国财务软件以惊人的速度向前发展，版本从Dos版发展到Windows版，从单用户版发展到局域网、广域网以至到今天的网络财务软件；采用的数据库从 DBASE、FoxBASE、Visual、FoxPro、Access 到 SQL—Server 等，满足了集团公司、跨国公司等大型公司海量数据库的需要。在中国企业使用的财务软件用户中，中国制造的财务软件占据着绝对的主导地位，为我国软件产业的发展树立了一个成功的典范。

从总体来看，这一阶段的主要特点是：①经过近十年的摸索，对会计电算化的宏观管理已经向以调控为主的方向发展；②以上级推广软件及单位自行开发为主的会计电算化模式，在会计电算化及其厂家逐渐成熟的条件下，再加上市场经济的推动，已逐步减弱，以购置商品化软件，以及与商品化软件厂家联合开发的应用模式正逐步形成；③在整个会计电算化工作中，正由过去的强调会计软件的开发、会计信息系统的建立逐步向强调电算化后的组织与管理、会计软件应用水平的提高等方向发展；④以提高会计应用水平的会计电算化基础培训工作正在风行；⑤以会计电算化为核心或手段的代理记账、会计电算化咨询等业务正在兴起。

第二节　会计电算化的实现过程

一、制定会计电算化的工作规划和实施计划

会计电算化，是整个会计信息系统引入计算机帮助会计人员进行会计工作，它不仅仅是增加计算机硬件和软件的问题，还涉及会计工作流程、内部控制、内部稽核的重大改变，必须有详细的工作规范和实施计划。每个单位应该考虑到整个计算机软硬件系统的投资效益；应该系统地考虑人员培训，使会计人员能正确地运行计算机软硬件，具有必要的安全意识和操作规程；更进一步地利用计算机为分析和决策服务；会计档案的管理必须进一步强化；还应进一步建立健全会计人员岗位责任制和其他内部控制、内部稽核制度，从制度上保证计算机软硬件的正常运行，保证会计数据正确。同时，也应该看到计算机代替手工记账并非一朝一夕之功，必须有详细稳妥的计划来保证其顺利实现。

二、设备的选择

设备是会计电算化得以实现的物理条件之一。选择好设备，对于会计电算化的顺利实现和正常运转都有重要意义。

（一）选择硬件系统

在确定硬件系统时，首先应当根据规划的硬件配置进行选择。不同的硬件组合，形成了计算机的不同工作方式。在目前，我国会计电算化信息系统中，存在着单机系统、多机系统、多用户系统、局域网络系统等四种结构。采用不同的硬件组合结构，需要购置的硬件不同。总体来讲，常用的硬件设备有：计算机主机、显示器、鼠标、键盘、CD-ROM（光盘只读存储器）、软驱、打印机。除此之外，还可具备有：扫描仪、触摸屏、网卡、Modem（调制解调器）、Hub（集线器）、Router（路由器）、读写光驱 pd、绘图仪等。

（二）选择软件系统

软件平台主要包括：操作系统、汉字处理系统、数据库管理系统、网络管理系统、工具软件等。软件平台受硬件平台和会计软件的约束较大。一般在允许范围内，采用正版和高版本软件为宜，应禁止使用盗版软件。

下面举例说明财务软件运行环境要求：

1. 安易财务软件（V3.11系列）运行环境

硬件：IBM/PC兼容机，586以上CPU，8M以上内存。推荐16M以上内存的机器。打印机推荐HP激光打印机或非滚动式打印机。

软件：西文Windows95/98配外挂式汉字系统或Pwindows9x，推荐用Pwindows95、98。

网络环境：Windows NT3.51，Novell 3.11以上版本。

2. 用友财务软件（V8.11系列）运行环境

硬件：主机为P133或以上，32M或以上内存，500M或以上硬盘，标准系列鼠标，Windows系统支持的显示器，可显示256色。Win2000/9x、Windows NT Server/Workstation 4.0支持的各类打印机。

软件：中文Win2000/9x + Docm98、西文Windows9x + RICHWIN For Win9x + Dcom98、Windows NT Workstation 4.0、IE4.0以上。

网络环境：Windows2000/Windows NT Server 4.0。

三、人员的配备

从信息技术管理角度出发，会计电算化后，应要求确立下面的工作人员负责相应的工作：

（一）信息主管

负责技术规划、网络通讯、会计软件、操作与维护等。这个职业是会计电算化系统的关键人物，需要对信息技术及其发展有深刻的理解，对具体管理手段和会计业务的数据处理有深刻的理解。同时，信息主管应有很高的职业道德和敬业精神。

（二）维护人员

负责日常计算机会计系统的软硬件维护，包括整理硬盘、清除病毒、更换配件、备份数据、档案管理等。这个岗位需要由责任心强、计算机业务水平较高的人员来担任。

（三）操作人员

会计电算化后，实际上每一位会计都应是操作人员，其主要工作是将凭证输入计算机，经审核人员在计算机里审核签章后记账，按职责分工进行凭证查询，账簿输出，报表的生成、查询、输出等工作。这个岗位需要对会计业务熟练，且计算机输入准确、快速的人员担任。

从会计业务的分工角度来讲，会计电算化后会更新下列人员的职能范围：

1. 审（稽）核人员

实施会计电算化后，由于凭证只有在审核后才能记账，因此对审核的时间性要求更高、更及时。检查账务是否正确已经提到审核岗位来完成，因此，审（稽）核人员除了具有丰富的会计知识和经验，还必须具备上机操作的能力。

2. 记账人员

实施会计电算化后，抄账、汇总、试算平衡、制表的工作都由计算机来完成，所以会计人员用在抄抄写写上的工作将大大减少。因此，记账岗位可安置1人或少数人。

3. 总账会计

实施会计电算化后，手工条件下总账岗位的工作都由计算机来完成，故总账会计这个岗位从职能上讲，可以和审核岗位合并，或者对输出账表进行审核。

4. 档案管理人员

实施会计电算化后，会计软件和载有凭证、账簿、报表的光盘（磁盘、磁带）将和其他会计资料一起保存。但它们对存储环境要求较高，使用寿命也是有时间限制的，所以每个单位应严格按照财政部有关规定的要求对会计档案进行管理，由专人负责，做好防磁、防火、防潮和防尘工作，重要会计档案应准备双份，存放在两个不同的地点。采用磁性介质保存的会计档案，要定期进行检查，定期进行复制，防止由于磁性介质损坏，而使会计档案丢失。

综上所述，实行会计电算化后，要切实落实好人员的配备，即建立健全会计电算化岗位责任制，应遵循"事事有人管，人人有专责，办事有要求，工作有检查"的原则，定人员、定岗位，明确分工，各司其职，这样有利于会计工作程序化、规范化，有利于落实责任和会计人员钻研分管业务，有利于提高工作效率和工作质量。

四、组织结构的建立

在手工条件下，财会部门内部组织应职责分明，分工明细，层次清楚，互相牵制。有一定规模的单位，其财会部门有明显的层次，可能有几级管理层。会计电算化后，由于信息处理工具的进步，财会部门的组织结构会从明显的树型结构逐渐演变成一个网络结构，财会部门内部管理层可能减少。目前较理想的是采用"集中管理下的分散组织形式"，在这种形式下，企业设立专门的机构，统一负责企业全部计算机应用规划工作。规划工作包括企业电算化的总体规划、管理信息系统设计及子系统划分、统一编码、对所有机型等作出统一安排，指导各业务部门开展电算化工作。这种方式既照顾了各业务部门的特点，又能统一管理组织。图1-1所示是一种电算化后机构设置形式。

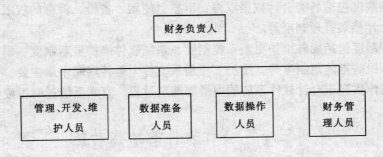

图1-1 电算后财会部门机构设置图

管理、开发、维护人员负责会计电算化工作的规划，参与系统开发工作（若自行开发）并负责日后的维护工作；数据准备人员负责电算化会计信息系统所需数据的组织、整理工作；数据操作人员负责电算化会计信息系统的运行工作，包括输入、运行、输出等工作；财务管理人员负责一些财务日常管理工作（即计算机一般难以直接处理的），并参与企业的管理工作。

五、内部控制

电算化会计系统的控制，可分为一般控制和应用控制两大类。每一大类还有更详细的分类，如图1-2所示。

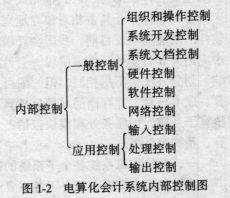

图1-2 电算化会计系统内部控制图

一般控制有时也称为管理控制，它是对电算化会计信息系统中的组织、操作、安全、开发等系统运行环境方面进行的控制。之所以称为"一般控制"，首先是因为这些方面的控制措施是普遍存在于某一单位的会计和其他管理系统的；其次，它们为每一个应用系统提供了环境，它们影响到计算机应用的成败、应用控制的强弱。

应用控制是对电算化会计信息系统中具体的数据处理活动所进行的控制。应用控制具有特殊性，不同的应用系统有着不同的处理方式、处理环节，因而有着不同的控制问题和控制要求。应用控制因应用领域的不同而不同，因应用系统的输入和处理方式的不同而不同。尽管如此，一般来说还可以把应用控制划分为输入控制、处理控制和输出控制等。

总之，内部控制是全面的控制，对系统内部每个要素都要进行控制。它的基本原则是对业务工作进行合理的分工，不相容的职能由不同的人员或部门担任，同一事项的处理由两个或两个以上的职能共同完成，使得人员或部门之间的工作相互联系，相互依赖，相互监督，相互对证。

六、系统运行和维护

会计电算化带来了会计组织管理方式的变化，必然带来内部控制制度、管理制度的变革。而健全完备的规章制度是保证会计信息系统正常运转的必要条件。所要建立的制度可分为三类：操作管理制度、数据管理制度和维护管理制度。

操作管理制度中包括硬件系统操作管理制度、计算机机房管理制度、所设置的各个岗位的岗位责任制、会计各子系统操作规程、各岗位操作权限和操作日志登记制等。

数据管理制度包括各类会计数据取得、审核、使用、备份、保存的权限和操作流程的相关规定，会计档案管理制度等。

维护管理制度包括硬件维护更新系统制度、系统软件维护更新制度、财务软件维护更新制度和计算机病毒防范制度等。维护工作是系统整个运转周期中最主要、也是最费时的工作。这项工作贯穿于会计软件系统的生命周期全过程，直到系统过时报废为止。

第三节 会计软件的结构功能

会计软件是帮助会计人员进行会计工作的计算机应用软件，是会计电算化的必要条件。它是采用计算机高级语言或数据库编写而成的。它通过对人工输入的会计凭证进行处理，自动生成会计账簿、报表、其他相关资料，来达到帮助财会人员进行会计工作的目的。

会计软件中，具备相对独立地完成会计数据输入、处理和输出功能的各部分称为会计软件的功能模块。目前，我国会计领域应用计算机主要是解决会计核算工作，在财务管理中应用计算机还处于摸索阶段。会计核算系统中的职能受企业的具体情况和管理要求的影响，划分方法也不尽相同，但一般可以分为账务处理、工资核算、固定资产核算、材料核算、成本核算、库存商品及销售核算、报表管理等几大职能，这些职能一般都设立相应的核算子系统，如账务处理模块包括：系统设置、凭证编制、记账结账、账证输出、辅助核算、系统服务等。

一、会计核算系统各个子系统的基本功能

这里我们先简要介绍一下各主要子系统的功能，在本书后面的章节中将详细阐述。

（一）账务处理系统

账务处理子系统完成全部记账、算账、对账、转账、结账工作。生成日记账、总账、明细账、辅助核算账，并负责向报表处理子系统传输数据。

1. 账簿建立

建立会计科目体系，录入各科目余额。

2. 凭证填制

在计算机中填制或录入各种记账凭证，并能进行复核与修改；在网络下，还应能同时填制、同时复核、同时修改。

3. 账务管理

应能自动记账、结账；自动进行各种计算、汇总，生成科目汇总表和科目发生额余额表；按会计的要求进行各种查询与打印，包括查询与打印各种凭证、各种明细账与总账，查询与打印各种辅助核算账。

4. 系统初始化与维护

能适应单位的特点，设置各种初始数据；能适应单位财务工作的要求，对系统进行非程序性的维护；进行数据的备份、恢复和整理等。

（二）工资核算系统

工资核算子系统完成工资的计算、工资费用的汇总和分配等工作，生成工资发放表、工资条、工资汇总表、工资费用分配汇总表、工资配款表等，并自动编制机制转账凭证传递给账务处理子系统。其基本功能有：

1. 建立工资表

定义工资发放项目、扣款项目、代扣款项目、工资发放范围、工资计算公式。

2. 工资数据录入

在工资表中录入计算工资的数据。

3. 计算与汇总

自动计算应发工资、实发工资等有关工资项目。

4. 查询与打印

查询个人工资数据、工资汇总表、工资发放表；打印输出工资汇总表、工资发放表、工资费用发放表、工资条、银行代发工资文件等。

（三）固定资产核算系统

固定资产核算子系统实现固定资产卡片管理、固定资产增减变动核算、折旧的计提与折旧费用的分配等工作，生成固定资产卡片、固定资产统计信息表、固定资产登记簿、固定资产增减变动表、固定资产折旧计提表，并自动编制转账凭证供账务处理子系统和成本核算子系统使用。

1. 设置固定资产项目

包括固定资产的类别、增减变动方式。

2. 固定资产卡片数据录入

固定资产的原价、使用部门、已提折旧、已使用年限、计提折旧方法等。

3. 固定资产变动

增加或减少固定资产、填制固定资产变动卡片。

4．计算与汇总

计提当月折旧、生成折旧凭证、分配折旧费用。

5．查询与打印

查询固定资产卡片数据、固定资产明细账、折旧按部门汇总表、折旧按类别汇总表。

6．自动生成折旧转账凭证并传送给账务系统。

7．系统管理

包括系统参数设置、用户登记、密码设置、数据备份与恢复等。

（四）材料核算系统

材料核算的内容较多，其主要功能有：

（1）计算材料采购成本，核算和监督材料的收、发、结存和生产中的耗用情况，系统自动生成材料的有关明细账、汇总表等。

（2）以凭证的形式将材料的有关信息传送给账务处理系统和成本核算系统等。

（五）成本核算系统

成本核算的功能在于将账务处理所归集的费用在各种产品和在产品之间进行分配，并进行产品销售成本结转、产品销售税金提取等。

（六）库存商品及销售核算系统

本系统主要是核算库存商品收、发、存业务和销售业务，核算销售所取得的收入、相关的税金及发票，应收账款的确认等。

（1）通过凭证的形式，将数据传到总账系统，确认销售收入、应交的税金、应收账款等；

（2）确认库存商品的变动情况，以便计算发出商品的成本和期末存货的成本；

（3）将应收账款的金额传递到现金银行模块，在收到相关款项后，对相应的应收账款进行核销，自动登记应收明细账、应收汇总表等相关账表；

（4）自动登记库存商品明细账、销售明细账、销售汇总表、销售发票汇总表、销售发票核销对照表、销售发票明细表等账表。

（七）报表管理系统

报表管理系统最基本的功能就是编制资产负债表、利润表、现金流量表这三张对外报表。另外，它还应该具有自定义报表的功能，使用户可以根据自身的需要自行设计对内报表，以及报表汇总等功能。它具有以下功能：

1．报表数据公式设计

灵活设计各种财务报表的取数公式、计算公式。

2．报表格式的设计

按要求灵活设计各种报表格式，使生成的报表美观。

3．报表生成

按设计的报表格式与公式自动生成各种日常财务报表和适应单位特点与需求的各种内部管理报表。

4．查询与打印

查询与打印各种已生成的报表。

5．报表汇总

上级单位下发空报表到下级单位，由下级单位填好后上交，然后由上级单位将收到的报表进行汇总，得到汇总报表。

二、会计核算系统各子系统之间的关系

（一）账务处理子系统与其他子系统之间的关系

1. 总体关系

账务处理系统是电算化会计的核心，其他系统是账务系统的补充。账务处理系统的主要作用是管理账簿和有关科目的指标，其他子系统便是核算模块。

2. 账务处理子系统与工资核算子系统之间的数据联系

工资核算子系统的主要任务是计算职工的应发工资、实发工资、计提有关费用、代扣款项，并将工资费用进行分配。工资核算涉及银行存款、应付工资、生产成本、制造费用、管理费用、营业费用、在建工程等科目，核算的结果通常以凭证的形式传递给账务处理子系统。

3. 账务处理子系统与固定资产核算子系统之间的数据联系

固定资产核算子系统的主要任务是管理固定资产卡片，反映固定资产增减变动，计提折旧，分配折旧费用等。固定资产核算涉及固定资产、累计折旧、在建工程、固定资产清理、制造费用、管理费用等科目，核算的结果通常以凭证的形式传递给账务处理子系统。

4. 账务处理子系统与材料核算子系统之间的数据联系

材料核算子系统的主要任务是反映材料的收、发、结存情况，归集材料成本差异、商品进销差价等，结转各种材料的成本差异。材料核算涉及的科目有：原材料、物资采购、应付账款、材料成本差异、商品进销差价等，核算的结果通常以凭证的形式传递给账务处理子系统。

5. 账务处理子系统与销售核算子系统之间的数据联系

销售核算子系统主要是核算销售收入、应交的税金及应收款项。在核算过程中，都要生成记账凭证传递到总账系统。同时，销售核算子系统还与现金银行核算子系统传递数据，现金银行模块在收到款项后核销相应的对应款项。

6. 账务处理子系统与报表子系统之间的数据联系

报表子系统编制上报的会计报表和内部管理用的报表。上报的会计报表（资产负债表、利润表、现金流量表等），其数据基本能从账务处理子系统各科目的余额、本期发生额、累计发生额、实际发生额等数据项目中取得。内部管理用的报表比较复杂，可能从账务处理子系统中取数，也可以从其他子系统中取数，例如可以从销售子系统中取数，以编制销售明细表。

（二）材料核算子系统与其他子系统之间的数据关系

在账务处理子系统所处理的记账凭证中，涉及材料收发的记账凭证占了相当大的部分，同时在产品成本中，材料费用也占了很大比重。因此材料子系统必须及时地对各种料单按会计上的要求进行统计汇总，供账务和成本子系统调用。

（三）成本核算子系统与其他子系统之间的数据关系

（1）成本核算子系统计算产品成本时需要工资、材料、固定资产折旧、货币支出等生产费用的发生额，这些数据要由账务处理、材料、固定资产等核算系统来提供。

（2）产品成本计算出以后，又要向账务处理、产品销售等系统输送成本数据。

综上所述，会计核算系统各子系统之间存在着多种复杂的数据关系，它们的划分方法也有很多，图1-3介绍一种被广泛接受的划分方法。

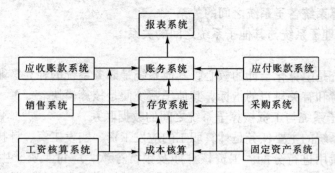

图1-3 会计核算系统各子系统的划分方法

注：→表示信息的传递方向

第四节 会计核算软件基本功能规范

我国各单位使用的会计核算软件，其各功能模块的输入、处理、输出功能，都必须符合财政部发布的《会计核算软件基本功能规范》。

一、总规范

（1）会计核算软件设计应当符合我国法律、法规、规章制度的规定，保证会计数据合法、真实、准确、完整，有利于提高会计核算工作效率。

（2）会计核算软件应当按照国家统一会计制度的规定划分会计期间、分期结算账目和编制会计报表。会计核算软件应具有根据用户需要按照会计制度生成参考性会计资料的功能。

（3）会计核算中的文字输入、屏幕提示和打印输出必须采用中文，也可以同时提供少数民族文字或外国文字对照。

（4）会计核算软件在设计性能允许使用范围内，不得出现由于自身原因造成死机或者非正常退出等情况。

（5）会计核算软件具备的初始化功能、会计数据输入功能、会计数据处理功能、会计数据输出功能、会计数据安全防范措施等应符合《会计核算软件基本功能规范》的要求。

二、会计数据输入的规范

会计核算软件的会计数据输入采用键盘手工输入、软盘转入和网络传输等几种形式。

（一）对初始化功能的规范

（1）输入会计核算所必需的期初数及有关资料，包括：总分类会计科目和明细分类会计科目的名称、编号、年初数、累计发生额及有关数量指标等。

（2）输入需要在本期进行对账的未达账项。

（3）选择会计核算方法，包括：记账方法、固定资产折旧方法、存货计价方法、成本核算。

（4）定义自动转账凭证（包括会计制度允许的自动冲回凭证等）。

(5) 输入操作人员岗位分工负责情况，包括：操作人员姓名、操作权限、操作密码等。上述初始化功能也可以在程序中加以固定。

(6) 初始化功能运行结束后，会计核算软件必须提供必要的方法对初始数据进行正确性核验。

(7) 会计核算软件中采用的总分类会计科目名称、编号方法，必须符合国家统一会计制度的规定。

（二）对输入记账凭证功能的规范

(1) 会计核算软件应当提供输入记账凭证的功能，输入项目包括：填制凭证日期、凭证编号、经济业务内容摘要、会计科目或编号、金额等。输入的记账凭证的格式和种类应当符合国家统一会计制度的规定。

(2) 记账凭证的编号可以由手工输入，也可以由会计核算软件自动产生。会计核算软件应当对记账凭证编号的连续性进行控制。

(3) 在输入记账凭证过程中，会计核算软件必须提供以下提示功能：

1) 正在输入的记账凭证编号是否与输入的机内记账凭证编号重复。

2) 以编号形式输入会计科目的，应当提示该编号所对应的会计科目名称。

3) 正在输入的记账凭证中的会计科目借贷双方金额不平衡，或没有输入金额时，应给予提示并拒绝执行。

4) 正在输入的记账凭证有借方会计科目而无贷方会计科目或者有贷方会计科目而无借方会计科目的，应提示并拒绝执行。

5) 正在输入的收款凭证借方科目不是"现金"或"银行存款"科目、付款凭证贷方科目，不是"现金"或"银行存款"科目的，应提示并拒绝执行。

(4) 会计核算软件应提供对已经输入但未登记会计账簿的机内记账凭证（不包括会计核算软件自动产生的机内记账凭证）进行修改的功能，在修改过程中，应同样给出上述的各项提示。

(5) 会计核算软件应提供对已经输入但未登记记账凭证的审核功能，审核通过后即不能再提供对机内凭证的修改。会计核算软件应当分别提供审核功能与输入、修改功能的使用权限控制。

(6) 发现已经输入并审核通过或者登账的记账凭证有错位的，可以采用红字凭证冲销法或者补充凭证法进行更正。记账凭证输入时，红字可用"—"号或者其他标记表示。

（三）对需要输入原始凭证的规范

(1) 输入记账凭证的同时，输入相应原始凭证；输入的有关原始凭证汇总金额与输入的记账凭证相应金额不等，软件应当给予提示并拒绝通过；在对已经输入的记账凭证进行审核的同时，应对输入的所附原始凭证进行审核；输入的记账凭证通过审核或登账后，对输入的相应原始凭证不能直接进行修改。

(2) 记账凭证未输入前，直接输入原始凭证，由会计核算软件自动生成记账凭证；会计核算软件应当提供对已经输入但未被审核的原始凭证进行修改和审核的功能，审核通过后，即可生成相应的记账凭证；记账凭证审核通过或者登账后，对输入的相应原始凭证不能直接进行修改。

(3) 在已经输入的原始凭证审核通过或者相应记账凭证审核通过或者登账后，原始凭证确需修改,会计核算软件在留有痕迹的前提下,可以提供修改和对修改后的机内原始凭证与相应记账凭证是否相符进行校验的功能。

(4) 会计核算软件提供的原始凭证输入项目应当齐全,主要项目有:填制凭证日期、填制凭证单位或填制人姓名、接受凭证单位名称、经济业务内容、数量、单价和金额等。

(四) 对会计数据输入的其他规范

(1) 会计核算软件一个功能模块中所需的数据,可以根据需要从另一功能模块中取得,也可以根据另一功能模块中的数据生成。

(2) 适用于外国货币核算业务的会计核算软件,应当提供输入有外国货币凭证的功能。通用会计核算软件还可以在初始化功能中提供选择记账本位币的功能。

(3) 采用统账制核算外国货币的会计核算软件,应当提供在当期外国货币业务发生期初和业务发生时,输入期初和当时的外汇牌价的功能。记账凭证中会计核算软件应当立即自动折合为记账本位币金额。

三、会计数据处理的规范

(一) 会计核算软件应当提供根据审核通过的机内记账凭证及所附原始凭证登记账簿的功能。在计算机中,账簿文件或者数据库可以设置一个或多个。

(1) 根据审核通过的机内记账凭证或者计算机自动生成的记账凭证汇总表登记总分类账。

(2) 根据审核通过的机内记账凭证和相应机内原始凭证登记明细分类账。

(3) 总分类账和明细分类账可以同时登记或者分别登记,可以在同一个功能模块中登记或者在不同功能模块中登记。

(4) 会计核算软件可以提供机内会计凭证审核通过后直接登账或成批登账的功能。

(5) 机内总分类账和明细分类账登记时,应当计算出各会计科目的发生额和余额。

(二) 会计核算软件应当提供自动进行银行对账的功能,根据机内银行存款日记账与输入的银行对账单及适当的手工辅助,自动生成银行存款余额调节表。

(三) 通用会计核算软件应当提供国家统一会计制度允许使用的多种会计核算方法,以供用户选择。会计核算软件对会计核算方法的更改过程,在计算机内应有相应的记录。

(四) 会计核算软件应当提供符合国家统一会计制度的自动编制会计报表的功能。通用会计核算软件应当提供会计报表的自定义功能,包括定义会计报表的格式、项目、各项目的数据来源、表内和表间的数据运算和核对关系。

(五) 会计核算软件应当提供机内会计数据按照规定的会计期间进行结账的功能,具体要求:

(1) 结账前,会计核算软件应当自动检查本期输入的会计凭证是否全部登记入账,全部登记入账后才能结账。

(2) 机内总分类账和明细分类账可以同时结账,也可以由处理明细分类账的功能模块先结账,处理总分类账的功能模块后结账。

(3) 机内总分类账结账时,应当与机内明细分类账进行核对,如果不一致,总分类账不能结账。

(4) 结账后,上一会计期间的会计凭证即不能再输入,下一个会计期间的会计凭证才能输入。

（5）会计核算软件可以提供在本会计年度结束，但仍有一部分转账凭证需要延续至下一会计年度第一个月或者第一个季度进行处理而没有结账时，输入下一会计年度第一个月或者第一个季度会计凭证的功能。

四、会计数据输出的规范

（一）对机内会计数据查询功能的规范

（1）查询机内总分类会计科目和明细分类会计科目的名称、编号、年初余额、期初余额、累计发生额、本期发生额和余额等项目。

（2）查询本期已经输入并登账和未登账的机内记账凭证、原始凭证。

（3）查询机内本期和以前各期的总分类账和明细分类账簿。

（4）查询往来账款项目的结算情况。

（5）查询到期票据的结算情况。

（6）查询出来的机内数据如果已经结账，屏幕显示应给予提示。

（二）对打印输出功能的规范

（1）会计核算软件应当提供机内记账凭证打印输出的功能，打印格式和内容应当符合国家统一会计制度的规定。

（2）会计核算软件可以提供机内原始凭证的打印输出功能，打印输出原始凭证的格式和内容应当符合国家统一会计制度的规定。

（3）会计核算软件必须提供会计账簿、会计报表的打印输出功能，打印输出的会计账簿、会计报表的格式和内容应当符合国家统一会计制度的规定。

（4）会计核算软件应当提供日记账的打印输出功能。

（5）会计核算软件应当提供三栏账、多栏账、数量金额账等各种会计账簿的打印输出功能。

（6）在机内总分类账和明细分类账的直接登账依据完全相同的情况下，总分类账可以用总分类账户本期发生额对照表代替。

（7）在保证会计账簿清晰的条件下，计算机打印输出的会计账簿中的表格线条可以适当减少。

（8）会计核算软件可以提供机内会计账簿的满页打印输出功能。

（9）打印输出的机内会计账簿、会计报表，如果是根据已结账数据生成的，则应当在打印输出的会计账簿、会计报表上打印一个特殊标记，以示区别。

（三）对会计数据输出的其他规范

（1）根据机内会计凭证和据以登记的相应账簿生成的各种机内会计报表数据，会计核算软件不能提供直接修改功能。

（2）会计年度终了进行结账时，会计核算软件应当提供在数据磁带、可装卸硬磁盘或者软磁盘等存储介质上的强制备份功能。

五、会计数据安全的规范

（1）会计核算软件具有按照初始化功能中的设定，防止非设定人员擅自使用的功能，以及对指定操作人员实行使用权限控制的功能。

（2）会计核算软件遇有以下情况时，应予提示，并保持正常运行。

1）会计核算软件在执行备份功能时，存储介质无存储空间、数据磁带或者软磁盘未插入、软磁盘贴有写保护标签；

  2）会计核算软件执行打印时，打印机未连接或未打开电源开关；

  3）会计核算软件操作过程中，输入了与软件当前要求输入项目不相关的数字或字符。

  （3）对存储在磁性介质或者其他介质上的程序文件和相应的数据文件，会计核算软件应当有必要的加密或者其他保护措施，以防止被非法篡改。一旦发现程序文件和相应的数据文件被非法篡改，应当能够利用标准程序和备份数据，恢复会计核算软件的运行。

  （4）会计核算软件应当具有在计算机发生故障或者由于强行关机及其他原因引起内存和外存会计数据被破坏的情况下，利用现有数据恢复到最近状态的功能。

第二章 账务处理系统

第一节 数据处理流程

数据处理流程也叫会计核算组织程序,我们可以用数据流程图来描述账务处理系统的各个处理环节以及处理环节之间信息的传递关系,从而直观地反映出账务处理系统的各个组成部分和不同组成部分之间的相互关系。

一、手工方式下的数据处理流程

目前我国常用的账务处理程序主要有:①记账凭证账务处理程序;②科目汇总表账务处理程序;③汇总记账凭证账务处理程序;④日记总账账务处理程序;⑤多栏式日记账账务处理程序。不同的账务处理程序其数据处理流程也不尽相同。各单位应根据业务性质、规模大小等特点,采用适当的账务处理程序。但不论选择哪一种,所实现的会计核算目标应当是一致的,其账务处理的基本流程都是从原始凭证开始,直到会计报表输出。图 2-1 是手工方式下记账凭证账务处理程序的数据流程图。

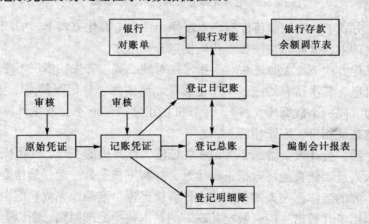

图 2-1 手工方式下账务处理的数据流程图

注释: ↔ 表示核对
  → 表示数据流向

二、电算化环境下的数据处理流程

一种可行的电算化账务处理流程,既能体现计算机处理的特点(高消费、快速、准确),又能充分保证账务处理目标的需要,处理流程更加科学合理,图 2-2 是电算化账务处理的数据流程图。

三、手工与电算化两种数据处理流程的对比分析

(1)电算化对记账过程进行了简化,将原来多人多环节登记不同性质的账簿改为由一人操作,机器自动登记日记账、明细账和总账。

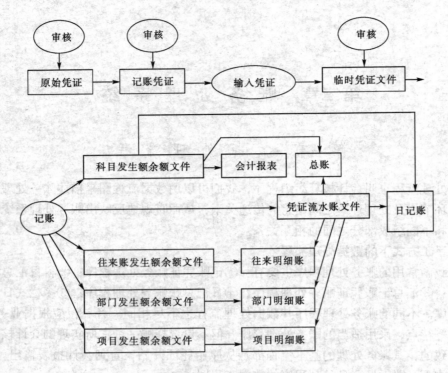

图 2-2　电算化账务处理的数据流程图

（2）在手工方式下，明细账可能有多本账簿，而在电算化方式下，明细账数据统一集中存储在一个文件中，需要时按照科目代码挑选分离出来。

（3）在电算化方式下，无账证核对、账账核对的必要。首先，借贷不平衡的凭证不可能输入到计算机里，其次所有的账，不管是总账、明细账、日记账都是一样的产生办法，一样的数据来源（同一个数据库文件），计算机在正常条件下不会发生计算、汇总、抄写错误，结果必然账证相符、账账相符。

（4）电算化后，会计人员增加了将记账凭证输入计算机的工作，除了操作技术要熟练掌握之外，输入人员要认真地将数据正确输入，并和审核人员一起仔细检查。正确输入凭证后，产生账、表的工作都在人的指挥下由计算机迅速、准确地完成。但由于电算化账务处理形式充分运用了"数出一门、数据共享"的基本数据处理原则，所以若对进入系统的数据把关不严以致造成错误，那么由此引起的连锁反应会大大降低系统输出信息的可靠性。

（5）账表存在的形式由手工条件下的纸张变为磁介质（如磁盘）等。

（6）电算化方式下，可以在一个账务系统中设置多账套，处理多个单位的账务，且资料的查询和积累更方便。

四、典型账务处理系统模块介绍

图 2-3 介绍了一个典型的会计软件账务处理系统的功能模块。

五、财务软件的选择

本书在后面章节中将采用安易财务软件（V3.11 版）为操作软件进行介绍。北京安易软件有限责任公司是财政部批准成立的专门从事会计电算化推广工作的新技术企业，其提

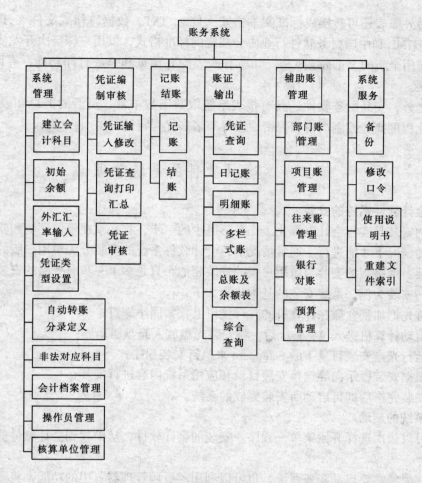

图 2-3 会计软件账务处理系统的功能模块构成图

供的安易财务软件有较广泛的适用范围,基本特征如下:

(一)安易财务处理系统共有四个版本,分别适用于不同的单位。

(1)标准版:面向各种类型的国内企业。

(2)行政事业版:采用最新预算会计制度,适用于行政和事业单位。

(3)三资企业版:采用中英文对照,面向外资和合资企业。

(4)金融版:面向非银行金融机构,具有利息计算等功能。

每个行业的版本均有单用户和网络两个版本。

(二)安易财务软件系统是一个集财务核算、控制、分析一体化的综合性会计软件。具有如下主要优点:

(1)功能强大。如具有独特的往来账管理,既可以按往来科目也可以按往来客户为主线输出往来明细账、总账和进行往来业务综合查询,同时具有往来账龄分析功能。又如报表系统可以制作任意复杂的超大表、微缩表。

(2)使用方便。如报表系统操作风格完全兼容 Excel,更符合中国会计人员的习惯和会计报表的特别需要。

(3)开放性好。如软件留有标准外部凭证接口,可读取用户自己开发软件所产生的会计数据。另外账表还可转换成标准文本格式文件＊.TXT、数据库格式文件＊.DBF、超文本文件＊.HTML 和中国财务软件行业协会规定的标准格式，供用户深层次开发使用。

（4）使用全新的 Windows 风格。如所有账表均有预览和缩放打印功能，界面更友好，操作更方便。

除此之外，安易财务软件还具有报表系统取数函数丰富、灵活的汇总和表间运算功能、自动化程度高、控制严格和保密性强等等诸多优秀特征。

第二节　会计软件的系统管理

一、会计软件系统的安装

系统的安装是实行会计电算化工作必不可少的一步，它必须在硬件环境和软件环境都已准备好的情况下才能进行。通常情况下，会计软件系统的安装分为单用户版的安装和网络版的安装，网络版的安装与单用户版的安装相似，只是多了一步服务器的安装。本书以单用户版的安装为例，系统安装的基本步骤如下：

（1）首先把加密盒插在计算机的并行接口上，紧固小螺钉；
（2）启动计算机进入 Windows 后，将安装光盘放入光盘驱动器；
（3）运行光盘安装目录下的 Setup.exe 来执行安装程序；
（4）根据安装提示向导选择安装目录和应用系统内容进行安装；
（5）安装完毕后即可启动所安装完成的系统。

二、系统的启动

（1）可以依次选择开始菜单→程序→安装的会计软件，从中找到会计软件的账务系统进行运行；

（2）如果经常要启动账务系统，也可以利用"资源管理器"中的功能，将账务系统图标复制到桌面，每次启动时直接双击图标即可；

（3）以安易财务软件 V3.11 版为例，其操作步骤如下：

1）启动后，系统显示主画面，如图 2-4 所示。如果要进入账务系统，则可用鼠标点击"进入账套"。

2）进入某一账套（核算单位）后，系统会要求输入姓名和口令，如图 2-5 所示。在此，用户必须输入正确的姓名和口令。初次进入系统（新建的系统）时，系统管理员的姓名和口令通常已由系统设置，正式启用后，用户应更改为自己的姓名和口令，以保证数据的安全性。

3）姓名、口令输入正确后，出现如图 2-6 所示窗口，用户必须在此输入正确的会计日期。日期输入完毕后，计算机屏幕如图 2-7 所示。如果要运行其中某项功能，则只需用鼠标点一下主功能菜单，打开子菜单进行选择即可。

三、数据的备份

（一）功能

（1）数据备份主要是将计算机硬磁盘上的财务软件系统数据备份或经过一定的压缩格式后，备份到软盘或其他储存介质上予以保存，若以后财务软件系统的数据出现损坏或其他非正常情况时，用备份磁盘上的数据得以恢复，可保证财务软件系统数据的安全和完整。

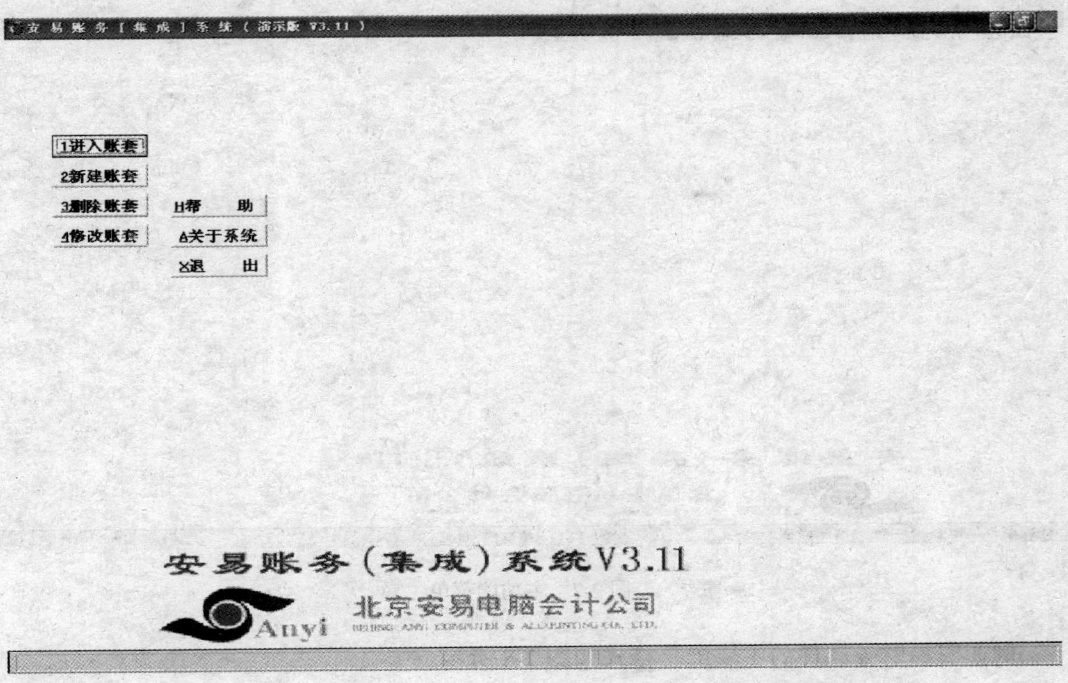

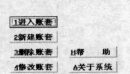

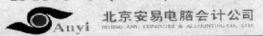

图 2-4 系统主画面

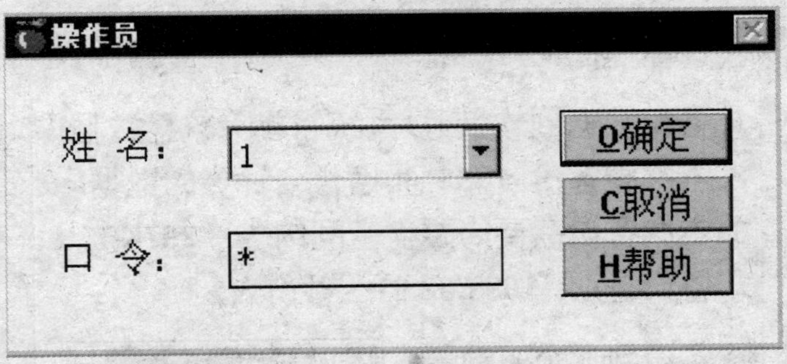

图 2-5 操作员口令输入

图 2-6 日期输入窗口

(2) 也可通过数据备份,在集团公司内部通过数据恢复功能,实现将集团公司内部的各个公司的财务数据进行分析、汇总和合并等工作。

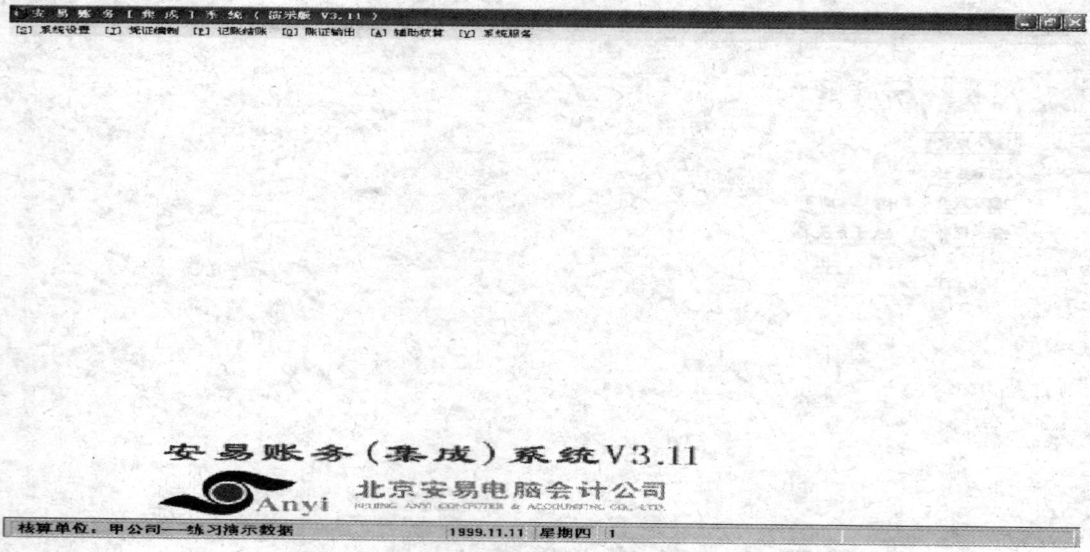

图 2-7 主功能菜单

例如安易财务软件的主要屏幕格式如图 2-8 所示。

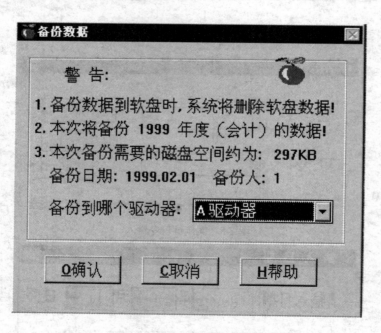

图 2-8 数据备份功能的屏幕格式

（二）操作说明

（1）选择备份的目标驱动器，如图 2-8 所示。

（2）备份时系统将提醒用户依次将软盘插入指定驱动器，然后开始备份。备份前系统将先删除备份软盘上已有的数据，再将硬盘数据不断地拷入软盘。一张软盘装满后，系统会自动提示用户放入下一张软盘，直至所有数据备份完毕。如果用户选择备份到硬盘，系统将会要求用户输入完整的路径。

(3) 用于备份前系统将先删除备份软盘上已有的数据，所以用户切勿用装有有用文件或数据的软盘作备份盘，且必须用已格式化的软盘作备份盘。

(4) 不要在备份过程中抽出软盘，除非系统要求换盘。

四、数据的恢复

(一) 功能

(1) 当硬盘数据被破坏时可用此功能将软盘内最新备份数据恢复到硬盘；

(2) 当硬盘上某年的账证数据已被删除，但又需要查询时，可用此功能将往年备份在软盘上的数据恢复到硬盘；

(3) 该功能的增加有利于集团公司的操作，因为子公司的账套数据可以通过"恢复"功能，定期被引入母公司系统，以便进行有关账套数据的分析、汇总和合并等工作。

例如安易财务软件的屏幕格式如图2-9所示。

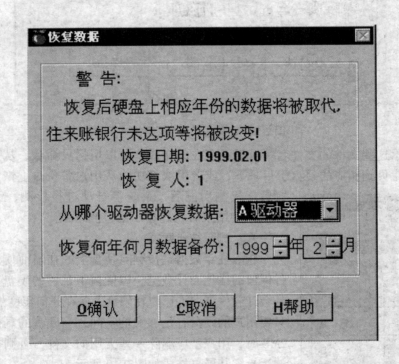

图2-9 恢复功能的屏幕格式

(二) 操作说明

(1) 从主菜单选择恢复功能后，屏幕出现如图2-9所示的窗口，用户在此选择驱动器和确定恢复哪年哪月的备份数据。如果选择恢复硬盘的数据，还要输入完整的路径。

(2) 恢复时系统将指定用户插入备份软盘，当开始恢复时系统首先识别软盘上标识的备份日期是否与用户选择的日期相同，如果不相同将会提醒用户换盘。当一张软盘上的数据恢复完毕后，系统会提醒用户换下一张软盘，直至所有数据均恢复完毕。

(3) 在恢复过程中，不要关机、关电源、重新启动计算机、打开驱动器或抽出软盘（除非提示换盘）。

五、数据的检测

数据的检测是指检查运行的会计软件所需的各种文件是否均存在。当发现软件不能正常运行时，可用本功能检查各种文件是否存在。如果发现有些文件不存在，则系统会

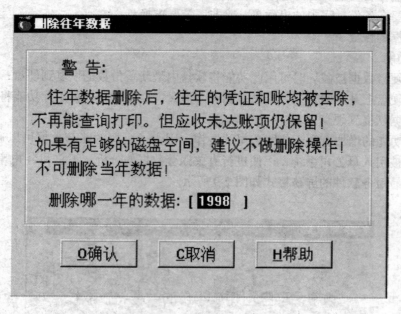

图 2-10　删除往年数据屏幕格式

在屏幕上提示这些文件的文件名。对于不存在的文件，可以用拷贝命令，从当前使用软件的系统盘拷贝到相应的硬盘子目录下，或者用恢复功能从用户备份盘上恢复。用户选择数据检测功能后，系统将自动进行检测，无需用户干预。检测结束时系统显示出检测结果。

六、删除往年数据

删除往年数据是指删除硬盘上的在当前使用的会计软件保留的往年会计数据，以便留下足够的硬盘空间。如安易会计软件就允许用户在硬盘上保存任何年度的会计数据，只要用户的硬盘有足够大的空间，当硬盘的剩余空间少于2MB时，用户就应删除一些无用的文件，否则会影响软件的运行。其屏幕格式如图 2-10 所示。

七、计算器

为了方便用户的使用，通常会计软件都提供了一个按键式计算器，用于简单的数据计算，其屏幕格式如图 2-11 所示。

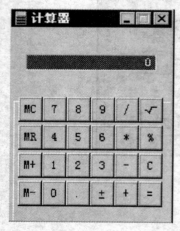

图 2-11　计算器屏幕格式

第三节　系统初始化

系统初始化是通用账务处理系统必须具备的一个模块。任何一个使用者都可以通过系统初始化，建立适合本单位的会计核算规则和方法，从而将一个通用账务处理系统转化成

一个适合本单位实际情况的专用账务处理系统。

一、账套设置

账套是指相互关联的账务数据构成一套账，由于一个核算单位可有一套独立的账簿体系，因此一个核算单位也称一个账套。通用会计软件一般允许用一套软件同时为多个核算单位记账，每个核算单位均可独立使用建立会计科目、凭证输入修改、记账、往来账管理、账证输出等主菜单上的各种功能。

（一）增加核算单位

1．功能

增加一个新的核算单位，即增加一个新账套，安易财务软件账套的设置数量最多可达99个，在此可以分别输入新增加核算单位所需要的各种信息。图2-12为安易财务软件增加核算单位输入的一个界面。

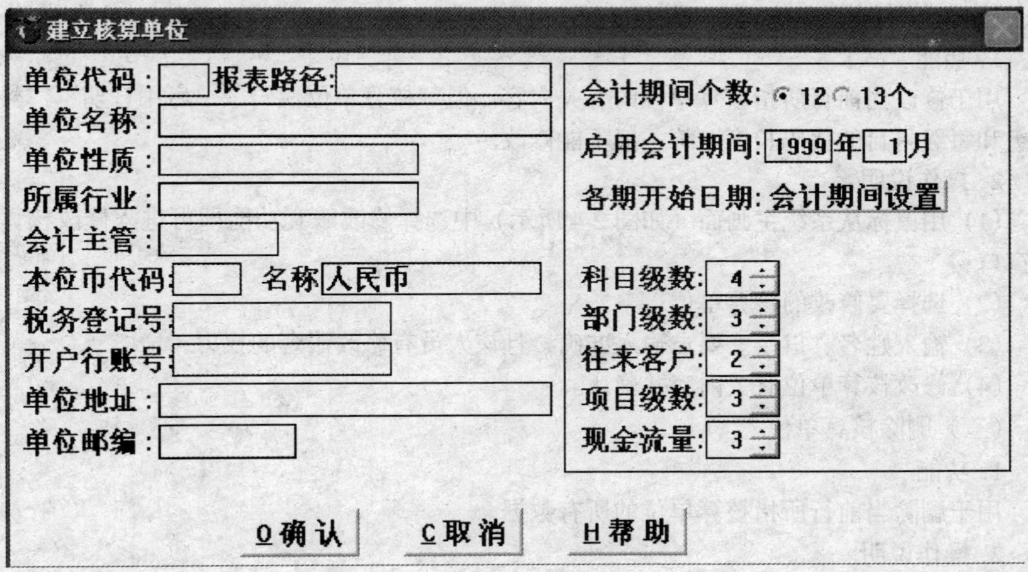

图2-12 增加核算单位输入界面

2．操作说明

用鼠标从系统主画面（如图2-4所示）中选择新建账套功能即可进入增加核算单位窗口。

（1）单位代码：不同的核算单位应输入不同的代码，代码长度以所使用会计软件的规定为依据。

（2）报表路径：指与账务系统本账套相对应的电子报表系统的账套路径。该路径可以不输，也可以通过修改账套功能进行修改。一般直接使用计算机给定的默认值。

（3）会计期间个数：可设置12个或者13个会计期间，1至12个会计期间使用日期为1至12个月的起讫日期，第13个会计期间取12月31日至12月31日；若设置13个会计期间，则12月结账后，系统自动先进入第13个会计期间，用户可在此进行年底调账、结账后，再进入到下一个会计年度。

（4）启用日期：表示准备从哪年哪月开始输入凭证记账。根据这个日期，初始化时，软件不仅要求装入年初余额，还要装入此日期前各月的发生额。因此一般从年初开始使用最好。

（5）会计期间：用于设置各会计期的起始日期和终止日期。

（6）科目级数：用于定义某核算单位所使用的会计科目共分几级明细，每级明细的代码长度。

（7）部门级数：用于定义某核算单位所使用的部门代码共分几级明细，每级明细的代码长度。

（8）往来级数：用于定义某核算单位所使用的往来客户代码共分几级明细，每级明细的代码长度。

（9）项目级数：用于定义某核算单位所使用的项目代码共分几级明细，每级明细的代码长度。

（二）修改核算单位

1. 功能

用于修改当前行所指核算单位的有关内容。但"核算单位代码"、"启用日期"、"科目分级和每级科目的代码长度"等一般不能修改。

2. 操作说明

（1）用鼠标从系统主画面（如图2-4所示）中选择修改账套功能即可进入修改核算单位窗口；

（2）选择要修改的核算单位；

（3）输入姓名、口令。要求输入准确，且该人员有修改账套的权力；

（4）修改核算单位有关内容并确认。

（三）删除核算单位

1. 功能

用于删除当前行所指核算单位的所有数据。

2. 操作说明

（1）用鼠标从系统主画面（如图2-4所示）中选择删除账套功能即可进入删除核算单位窗口。

（2）选择要删除的核算单位。

（3）输入姓名、口令。要求输入准确，且该人员有删除账套的权力。

（4）删除核算单位所有数据并确认。

（四）设置桌面背景图

许多通用会计软件都设有该功能，使用者可以在此挑选自己喜欢的一种背景图。

（五）帮助

单击鼠标，则可以得到当前会计软件如何使用的说明，它实质上是当前会计软件全部内容的缩写。

二、建立会计科目

建立会计科目就是将企业会计核算中所使用的会计科目逐一地按系统要求描述给系统，通用会计软件中一般已预设了一级会计科目，用户需要进一步设定其他低级科目。会计科目的设置必须和国家财政部门颁布的会计制度一致，和主管部门要求一致。

（一）科目设置的主要内容

1. 科目代码

在会计电算化系统中一般均要使用科目代码。它有如下优点：

（1）节约计算机的存储空间。因为汉字的科目名称长，占用计算机存储空间多。

（2）编码后的会计科目，有利于计算机处理的准确性、确定性、惟一性。

（3）编码后的会计科目输入比输入文字的会计科目快。

会计科目编码通常采用分段编码方式，分段的个数及每段的长度在设置核算单位时确定，第一段表示一级科目代码，第二段表示二级科目代码，依此类推。例如4—2—2—2结构的科目代码，表示最多可核算到四级明细科目，一级科目长度为4，二、三、四级科目长度均分别为2。因此，科目代码结构对整个账务处理系统的核算能力有至关重要的影响。

输入科目代码时应注意以下几个方面：

（1）输入各级科目代码的长度必须符合所定义的科目代码长度。

（2）输入明细科目时，其上级科目必须已输入过。

（3）科目代码不能重复。

（4）同级科目的科目名称不能重复。

科目代码要求和会计科目保持严格的一对一关系，为了帮助会计人员使用科目代码，可以给每个科目一个助记码，用以方便记忆和提高输入速度，它可以根据发音等特点来编制。

2. 分部门核算

表示是否对当前科目下设部门账进行分类核算。

3. 汇总凭证打印

表示当一张凭证中出现同一总账科目下的多个明细科目时，不分别显示打印总账科目的每一个明细科目，而只显示打印这些明细科目的汇总数。

4. 核算现金流量标志

表示是否将当前科目设置为现金类科目，这里的现金，是广义的现金，包括现金及现金等价物。若设置为现金类科目，则在输入凭证时系统自动要求再加输现金流量代码，它是为将来编制现金流量表提供设置基础。

5. 科目类别

不需要银行对账的银行科目应选择"普通类"，不需要下设客户代码使用销账的往来科目，应不设为往来科目，否则会使银行未达账项和未销账往来业务越来越多，从而浪费计算机的存储空间。

6. 汇兑损益转出方向和期间损益转出方向

用于指定核算外币的科目和损益类科目期末结转的方向。

需要指出的是，科目设置是账务系统初始化设置中最繁琐、最复杂的设置工作，同时，一个企业会计核算的特点和财务管理的特殊要求，也主要是依靠科目设置体现的。在具体进行科目设置时，应重点注意以下几个方面：

（1）会计科目的建立应先建高级科目，再建其下级科目。

(2) 某一科目开始使用（即该科目已输入余额或有发生额）后，该科目不仅在本年度内不能被删除，而且对该科目的编码也不能修改。

(3) 会计科目体系一旦开始使用，仅可通过该功能增加各科目的同级科目，而不能在最低级科目下再增加下级科目。

(4) 银行存款类科目应按本单位开设的银行存款账户设置，每个银行存款账户应在总账科目银行存款下对应设立一个二级科目。若单位只有一个银行存款账户，考虑到今后业务的拓展，也应设立一个二级科目。

(5) 单位往来科目的建立。会计科目中有专门用于核算与本单位外部进行资金往来业务的科目，如应收账款、预收账款、应付账款、预付账款等。这些科目核算的业务涉及单位的债权债务，与单位的经济利益密切相关，特别是在市场经济条件下，各个单位对此类业务的核算和管理要求越来越高。在通用账务系统中，此类科目的设立有以下三种方法：

1）与手工核算同样的设置方法。即二级科目或三级科目对应往来单位名称。

2）仅设立往来科目，并将其账类设置为单位往来核算。即通过单位往来管理功能建立各个往来单位的档案资料，并可核算管理此类业务。

3）在总账科目下设立划分业务类型或划分往来单位类型的二级科目，并将各个二级科目的账类描述为单位往来核算。同样，通过单位往来管理功能核算管理此类业务。

(6) 个人往来科目的建立。会计科目中有专门用于核算单位与本单位职工之间资金往来业务的科目，如其他应收款和其他应付款等。在通用账务系统中，此类科目的设立与单位往来的设立原理一样，也有三种方法，此处不再重复。

(7) 部门核算科目和项目核算科目的建立。计算机快速处理数据的特性为会计核算实现交叉立体核算提供了可能，部门核算和项目核算辅助科目的设立，就是为了实现这种交叉立体核算。下面我们以管理费用科目的设立为例，介绍部门核算科目的建立原理：在手工核算方式下，一般将管理费用的各个具体费用项目对应建立二级科目，这样不仅可核算某一会计期间的管理费用总额，还可核算某一会计期间各项管理费用的总额。但是，若想进一步核算某一会计期间内各个部门的管理费用总额及各个部门各项管理费用的总额和各项管理费用在各个部门的总额，就难以实现了。通用账务处理系统中，通过部门核算辅助账的设立，可方便地实现上述各项功能。即同样按手工方式建立管理费用的一、二级科目，但需对各个二级科目的账类描述为部门核算，再根据系统提供的部门管理功能建立企业各个部门的资料。这样，系统就可以完成对各个部门管理费用的分项、分部门核算与管理了。项目核算科目的建立与部门核算科目的建立原理一致，此处不再重复。

（二）功能

(1) 增加、修改、删除会计科目及代码；

(2) 显示、打印会计科目及其辅助信息；

(3) 科目拷贝。

（三）操作步骤

(1) 从图2-7中选择"系统设置"主菜单下的"建立会计科目"菜单命令，系统显示操作界面如图2-13所示。

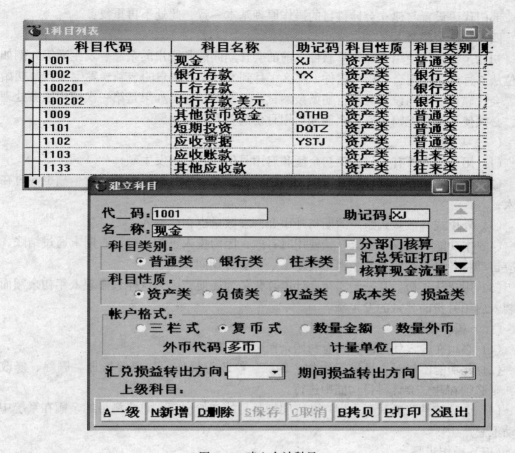

图 2-13 建立会计科目

(2) 单击鼠标或操作键盘选择新增、删除、保存、拷贝、打印等功能，即可进行增加、修改、删除会计科目及代码的操作。

(3) "一级"钮和"明细"钮是同一个按钮，用于列表窗中显示一级科目或明细科目的切换。

三、部门代码设置

分部门核算是责任会计的一种具体表现形式，按照责任会计的原理，每一个部门都可以是一个责任中心，单独记录与其相关的经济业务，并进行计划和控制。所以，当需要以部门为对象考核其经营情况时，就可以分部门核算。如果已在会计科目设置中将部分会计科目设置成分部门核算的会计科目，则应该在输入凭证、装入初始余额之前用此功能定义本单位的部门代码、名称。

(一) 功能

用于增加、修改、删除、打印部门代码和名称。

(二) 操作说明

在分部门核算时，通用会计软件一般用分段式部门代码来表示每一个部门，其设置原理与科目代码设置一样，有汇总部门代码和明细部门代码之分，这样既可以核算几个部门的汇总情况，也可以核算某一个具体部门。

部门代码设置与建立会计科目的操作原理基本一致，此处不再重复。

四、初始余额装入

初始余额是指使用会计核算软件之前的会计期间的各账户的余额、发生额等。例如某单位从6月开始使用会计核算软件，那么1月到5月末各账户的余额、发生额就是初始余额。会计软件一般均设置有进行初始余额试算平衡的功能。如果是第一次使用账务处理系统，必须使用此功能输入科目余额和启用月份前各月的发生额。

（一）功能

(1) 用于输入所有科目的年初余额和启用月份前各月的发生额；

(2) 分部门核算的科目其下属部门的年初余额和启用月份前的各月发生额也同时在此输入；

(3) 外币式、数量式账户的期初外币金额和数量也在此输入；

(4) 本功能一般仅在系统开始使用时有效，因为投入正常运行后，期末通过结账，系统应自动将各账户余额及发生额结转至下一个会计期间；

(5) 用户从年初一月开始实行会计电算化最为简便，因为这样只需装入年初余额而无需装入启用月份前各月的发生额。

（二）操作说明

(1) 必须在输入凭证前将所有初始余额装入完毕；

(2) 此功能不能对科目进行增加、删除、修改等操作，如果要增加、删除、修改科目，则必须在建立会计科目功能中进行。

(3) 会计软件一般只要求用户装入明细科目的初始余额，总账科目的余额在系统中会自动汇总产生。

（三）操作步骤

1．装入初始余额

(1) 从图2-7中选择"系统设置"主菜单下的"初始余额装入"菜单命令后，系统将以列表方式把本账套下定义的所有科目按照代码逐行显示给用户，如图2-14所示，用户只需将科目余额方向、年初余额以及启用月份前的各月发生额输入到对应科目内即可。

(2) 如果需要选择输入某一科目的初始余额，可通过移动光标或用鼠标选择一个将要输入的科目代码。

2．打印初始余额

可移动鼠标，单击"打印"钮，打印已存在的所有科目的余额和发生额。

3．试算平衡

可移动鼠标，单击"试算"钮，对当前输入科目的借、贷方发生额和年初余额进行试算平衡，若不平则系统应显示出是什么项目不平。

五、凭证类型设置

许多单位为了便于管理或登账方便，一般对会计凭证进行分类编制，但各单位的分类方法或标准不尽相同，所以会计软件接受用户自定义凭证类型。一般会计凭证可划分为收款、付款、转账凭证，或者现金、银行、转账凭证，或统一的记账凭证，或者用户自定义凭证类型的划分方法。

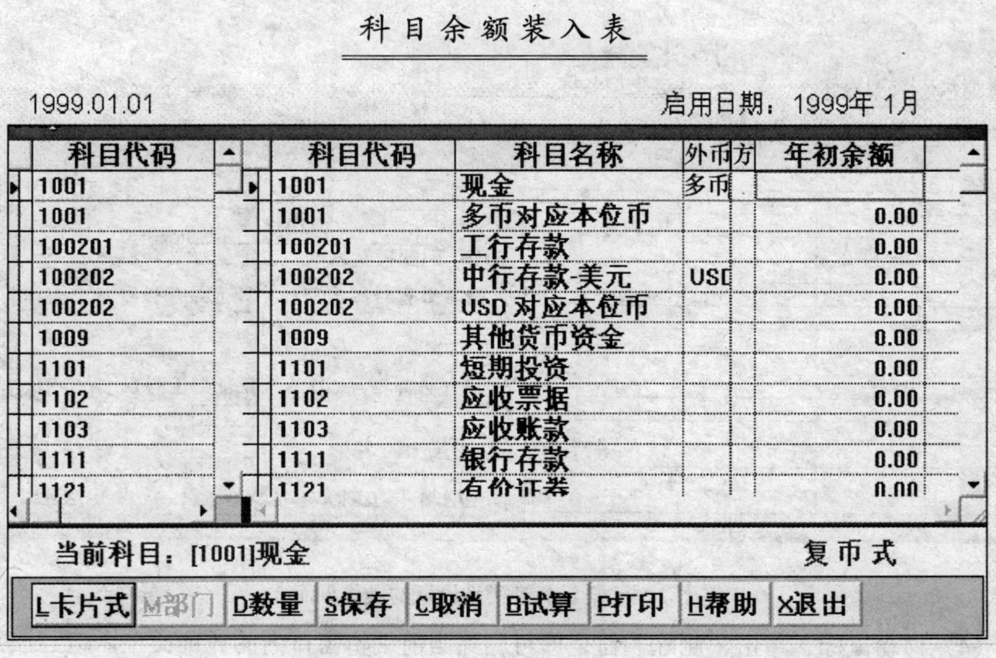

科 目 余 额 装 入 表

```
1999.01.01                                    启用日期：1999年1月
```

科目代码	科目代码	科目名称	外币方	年初余额
1001	1001	现金	多币	
1001	1001	多币对应本位币		0.00
100201	100201	工行存款		0.00
100202	100202	中行存款-美元	USD	0.00
100202	100202	USD对应本位币		0.00
1009	1009	其他货币资金		
1101	1101	短期投资		
1102	1102	应收票据		
1103	1103	应收账款		0.00
1111	1111	银行存款		0.00
1121	1121	有价证券		0.00

当前科目：[1001]现金　　　　　　　　　　　　复币式

L卡片式　M部门　D数量　S保存　C取消　B试算　P打印　H帮助　X退出

图 2-14　科目余额装入表

（一）功能

（1）用于定义各种凭证类型；

（2）凡是在凭证输入中所涉及的凭证类型，都应在此定义相应的凭证类型；

（3）必须在输入凭证前将有关的凭证类型设置完毕；

（4）凭证类型一旦定义并使用，一般在一年之内不能变动，但在每年年初可调整。

（二）操作说明

（1）凭证的类型代码可用字符表示，凭证在输入、查询或打印中，要求输入凭证类型时，都可只输入类型代码，计算机自动翻译成类型简称。

（2）类型简称就是凭证类型，用户可根据业务性质及业务量的多少来划分。不划分凭证类型的用户，最好也设置一种凭证类型，比如设置为"记账"，这样对将来业务扩大有好处。对于同一类型的凭证，会计软件应自动每月从1号开始连续编号。

（3）必有科目（或必无科目）是用于指明该类凭证借贷方必须出现的科目，或者是凭证必须出现（或不能出现）的科目，通常是指一级科目。例如"现付"类凭证，贷方必须出现"现金"科目，"转账"类凭证，凭证必无"现金"和"银行"科目。如此定义能将凭证和科目对应起来，可以使计算机能够检查凭证输入的正确性。

（三）操作步骤

（1）从图2-7中选择"系统设置"主菜单下的"凭证类型设置"菜单命令，系统给出操作界面如图2-15所示。

（2）移动鼠标，单击"增加"钮，可将编辑窗口"凭证类型设置"全部置成空，以备输入一个新的凭证类型代码。应注意的是凭证类型与简称均不能重复。

（3）要对凭证类型进行修改，首先应选定要修改的凭证，然后直接在编辑窗口中进行操作。

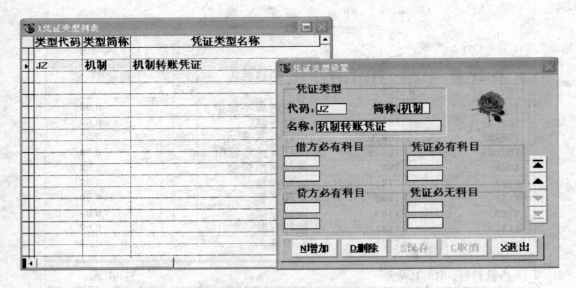

图 2-15　会计凭证类型设置的操作界面

(4) 移动鼠标,单击"删除"钮,即可删除当前编辑窗口内的凭证类型。应当注意的是系统对当年已使用的凭证类型一般不允许删除。

六、自动转账分录

会计核算软件的凭证科目输入必须到最明细的一级,如往来账中必须输入二级或三级科目(详见本章第七节)。有的凭证,它们每日重复地有规律地出现,且明细科目较多。例如:每月分配结转制造费用、提取固定资产折旧、损益类科目结转至本年利润科目等。这些凭证的摘要、借贷方科目、金额的来源或计算方法也基本不变,因此我们可以把此类凭证的摘要、借贷方科目、金额的来源或计算方法预先存入计算机,将其称为自动转账分录,并用不同的分录号标记命名。每月使用时,告诉计算机自动转账分录的分录号,由计算机自动调入该自动转账分录,并根据预先定义的金额来源或计算方法自动填制相应的金额,产生凭证。这样一来,就不必每月重复输入此类凭证。这种预先定义分录的结构,再由计算机自动编制凭证的过程称为自动转账。预先定义的分录称为自动转账分录,简称自动分录。根据自动分录编制的凭证称为机制凭证,机制凭证同手工输入凭证一样可以分类,并根据其所属类型与手工输入凭证一起连续编号。

(一)自动转账分录定义

1. 功能

用于定义新的自动转账分录或修改已输入的自动转账分录,其操作界面如图 2-16 所示。

2. 操作说明

(1) 分录号是自动转账分录的标志,不同的自动分录应有不同的分录号,一般可用数字或字母表示。应当注意的是分录号不等于凭证号。

(2) 使用时间是用来标识该自动分录何时可以用来编制凭证。自动分录可以在输入凭证或结账时用来编制凭证。应当注意的是,结账时使用自动分录必须仔细,因为结账时软件自动根据这些分录编制凭证,人工是无法干涉的。

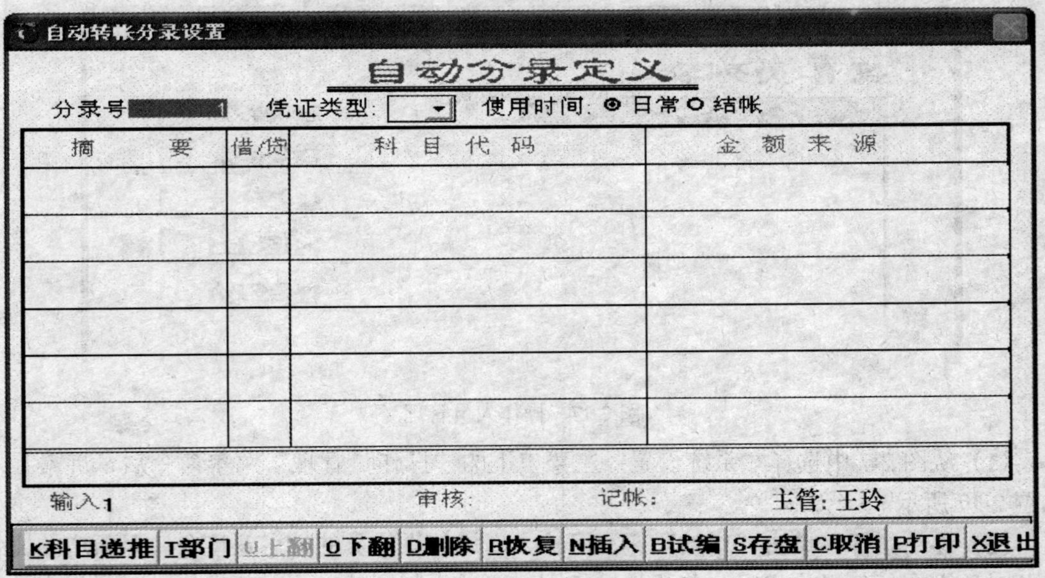

图 2-16　自动转账分录定义

（3）金额来源用于输入当前行的外币、数量和本位币金额如何取得的表达式，会计核算软件系统会引导用户进行选择。主要的数据来源有科目汇总余额表、项目汇总余额表、部门汇总余额表、往来客户汇总余额表、项目汇总余额表、部门往来表、项目往来表及凭证输入数等，同时还有直接从数据库的取数。每种选择完成后，屏幕将选择的结果以函数的形式显示在相应的行内。这种通过运算符连接起来的函数称为金额来源表达式。

（二）自动转账分录查询

本功能可用于显示或打印已定义的所有自动转账分录，并能根据已定义的自动转账分录试编机制凭证。应当注意的是，此处试编的机制凭证只供显示或打印，不存入计算机，不参与记账，用户可用此功能检验定义的自动分录是否正确合理。

七、操作人员管理

为了保证正确安装、使用会计核算软件，防止非法进入和使用软件各功能模块，有必要对各操作员编码，并且划定哪些功能可以使用，哪些功能不能使用，并且将每个操作员使用功能模块的情况记录在日志文件里。其操作界面如图 2-17 所示。

（一）功能

（1）增加、减少操作员，设置操作员的姓名和密码；

（2）对操作员授权，指定每个操作员所允许的操作范围。

（二）操作说明

（1）操作人员各自保护自己的密码是至关重要的；

（2）在会计核算软件中，应只能由相当级别的会计人员或系统管理员定义其他操作人员的权限。

（三）操作步骤

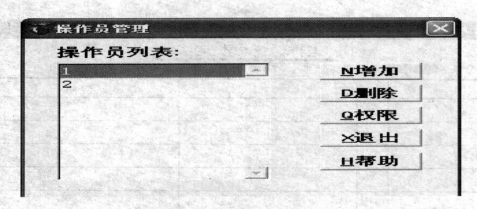

图 2-17 操作人员管理

(1) 从图 2-7 中选择 "系统设置" 主菜单下的 "操作员管理" 菜单命令后, 屏幕显示如图 2-17 所示。

(2) 移动鼠标, 单击 "增加" 钮, 可输入新增加操作员的姓名及口令, 但新增的操作员此时并没有任何操作权限, 若要设定权限, 可单击权限钮, 再对新操作员赋予规定的权限, 如功能权限、科目权限、往来权限、部门权限、项目权限等。

(3) 移动鼠标, 单击 "删除" 钮, 系统将列表中选中的某操作员删除。

八、非法对应科目设置

如果两个或两个以上科目之间不允许有借贷对应关系, 则这些对应科目称之为非法对应科目, 又称互斥科目。

例: 借: 主营业务成本
　　　贷: 银行存款

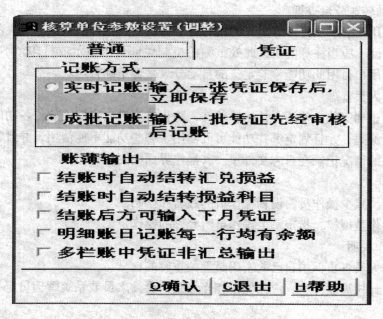

图 2-18 核算单位参数设置

即为非法对应科目。这种做法，有经验的会计人员一眼就可看出它的不正确性。为了帮助计算机检查输入正确与否，以提供更多的控制措施，防止错误凭证进入系统，需要将这些不正确的对应科目在凭证编制前输入，系统就会用这种非法对应科目来检验凭证是否合法。

九、核算单位参数设置

核算单位参数是指影响当前使用账套功能和操作方法的一些数据。一般可将参数分为两类：一类是普通参数；一类是凭证参数。设置后的参数对于当前使用账套立即发生作用，如图 2-18 所示。

第四节　凭证的编制

在日常账务处理中工作量最大、最频繁的业务就是编制记账凭证，在实现计算机记账后，输入记账凭证就显得更为重要。因为不正确的凭证输入计算机，必然产生错误的账簿和报表，即所谓"垃圾进，垃圾出"，所以用户应确保这一工作的质量。在实际工作中，用户可直接在计算机上根据审核无误的原始凭证填制记账凭证，即前台处理；也可以先由人工制单而后集中输入，即后台处理，用户究竟采用哪种方式可根据实际情况决定。一般来说，业务量不多或会计电算化基础较好或使用网络版的用户可采用前台处理方式，而在会计电算化开展初期，则比较适合采用后台处理方式。

一、概述

（一）凭证输入审核功能

由于凭证输入是会计核算软件中最重要的模块，所以商品化会计软件一般均设计有以下功能：

（1）全屏幕编辑。即可以将光标或鼠标键移到屏幕上的凭证的任何行次和栏目进行数据录入和修改。

（2）科目和摘要联机查询选择。输入人员可以随时调出科目表和摘要库在屏幕上查询和选择。

（3）摘要复制可以将上行摘要复制到本行，减少中文输入。

（4）即编即打，即输入一张凭证或显示一张凭证时，就可以打印该张凭证，而凭证的样式大小也可以调节。

（5）辅助计算器功能。即凭证输入时，可随时调出一内部模拟计算器，帮助输入人员进行计算和复核，并将结果送回指定栏目。

（6）可以编制自动转账凭证。

（7）可以装入其他计算机卸到软盘上的凭证。

（8）可以查询已打印输入计算机内部但还未审核和记账的凭证。

（9）对未经审核的凭证能提供修改功能。

（二）内部控制措施

通过计算机程序自动检查输入凭证的错误是会计软件必备的功能，因此商品化会计软件一般具有以下核查功能：

1. 凭证号检查

凭证号是记账凭证的标识，要求按不同凭证类型连续编号，同一类别凭证（如现金凭证）既不能重号，也不能漏号。

2. 凭证日期检查

凭证日期必须保持在合理的范围内，比如月份只能是 1~12 月（如果允许有第 13 期会计期间，为调整账务期，则月份只能是 1~13 月），日期也可由相应月份来控制其取值范围。

3. 科目代码检查

（1）存在性检查。即检查凭证科目编码是否在计算机中的科目表中存在。

（2）明细科目检查。例如：如果管理费用共三级明细，那么"管理费用—办公费—财务处"是明细科目，而"管理费用—办公费"科目则不是明细科目；如果只有人民币现金而无其他货币现金，现金账下无明细账，则现金科目也是明细账科目。总而言之，凭证输入，科目必须是明细科目。

（3）与凭证类型是否相符的检查。例如凭证按现金、银行、转账划分，现金凭证中必有现金科目，银行凭证中必有银行存款科目，转账凭证中必无现金也无银行存款科目，如果将这种关系预先输入计算机里，则计算机可检查出与凭证类型不相符的科目输入（详细内容可参见本章第三节里系统初始化—非法对应科目设置）。

（4）非法对应科目是指不合理借贷对应关系的科目。在计算机中，可以将非法对应关系列一张表，输入凭证时，凡是对应科目属于此表的，则为非法对应科目凭证，会计核算软件应拒绝接受这种凭证。

4. 金额检查

（1）借贷平衡的凭证才能被会计核算软件所接受；

（2）为防止另外一种不容易被发现的错误，比如借方和贷方同时少输一个相同金额时，借贷依然平衡。我们可以用这种方法来控制，即一批凭证的借贷两方同手工汇总数进行核对，若相同则说明输入正确。

应当指出的是，往往控制功能越强，系统的运行效率越低，用户应该根据系统特点和要求分清哪些控制是必要的，并根据软件的运行环境考虑控制方案。

二、记账凭证的输入

记账凭证是各类凭证的总称，它的分类可参见本章第三节里系统初始化凭证类型设置。

（一）功能

用于输入各种记账凭证。

（二）操作说明

（1）正式输入凭证前应确保有关科目代码、客户代码、部门代码及相应的初始余额已通过本章第三节讲述的方法存入计算机，凭证类型也已按照本章第三节讲述的方法正确划分；

（2）为保证凭证输入的正确性，优秀的商品化会计软件都提供了大量的正确性检验控制措施（如前所述），这些措施会自动识别输入中的某些错误；

（3）凭证输入应由专人负责，可通过汉字联想、造词组等方法提高输入速度。

（三）操作步骤

例：某企业1999年1月1日发生的第一笔经济业务为：以现金购买行政管理部门办公用品100.00元，则输入凭证具体操作步骤如下：

(1) 确定输入凭证所在的会计期间和确定凭证输入格式。通过选择"凭证编制"主菜单下的"凭证输入"菜单命令，系统弹出对话框如图2-19所示，窗口中要求输入的日期是指会计期间，而不是指日历日期。选择"确认"后，系统给出凭证输入的操作界面，如图2-20所示。

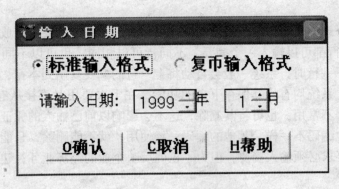

图2-19 日期输入操作界面

(2) 凭证号是凭证的惟一标识，输入凭证必须首先输入凭证号。

1) 凭证号由凭证类型和序号两部分组成。例如："收款3"、"记账2"、"付款1"等。

2) 输入新的凭证号表示增加凭证，输入旧的凭证号表示修改旧的凭证。输入凭证类型时是从凭证类型下拉菜单中选择。

3) 凭证号一般是分类按月编制的，即同一类型凭证按月从1开始连续编号，新输一

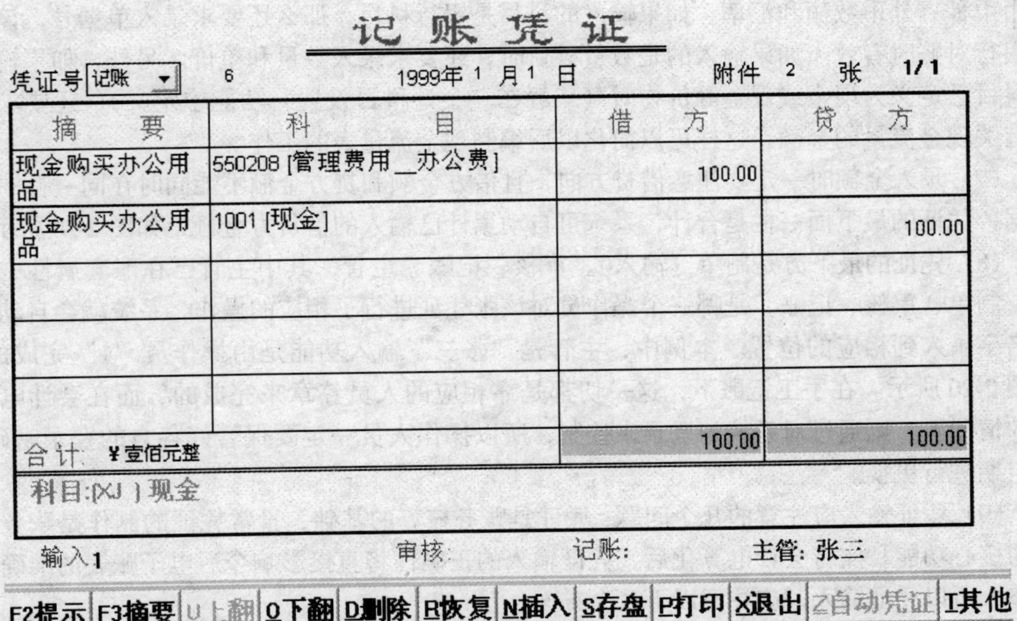

图2-20 输入凭证的操作界面

张凭证时，计算机会在已有的最后一张凭证号上自动加1，即凭证号自动递增。

4）输入凭证类型时可调用自动转账分录编制"自动转账凭证"。但需注意的是，分录号不是凭证号，由自动分录编制的凭证按同类型凭证，自动连续编为最后一个凭证号。

(3) 凭证日期是指该张凭证所记录的经济业务发生的日期，包括年、月、日，本例日期为1999年1月1日。日期的正确性将影响经济业务在明细账和日记账中的顺序。

(4) 同手工记账一样，附件张数也是指本张凭证所附原始凭证张数，本例所附原始凭证为2张。

(5) 摘要是分录的业务说明，要求简明扼要。本例业务的摘要可写成"现金购买办公用品"。凭证的每行都可以输入一个摘要，不同行可以相同，也可以不同。上一行输入摘要之后，在输入下一行时，系统一般会自动将上一行的摘要复制到本行，并允许修改。如果是常用的摘要，系统均有将其保存下来的功能，在下次要用时直接从有关列表中选择。如果常用摘要变得不常用，也可将其删除，这不会影响以前已输入的凭证的摘要内容。这与会计科目等其他编码不一样，其他的编码一经使用，就不能删除，只能修改。在此应指出的是，系统不要求必须输入摘要，但为了正确反映企业的经济业务，建议操作员输入摘要。

(6) 凭证中的会计科目栏可通过科目代码或科目助记码输入。如图2-20所示，"现金"代码为1001，"管理费用—办公费"代码为550208。如果操作员汉字输入速度快，也可直接输入科目汉字名称。当科目较多时，我们可以采用多种方法去查找指定科目，以加快录入速度。会计软件中常见的查找方法有：直接从科目名称下拉列表中选择、按科目代码查找、按科目名称查找、按科目名称汉语拼音首字母查找等。

如果相应的会计科目设置了辅助核算时，如往来科目、部门核算科目、项目核算科目等，则还必须根据系统的要求录入辅助核算内容。如果输入的科目是外币科目，还要录入外币币种、外币数额和汇率。如果输入的科目是银行科目，那么还要求录入单据号，该号在银行对账时有效。如果输入的是数量科目时，还要求录入数量和单价。另外，如果输入的科目已定义为现金或现金等价物时（一般在"会计科目设置"功能中定义），还要求输入有关现金流量的金额，这样可以简化以后编制现金流量表的工作。

(7) 录入金额时一定要注意借贷方向，且借方金额和贷方金额不能同时在同一行中有数据，凭证的最下面一栏是合计，系统可自动累计已输入的借贷方金额，如图2-20所示。

(8) 凭证的最下方是制单（输入）、审核、记账、主管，其中主管已在账套属性中设置，制单、审核、记账，是哪一个操作员对该张凭证进行了相应的操作，系统就会自动将其名字录入到相应的位置。本例中，主管是"张三"输入功能是由操作员"1"完成的，如图2-20所示。在手工记账下，这一切都是靠相应的人员签章来完成的，而在会计电算化的情况下，则通过对系统的登录来控制，所以操作人员一定要保管好各自的登录密码，并定期进行更换。

(9) 凭证输入应注意的几个问题：凭证是账务核算的基础，日常凭证的制作是账务处理的核心功能。实行会计电算化后，凭证输入的正确性将直接影响今后电子账表的准确与完整。所以凭证输入时应注意以下几个方面：

1）凭证输入前应按计算机的要求认真整理、审核并设置必要的科目代码、客户代码、部门代码等；

2）凭证输入应由专人负责；
3）凭证输入完毕后，应立即打印出来提供给有关人员审核；
4）输完的凭证应加盖输入人员的签章。

三、记账凭证的修改

若需要对凭证进行修改，可选择凭证修改功能，找到要修改的凭证，然后将光标定位到要修改的位置，直接修改即可。需要注意的是，不能修改别人制作的凭证，已经审核、记账的凭证不能修改，若要修改已审核的凭证，必须先由审核人取消审核，方可修改。

四、记账凭证的作废与删除

（一）记账凭证的作废

如果有些凭证填制错误或根本不再需要，可将该凭证作废。但作废凭证仍然保留凭证内容及凭证编号，只在凭证上某特定处显示作废的标记。作废凭证不能修改，不能审核。不能作废别人填制的凭证，不能作废已经审核、记账的凭证。在记账时，系统不会对作废凭证做数据处理，相当于一张空凭证。在账簿查询时，也查不到作废凭证的数据。

（二）记账凭证的删除

对那些不需要保留的记账凭证，可通过删除功能进行删除。需要注意的是，不能删除别人制作的凭证，已经审核、记账的凭证不能删除，要删除已审核的凭证，必须先由审核人取消审核后，方可删除。如果被删除的凭证不是最后一张凭证，被删除后，凭证将会缺号一张。所以，有些会计核算软件规定，只能删除未记账的最后一张凭证；还有的会计核算软件设置了凭证整理功能，可自动对数据库中现有剩余的凭证号进行重新排号，从而使凭证号连续不断。

（三）记账凭证的汇总

选择凭证汇总功能后，系统将自动对用户本次所选取的记账凭证编制记账凭证汇总表。

五、记账凭证的冲销

通常情况下，在填制好凭证后，如果发现错误，可以随时修改，但如果已记账凭证发生错误，则系统会要求先编制一张红字凭证冲销错误凭证，再编一张正确的凭证。因此系统提供了冲销已记账凭证的功能，自动生成指定被冲销凭证的红字凭证。通常做法是在凭证录入窗体中，选择冲销功能，并输入待冲销凭证所在的会计期间，凭证类别和编号即可。如图2-20中的"其他"，则含有记账凭证冲销功能。

六、记账凭证的查询、打印、汇总

（一）记账凭证的查询

如果对已输入但未记账的凭证进行查询，可选择"凭证编制"菜单下的"凭证查询汇总"功能，系统弹出对话框如图2-21所示。

进入此功能后，可查询到未记账的任何类型的凭证，而且可以指定某类凭证的序号范围。但如果核算单位参数中设置只能查询自己输入的凭证，则只能查询显示本操作员输入的凭证。选择好凭证范围后，计算机会逐张显示此范围内的凭证。显示时还可进行多种操作，如同张凭证上翻、下翻，翻看首张凭证、末张凭证，翻看上张凭证、下张凭证、模拟记账等。

（二）记账凭证的打印

在填制完凭证以后，通常要将记账凭证打印出来，并将与记账凭证对应的原始凭证附

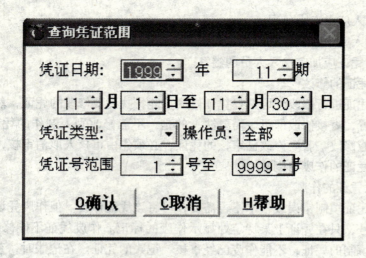

图 2-21 记账凭证的查询

在其后,并按记账凭证的制单日期为序进行。

在设置打印凭证范围时,可以输入需要打印的凭证范围,也可选择打印全部凭证。设置好以后,可单击预览按钮,进行打印预览。在打印预览中,可以对打印的格式进行设置,如纸张的大小、页边距、页眉页脚、数据的颜色、字体等,设置好以后再选择打印功能,即可开始打印。

需要指出的是,许多会计核算软件还提供了模拟记账功能,它的作用是对本次所选凭证做模拟记账,并显示出模拟记账后的余额表,还可查询各模拟明细账簿。

七、记账凭证的审核

(一) 功能

根据会计分工和内部控制的要求,应由凭证审核员对填制凭证操作员输入的记账凭证进行审核,意在检验记账凭证的正确性和合法性,减少记账凭证用于登记总账、明细账、日记账和辅助账等账簿所造成的错误。因此,审核凭证,就是对已填制完毕的记账凭证进行审核。

(二) 操作说明

(1) 选择审核凭证的范围,步骤同"记账凭证的查询"。

(2) 对选择出的凭证进行操作,屏幕格式如图 2-22 所示,在此既可进行单张审核,单张取消审核,也可成批审核,成批取消审核。

(3) 凭证审核是审核员按照财会制度,对凭证制单员填制的记账凭证进行检查核对,主要审核记账凭证所填的内容是否与原始凭证相符,是否合法,对记账凭证中的凭证字号、日期、附件、摘要、会计科目、借方金额、贷方金额、辅助类信息等进行全面的核对,对审核无误的凭证进行签章确认。对审核认为有错误或有异议的凭证,应交与凭证填制操作员修改后,再进行审核。

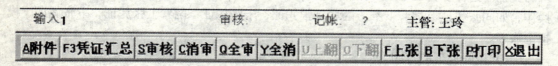

图 2-22 凭证的审核

（4）只有具备审核权的操作员才能使用本功能。

（5）凭证一经审核，就不能被修改和删除，只有让审核操作员再次取消审核签字后方可进行修改或删除。已标有作废标记的凭证不能被审核。

（6）在会计实务工作中，根据会计工作内部控制的要求，记账凭证的输入与审核工作应有明确分工，审核操作员和制单操作员不能是同一个人。为此，审核工作应由非填制凭证操作员来担任。

需要指出的是，在教学过程中，对于学生用户，因为每一位学生用户均设置有一个独立的核算账套，所以可让每两位学生用户分为一组，互相审核对方输入的记账凭证。或者在同一个学生用户核算账套中，设置两个不同姓名的操作员，如张三和李四。其中一个用户（张三）设置为可填制凭证但不能进行审核，另一个用户（李四）设置为不能填制凭证而只能进行审核。这样，就可以实现由同一个学生用户分别以两个不同操作员的身份，进入到自己的核算账套中，分别做记账凭证的填制和审核工作。

八、未记账凭证综合查询

（一）功能

（1）查询未记账凭证中满足指定条件的所有经济业务；

（2）用户可在凭证记账前通过此功能用类似明细账的格式查询相关经济业务。

（二）操作说明

（1）首先用户输入查询条件。若某条件不输入则表示此条件为任意，各条件之间为并列关系。查询出来的经济业务如图2-23所示。

（2）选择查询凭证功能，根据光标所在当前行的业务查询相应凭证（逆向查找凭证）。

（3）选择打印功能，可打印此次查询的所有内容。

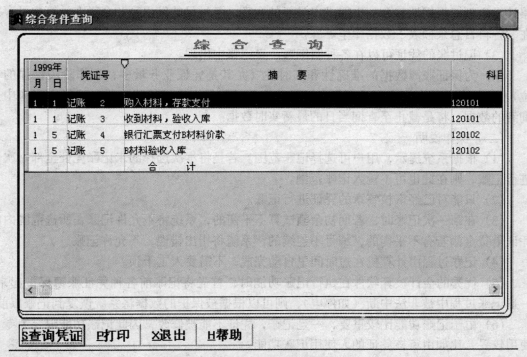

图2-23 查询的经济业务结果显示

第五节 记账和结账

一、记账

记账也称过账、登账。当凭证经审核确认其正确性、合法性以后，就可以据以登账了。在手工操作的情况下，登账是一件非常繁琐枯燥的事情，且容易出错，而且错了以后查找起来也十分麻烦。在实行会计电算化之后，记账就变得十分简单了，只需要做简单的操作就完成了。这时的记账只是一个数据的处理过程。账务系统记账的原理如图 2-24 所示。

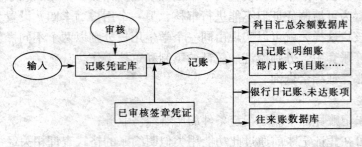

图 2-24 记账的原理图

（一）功能

（1）通过记账，将已审核签章的凭证登记入各总账、明细账、日记账等各种账册数据库。

（2）记账的同时还对各科目的本月发生额进行累加，产生各科目最新的本月发生额和累计发生额。根据期初余额也能求出最新的余额。各科目的发生额和余额在计算中可存放在"各科目总余额表"数据库里。

（3）记过账的凭证可以在各种明细账、日记账中出现。

（4）为保证账簿数据的准确性和实时性（尤其是凭证业务量多，工作阶段性强的单位），可以在月份内将记账凭证多次记账，甚至可以每天实行记账操作，这样在账簿中查询到的数据，将是截止至查询当日的最新实时数据。

（二）操作说明

（1）根据系统提示，用户可选择记账范围。若是将本次选择的未记账凭证全部一次性进行记账，则在此也可不输入记账范围。

（2）只能对已经审核签章的凭证进行记账。

（3）在第一次记账时，若期初余额试算不平衡的，系统将不允许记账，所选范围内的凭证借贷金额若有不平衡的，编号不连续的，系统将指出错误，不允许记账。

（4）记账过程由计算机在短时间里自动完成，不需要人工干预。

（5）优秀的会计核算软件在执行记账功能时，首先将记账前各种凭证账簿保护起来，一旦记账过程中被非法中断（如停电），则可以根据被保护的数据将系统恢复到记账以前。

（6）由于记账功能比较重要，一旦记账，凭证不能被修改，因此记账功能限定为专人使用较妥，比如由审核凭证的人使用记账功能。

（7）网络条件下，使用记账功能时，其他工作站应暂停使用。

二、结账

在所有的核算工作都已经结束后,就可以进行一个会计期间最后的一项工作——结账。会计电算化与手工的要求一致,每个会计期末均要进行结账。凭证的先决条件是该月需手工输入的凭证均已全部输入计算机,并已全部记账。

(一) 功能

(1) 结账后,将每个科目都结出余额,并将余额转入下个月作为下个月的期初余额。第 12 期结账时,将月末余额转入下年年初,如果有 13 期,当 13 期结账时,将更新下年年初余额;

(2) 选择结账功能后,计算机在此基础上可以自动结账,如将"主营业务收入"的贷方余额结转至"本年利润"的贷方,当然,这张凭证也可以用手工输入,两种方法只选其一,在系统正式使用之前,即在"核算单位参数设置"功能中确定;

(3) 结账后的会计期间将不能再输入修改该期间的记账凭证,但仍可以查询。因此结账之前应确认所有的工作都已经正确地完成,同时最好做一次数据备份,如果结账后发现有凭证未输入还可恢复重做。

(4) 结账必须逐月进行。上月未结账则不允许结本月的账。

(二) 操作说明

(1) 根据系统提示,用户可选择结账范围;

(2) 结账过程由计算机自动完成,无需人工干预;

(3) 结账开始后先保护结账前各种凭证、账簿、报表等数据,若发生意外中断(如断电)后能由计算机自动恢复到结账前的状态;

(4) 如果在核算单位参数设置中,设置了自动结转汇兑损益和其他损益科目,计算机会自动编制汇兑损益和其他损益结账凭证并自动记账;

(5) 结完 12 月份的账会自动产生下年度的空账;

(6) 同记账一样,结账功能也十分重要,它只能由有结账权的操作员来完成,一般这一操作都由系统主管来完成;

(7) 网络条件下使用结账功能时,其他工作站应暂停使用。

第六节 账 簿 输 出

优秀的会计核算软件都是有强大的账簿查询和打印功能。将审核无误的记账凭证经过记账功能操作后,就可通过账簿查询功能,查询有关账簿的信息。在此可查询已记账凭证、日报单、总账、余额表、明细账、日记账、多栏账等账簿,还可进行各式账簿的打印。账簿输出的菜单条如图 2-25 所示。

一、凭证查询、打印、汇总

就是对已记账的凭证进行查询、打印、汇总(对未记账凭证查询、打印、汇总参见本章第四节)。在操作过程中,根据需要输入查询条件。其主要屏幕格式如图 2-26 所示。

二、总账及余额的查询和打印

(一) 功能

(1) 显示及打印所有科目(包括所有明细科目)的期初余额、期末余额、借方贷方发

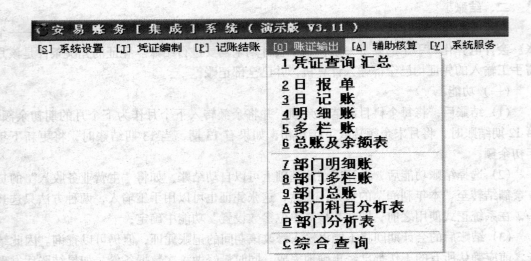

图 2-25 账簿输出的菜单条

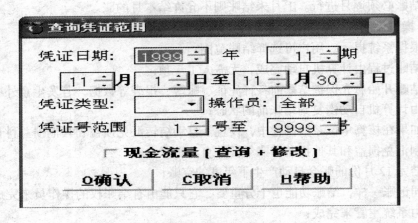

图 2-26 凭证查询

生额及累计发生额。其主要屏幕格式如图 2-27 所示。

(2) 显示及打印总账。

(3) 逆向查询日记账、明细账、多栏账，并可在这些账簿窗口中，进一步查询某业务行所对应的记账凭证信息。

(4) 许多会计核算软件还设置了与科目有关的财务图形分析。

(二) 操作说明

(1) 用户先输入查询范围，如输入需查询总账所属的年月；

(2) 用户可以使用键盘，上、下、左、右、上翻、下翻移动，也可使用鼠标拖动滚条进行浏览；

(3) 单击"一级"按钮或按"F3"键可显示所有总账科目汇总数；

(4) 单击"月度汇总"按钮或按"F4"键可显示亮条所在当前行科目总账；

(5) 单击"账簿"按钮或按"F6"键可查询亮条所在当前科目的日记账、明细账、多栏账。

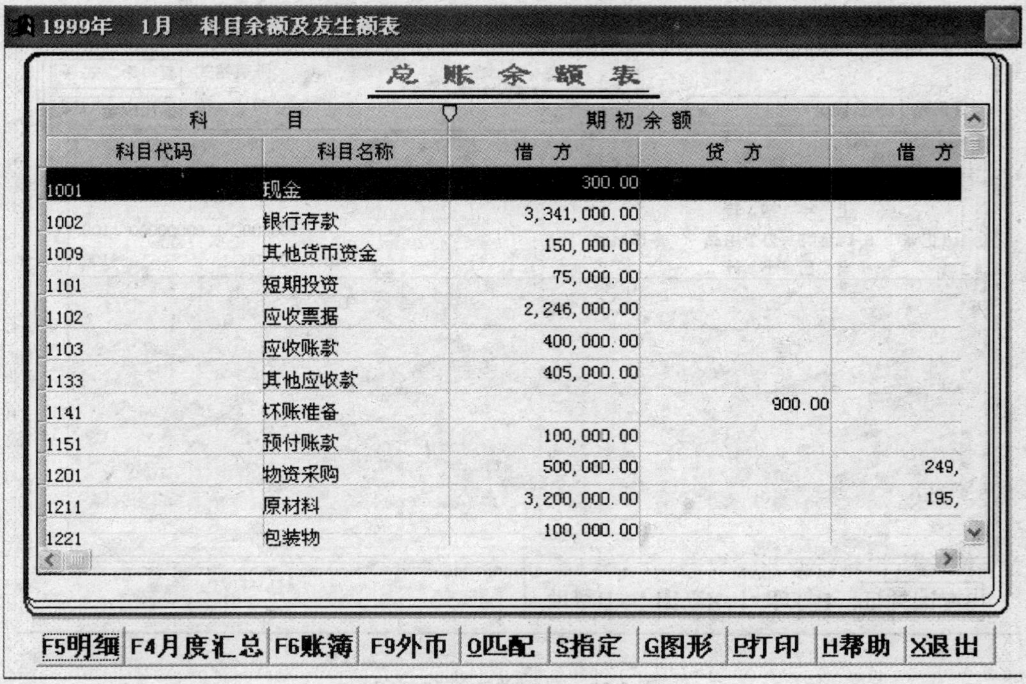

1999年 1月 科目余额及发生额表				
总 账 余 额 表				
科 目		期 初 余 额		
科目代码	科目名称	借 方	贷 方	借 方
1001	现金	300.00		
1002	银行存款	3,341,000.00		
1009	其他货币资金	150,000.00		
1101	短期投资	75,000.00		
1102	应收票据	2,246,000.00		
1103	应收账款	400,000.00		
1133	其他应收款	405,000.00		
1141	坏账准备		900.00	
1151	预付账款	100,000.00		
1201	物资采购	500,000.00		249,
1211	原材料	3,200,000.00		195,
1221	包装物	100,000.00		

F5明细 F4月度汇总 F6账簿 F9外币 O匹配 S指定 G图形 P打印 H帮助 X退出

图 2-27 总账及余额的查询

三、日报单的查询和打印

（一）功能

（1）显示及打印会计科目在某日内的经济业务；

（2）本功能主要用于"现金"或"银行存款"等每天需检查余额的账簿。

（二）操作说明

（1）首先选择日报单输出范围和输出方式；

（2）当指定条件的业务查询出来后出现浏览窗口如图 2-28 所示。

此时可根据系统提示进行相应的操作。

四、日记账的查询和打印

（一）功能

显示及打印会计科目在一定期间的日记账。与手工不同，会计电算化下，通常任何科目均可输出日记账。

（二）操作说明

其操作步骤同日报单基本相同，此处不再重复。日记账输出格式如图 2-29 所示。

五、明细账的查询和打印

明细账的操作方式与日记账基本相同，不同之处只是明细账的格式中不含日小计。

六、多栏账

凡是有所属明细科目的总账科目，均可以将明细账科目作为栏目，用多栏账格式输出。如果栏目太多可自动扯开分成多页打印，每页打印的栏目数据根据用户所选纸张及缩放比例自动排列。多栏账格式如图 2-30 所示。

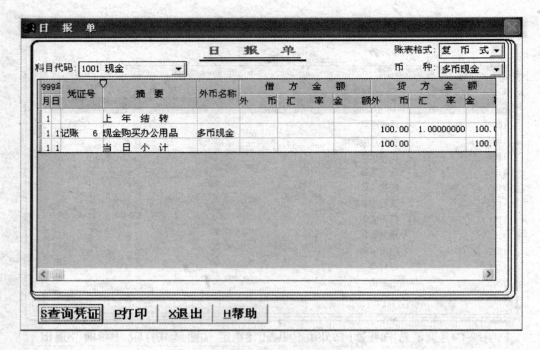

图 2-28 日报单查询和打印

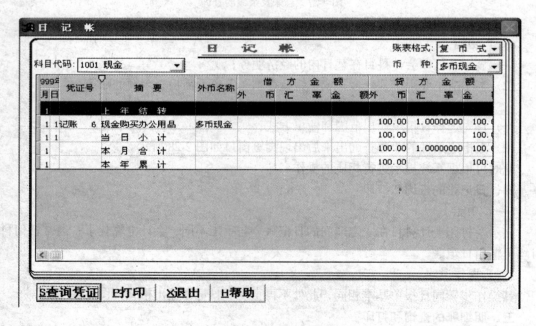

图 2-29 日记账输出格式

七、部门账的查询和打印

就是显示、打印与部门有关的明细账、部门多栏账（指用部门所属科目作为栏目，而将某一部门所有业务集中在一个账页上的明细账）、部门总账余额表等。其操作方式基本同日记账，此处不再重复。部门明细账、部门多栏账、部门总账余额表的格式分别如图

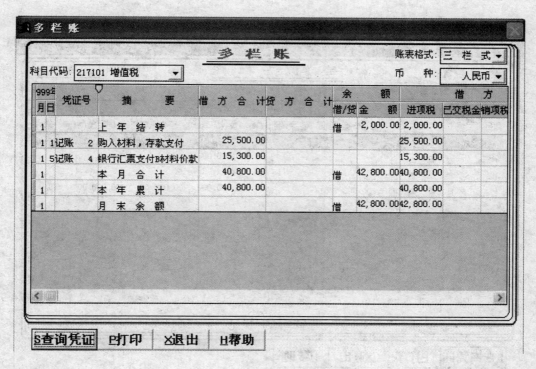

图 2-30 多栏账格式

2-31、图 2-32、图 2-33 所示。

八、综合查询

（一）功能

根据用户所给的组合条件查询经济业务，其屏幕格式如图 2-34 所示。

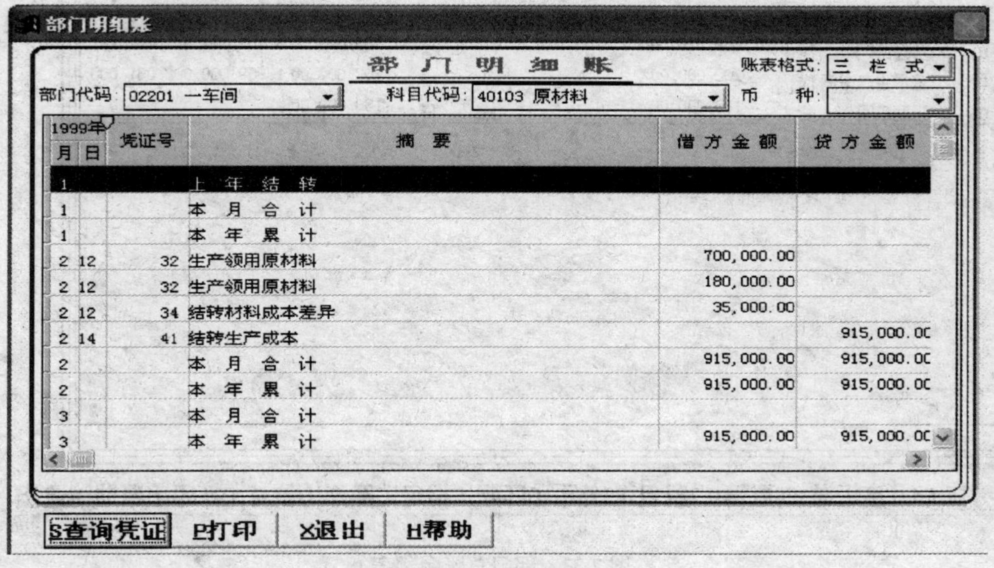

图 2-31 部门明细账

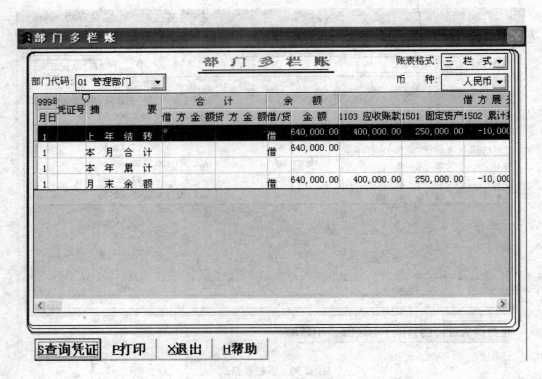

图 2-32 部门多栏账

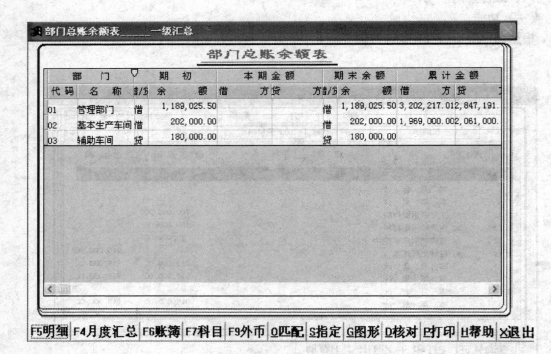

图 2-33 部门总账余额表

（二）操作说明

（1）首先用户根据系统给出的格式输入查询条件，若某条件不输则表示此条件可为任意，各条件项目之间为并列关系。

例：如图 2-34 所示。

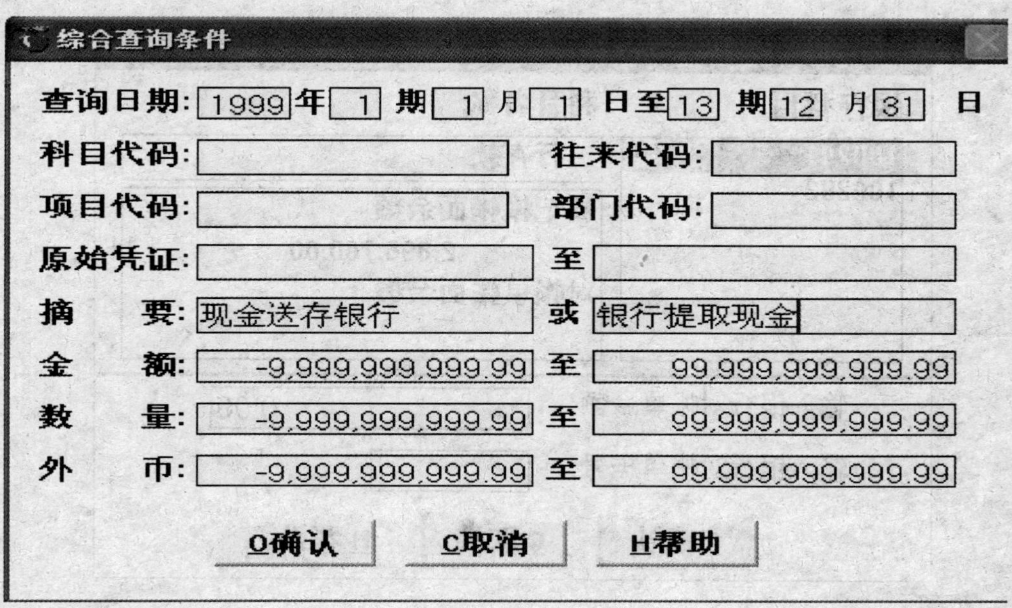

```
综合查询条件
查询日期：1999 年 1 期 1 月 1 日至 13 期 12 月 31 日
科目代码：            往来代码：
项目代码：            部门代码：
原始凭证：            至
摘    要：现金送存银行   或 银行提取现金
金    额：-9,999,999,999.99  至  99,999,999,999.99
数    量：-9,999,999,999.99  至  99,999,999,999.99
外    币：-9,999,999,999.99  至  99,999,999,999.99

        O确认      C取消      H帮助
```

图 2-34　综合条件查询

说明：上例中确认的条件是指把在 1 月 1 日～12 月 31 日之间发生的所有摘要中含有"现金送存银行"或"银行提取现金"的业务查询出来。

（2）选择打印功能，即打印此次查询出的所有内容。

（3）选择查询凭证功能，即根据光标所在行发生的业务查询相应的凭证。

第七节　辅　助　核　算

一、银行对账

在手工作账的情况下，银行按月发来对账单，会计人员需要一笔一笔的核对，以确定哪些是未达账项，并编制银行存款余额调节表。

在实行会计电算化的情况下，银行对账功能主要用于将银行对账单和本系统产生的银行日记账互相核对，自动生成结果是银行存款余额调节表。通常情况下，可在建立会计科目功能时，将需要进行银行对账的账户设定为"银行类"。

进行银行对账的第一步是启用银行对账，这是在首次使用银行对账功能的时候才使用的，以后就不需要再用了。启用银行对账就是要指定银行对账的启用日期和对账单的期初余额。

（一）编辑输入银行对账单

1. 功能

(1) 用于输入、修改由银行提供的银行对账单;

(2) 如果是首次使用银行对账功能,应先将银行存款余额调节表上的未达对账单账项录入到计算机中,此做法相当于初始化操作。

其主要屏幕格式如图 2-35 和图 2-36 所示。

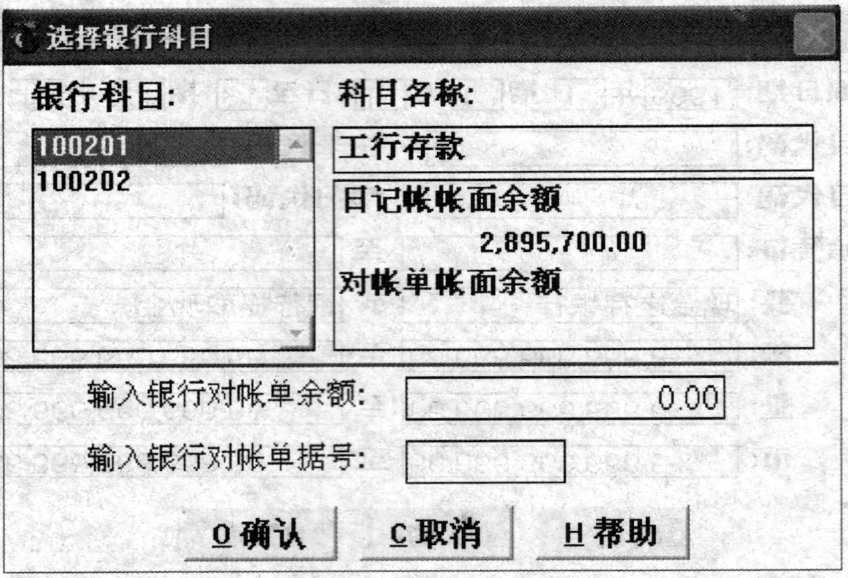

图 2-35　银行科目选择

图 2-36　银行对账单输入

2．操作说明

（1）选择本功能后首先进入图2-35，从中选择银行科目，则系统会显示日记账账面余额和对账单账面余额。科目选定后可输入银行对账单余额（通常为最新余额），同时还输入对账单号，如果用户输入了对账单号，则在输入银行业务的过程中，系统可以显示出本张对账单的借贷方合计数，否则系统显示所有银行对账单内容。

（2）确认后系统进入图2-36，用户可从中进行需要的各种操作。需要说明的是"排序方式"是指可将对账单中的业务按输入先后的物理顺序、或按对账单号、或按日期、或按金额排序后进行显示。

（二）自动银行对账

在自动银行对账条件下，计算机将输入的银行对账单数据存入在"对账单文件"中，将银行日记账记录存入在"银行日记账未达账项文件"中，然后在这个文件中寻找与"对账单文件"中的记录完全相同的经济业务记录，理论上是指经济业务发生的时间、内容、摘要、结算票据号、金额都相同的记录，而实际工作中比较经济业务记录是否相同的标志（匹配标准）是采用票据号（如支票号）和金额，对于没有票据号的业务，只能看金额是否相同。其主要屏幕格式如图2-37所示。

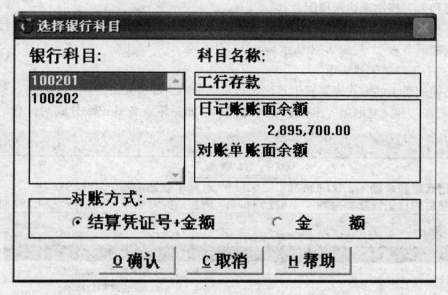

图2-37　银行对账

1．功能

就是把对账单上的未达账项和通过记账功能产生的日记账未达账项核对勾销。

2．操作说明

（1）选择"自动银行对账"功能后，计算机弹出对话框如图2-37所示。用户应首先选择需自动对账的银行科目，然后再选择对账方式。会计核算软件的工作方法通常是先按"结算凭证号＋金额"作为匹配标准，核销掉相同的经济业务记录，剩下的经济业务记录用金额作为匹配标准。

（2）选定匹配标准后，计算机将开始对账。对账过程中可能会出现以下结果：

1）一对一，即"对账单文件"中一条业务记录只和"银行日记账未达账项文件"中一条业务记录相同。这种情况计算机自动将此笔业务同时从日记账和对账单中勾销。

2）一对多，即"银行日记账未达账项文件"中一条业务记录和"对账单文件"中的多条业务记录相同。此时计算机将显示这一笔银行日记账业务和多笔相同的对账单业务。用户可以将鼠标移到应核销的对账单业务上，然后按提示钮核销这笔业务。如果用户认为没有一笔对账单业务与日记账业务相同，则退出不做任何操作。

3）多对一，即"银行日记账未达账项文件"中多条业务记录和"对账单文件"中一条业务记录相同。此时的操作原理同一对多的情形。

4）多对多，即"银行日记账未达账项文件"中多条业务记录和"对账单文件"中多条业务记录相同。此时计算机将分别在屏幕上、下两部分显示这些业务。用户可用鼠标单击屏幕上部窗口（日记账部分）或下部窗口（对账单部分）。如果要核销其中的业务，则先用鼠标点击这笔业务，然后单击"核销"钮，被核销业务的标志显示"已核"字样。若取消核销（标志为"已核"），可选择"恢复"操作。如果核销的日记账金额总数和对账单金额总数不等，若不继续进行核销，则退出后核销金额不等的本次操作被取消。

以上四种情况中，只有第一种情况计算机能自动核销已对的记录，后三种情况均需人工帮助挑选相应的业务进行核销。从这种意义上讲，计算机自动银行对账实际上是半自动的，需要和人工核销未达账项配合。

（3）银行对账功能的输出结果是，系统自动根据本次对账的结果生成本科目的"银行存款余额调节表"，如图 2-38 所示。

（三）手工核销未达账项

就是使用手工的方式逐笔核销日记账和对账单未达账项。由于同一笔经济业务可能在"银行日记账"和"对账单"上做了不同的记录（如一笔业务日记账分成两行登记而对账

图 2-38 银行存款余额调节表

单上只有一行），所以应通过本功能予以核销。另外，本功能还可用于成批删除对账单或日记账业务。

二、往来账管理

对往来账进行管理的前提是设置了往来个人或单位。

个人往来主要是指企业与单位内部职工发生的往来业务，如个人借款在许多单位都经常发生，个人借款清理工作量很大，如果将个人借款清理纳入个人往来核算功能中，则可大大减少清理工作量，特别利于企业加强个人往来的管理。利用个人往来核算功能需先在会计科目设置时，将个人往来核算科目设为"往来类"。

单位往来是指企业与外单位发生的各种债权债务业务。如果将这些往来业务纳入往来核算功能中，在往来账表查询及输出时，既可以以往来科目为主线，进行该科目所对应的往来客户的有关内容输出，也可以客户为主线，输出该客户涉及的所有往来科目的有关内容。建立往来科目与往来客户的交叉关系，解决了同一核算单位中存在的不同往来科目下同一往来客户的数据汇总及数据统计问题，是以客户为中心的核算管理方法。

在会计电算化实行过程中，用户可根据往来核算的要求不同，分别不同情况处理：

(1) 只有少量往来业务的单位，可将客户作为科目设置；

(2) 往来单位较多且变化频繁的，可设置为往来客户进行管理；

(3) 往来单位多、变化频繁，且要进行如账龄分析等较高层次的核算，则还可选用专门的应收、应付软件，此时，在账务系统中就只进行总分类核算即可。

（一）往来客户代码设置

1. 功能

(1) 用于设置往来客户代码，对往来客户代码进行删除、修改和打印。此处客户代码设置不再依赖于往来科目，而是采用统一标准设置往来客户代码，一个往来客户代码可与任意往来科目发生对应关系，或者说，一个往来科目可对应所有往来客户。

(2) 用户必须在编辑输入往来业务和凭证前先设置好往来客户代码，操作界面如图2-39所示。

2. 操作说明

(1) 往来客户代码采用与科目代码相同的编码方式，即分级编码方式，往来客户代码分几级和每级的长度在建立核算单位时确定。代码定义时，应严格按照已经设置的级数关系定义。在往来代码中，可以用数字，也可以用字母，但不允许出现"＋、－、×、／"等运算符。

表2-1是一个典型企业部分往来客户编码举例。

(2) 在任何输入往来客户代码的地方（如凭证输入、账簿查询、打印账册等），用户均可通过具体的操作（如安易软件规定用鼠标右键等），调出一张往来客户代码和往来客户名称的对照表，以查找需要的往来客户。

（二）编辑输入往来业务

1. 功能

用于输入、修改某往来客户的初始往来业务。即刚开始使用会计软件时，应将启用日期前有关未核销往来业务在此输入计算机，正式使用后，记账时系统会自动将凭证中的往来业务转换过来，无需用户在此输入往来业务。其主要屏幕格式如图2-40、图2-41所示。

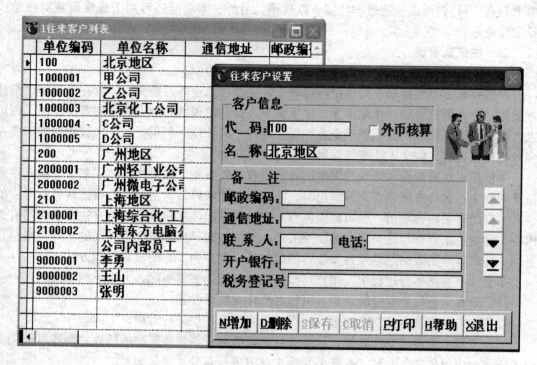

图 2-39 往来客户代码设置

往来客户编码举例　　　　　　　　　　表 2-1

单位编码	单位名称	是否外币核算	邮编	地　址	……
100	成都地区	否	100000		
1000001	甲公司	是	100000		
1000002	乙公司	否	100000		
1000003	化工公司	否	100000		
1000004	C公司	否	100000		
1000005	D公司	是	100000		

2．操作说明

（1）使用编辑输入往来业务功能时，首先应选择某一往来科目和往来客户，如图 2-40 所示，然后再执行往来业务装入的操作，如图 2-41 所示；

（2）"标志"栏内如有"√"，表示该笔业务已经核销，系统不提供对其修改和删除的功能。

（三）往来销账

本功能用于核销往来业务。当应收款项已收到或应付款项已付清，就可以进行核销（勾账、两清）。它具体包括：

1．自动销账

（1）按业务号匹配方式销账：即对同一客户原始结算号相同的业务进行比较，如果这些业务的借方或贷方之和相等，则将这些业务自动核销；

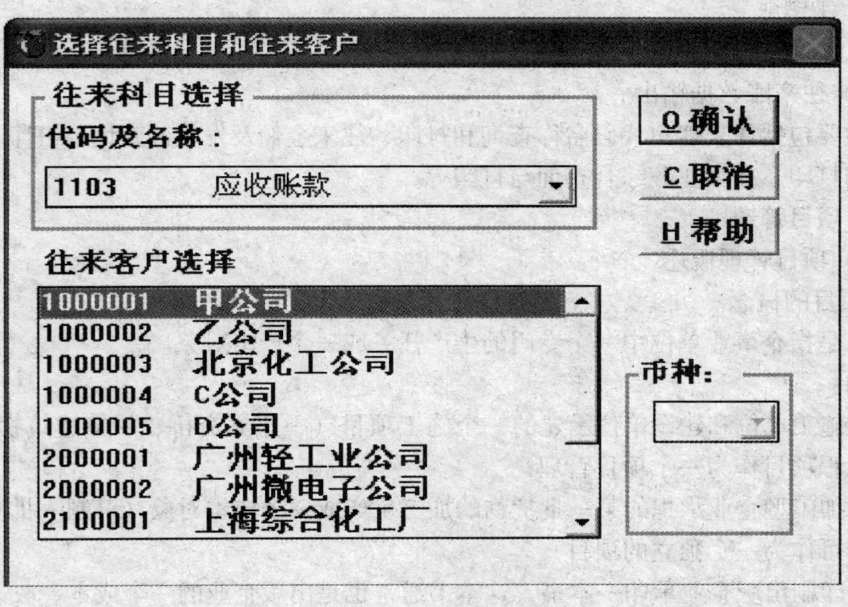

图 2-40 选择往来科目和往来客户

图 2-41 往来业务装入表

(2) 逐笔销账：即对于每一笔业务，系统查找金额一致、方向相反的另一笔业务，如果找到，两笔业务进行自动核销；

(3) 按总额销账：当某单位的所有未销账的借方发生额之和等于所有未销账的贷方发生额时，系统则将这些业务进行自动核销。

选择完自动销账的匹配方式后，计算机自动对每一往来客户核销有关业务，哪些业务已核销，哪些业务未核销，在往来明细账、往来业务综合查询中均可看到。

2. 手工销账
即人工进行核对销账。

（四）往来账数据输出
它主要包括往来客户代码名称查询和打印、往来金额及发生额查询与打印、往来明细账查询与打印、往来业务综合查询与打印等。

三、项目管理
（一）项目管理概述
1. 项目的概念
项目是指企事业单位中一个专门的生产任务或一个产出对象。
例如：
（1）施工单位和建设单位承建的一个施工项目（一座立交桥、一幢建筑物），我们将这样的工程项目作为一个项目管理；
（2）加工型企业承担的某一批货物的加工生产或一个成本对象（订制一批服装、制造一艘货船可作为一个独立的项目）；
（3）印刷出版企业承印一本书，这本书通常也是出版企业的一个成本、收入对象；
（4）科研机关、大专院校的某一科研课题或研究项目；
（5）旅游单位接待的一个旅游团体等等。

2. 项目的特点
（1）项目是可以独立考核和计算收支的对象，并可根据考核计算的结果进行企业管理的经营与决策。
（2）项目的核算具有时效性。当一个项目完成后，对该项目的核算也就终止。这有别于诸如部门核算和大多数会计科目核算具有的持久性。
（3）项目具有多变性。项目的个数和种类也允许可以频繁变化，而部门和科目的设置及核算则要求相对稳定。
（4）项目核算在不同会计年度、月度之间的连续性不仅需要用余额指标，而且更注重用发生额指标，甚至要保存曾经发生的每笔业务，这点与往来核算有相似之处，与部门和科目核算有很大差别。
（5）责任会计的责任对象分责任事件和责任人两种情况，项目核算实际上是将责任事件作为责任对象，而部门核算实际上是将责任人（部门）作为责任对象。

3. 项目核算的手工解决方案与会计电算化下解决方案的比较
虽然项目核算与科目、部门的核算有较大区别，但在手工核算时，项目经常作为科目对待，然后再使用与普通科目不同的核算方法和内容。手工核算可以为每个项目开设一账页，再在该账页中设若干栏目，分别核算与该项目有关的收入和费用，用科目结构图举例如下：
假设某制造企业每批产品制造费用的核算所涉及的科目有：

4105	制造费用
410501	甲产品
41050101	工资
41050102	福利费

41050103	折旧费
41050104	修理费
41050105	办公费
41050106	其他
410502	乙产品
41050201	工资
41050202	福利费
41050203	折旧费
41050204	修理费
41050205	办公费
41050206	其他
5101	主营业务收入
510101	甲产品
510102	乙产品
……	

(41050101——41050106 为"甲产品"的栏目)

由此可见,当项目很多时,手工核算方法必然要增加很多会计科目,而且科目也总是在不断变化的,从另一角度而言,这样的核算方法也不利于同一项目收支的横向统计汇总。现在,如果将每批产品作为一个项目独立开来,则上述科目体系中,凡是与产品有关的科目可不再设置,如下所示:

4105	制造费用
410501	工资
410502	福利费
410503	折旧费
410504	修理费
410505	办公费
410506	其他
……	
5101	主营业务收入
……	

项目代码可设置为

01	甲产品
02	乙产品

在设置项目代码的同时,我们进行项目所属科目代码的设置,将科目 410501,410502,……,5101 称为项目甲产品、乙产品的下属科目或所属科目,又称相关科目。

(二)项目代码设置

1. 功能

(1)用于设置项目代码,即对各个项目进行编码,从而方便各个项目的录入和查询;

(2)项目代码由用户自行设计,是每一个项目的惟一标识,用户应根据企业实际情况，按照在核算单位设置时规定的项目级数关系原则而设计；

(3) 项目代码必须在录入初始项目数据和输入凭证之前设置完成。

2. 操作说明

(1) 每一项目允许有一个惟一代码，不同项目的代码不允许重复。代码一般可采用数字、字母混合编码，但不许用"+、-、×、/"等运算符；

(2) 已经装入余额或已经使用过的项目代码将不允许修改、删除；

(3) 项目代码和科目代码一样是可以分级的，只有最明细的项目代码才具体对应一项目。新增加的项目代码如果不是一级代码，其上级代码必须已经定义过。

(三) 项目初始累计额装入

从手工转换到电算化时，应将每一个明细项目及其相关科目的期初借方累计、期初贷方累计在此模块中输入。输入时，只需要将每一个明细项目所属科目的累计借、贷方发生额装入计算机，而每一个明细项目的累计借、贷方发生额，可由计算机自动汇总求出。

需要指出的是，与科目、部门的初始化不同，项目的初始化不是装入某项目的期初余额，而是装入某一项目的累计发生额，这是由项目核算的特点决定的。项目年初借方累计发生额表示从项目开始至本年初为止，所有与此项目有关业务的科目的借方累计的合计。项目年初贷方累计发生额表示从项目开始至本年初为止，所有与此项目有关业务的科目的贷方累计的合计。

1. 功能

(1) 用于输入所有明细项目下属明细科目的年初借、贷方累计金额和启用月份前各月的借、贷方发生额；

(2) 所有明细项目下属科目的累计发生额必须在输入凭证前录入完毕。

其主要屏幕格式如图 2-42 和图 2-43 所示。

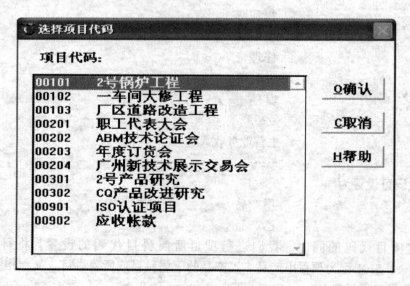

图 2-42 选择项目代码

2. 操作说明

(1) 使用项目初始累计额装入功能时，首先应选择某一项目代码，如图 2-42 所示，

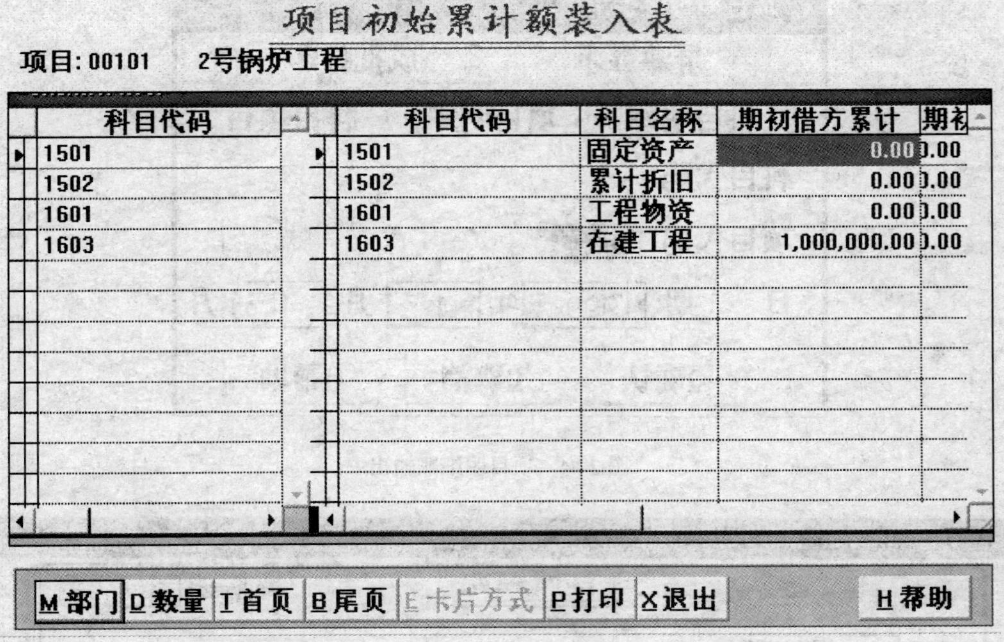

项目初始累计额装入表

项目：00101　　2号锅炉工程

科目代码	科目代码	科目名称	期初借方累计	期初
1501	1501	固定资产	0.00	0.00
1502	1502	累计折旧	0.00	0.00
1601	1601	工程物资	0.00	0.00
1603	1603	在建工程	1,000,000.00	0.00

M部门　D数量　T首页　B尾页　E卡片方式　P打印　X退出　　H帮助

图 2-43　项目初始累计额装入

然后再执行该项目初始累计发生额装入的操作，如图 2-43 所示，系统自动根据启用日期控制应装入的相关科目发生额的月份；

（2）本功能不能对项目下属科目进行增加或删除操作，只能进行项目期初累计发生额的装入或修改操作；

（3）安易软件只要求装入项目下属明细科目的期初累计发生额，而项目的期初累计发生额由计算机根据其相关科目的数据自动汇总产生；

（4）网络条件下，只允许一人在网络上装入项目初始累计发生额。

（四）项目数据输出

它主要包括三栏式项目明细账的查询和打印、多栏式项目明细账的查询和打印、项目总账的查询和打印、部门项目明细账的查询和打印、部门项目总账的查询和打印、项目往来明细账的查询和打印、项目往来总账的查询和打印等。如用户进行三栏式项目明细账输出功能后，即可依次看到以下屏幕格式（如图 2-44，图 2-45）。

（五）预算管理概述

预算管理是企事业单位生产、经营、财务管理与决策中的一种重要管理手段，用于考核某项工作的计划与实际对比完成情况或控制程度。预算管理有时候也叫做计划管理，目的是为了考核计划的执行情况，同时以完成率、增长率的方式用百分比（或千分比）表示出来。

例如：某单位预算 2002 年主营业务收入总额为 1680 万元，1～12 月平均为 140 万元，该年年底需要编制主营业务收入科目的预算与实际对比情况表。

又如：某单位管理费用科目下划到各部门的预算数额分别为 2.5、10.9、4.6、……（万元）。年底需要编制管理费用科目的各部门预算与实际对比情况表。

图 2-44 项目明细账输出

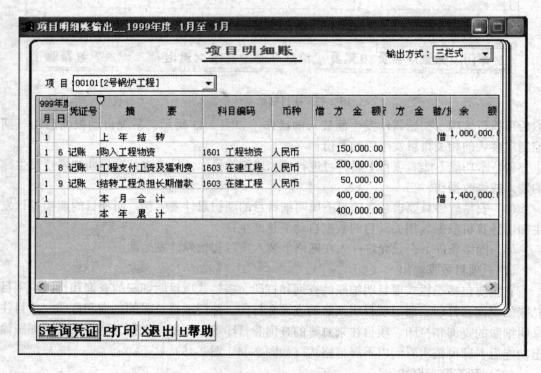

图 2-45 项目明细账输出

会计软件中的预算管理功能一般包括：

（1）科目预算是反映某些会计科目（如主营业务收入科目、营业费用科目等）计划完成与实际完成对比情况，检验是否达到预期目标程度。

完成率计算方法是：实际/计划×100%

增长率计算方法是：（实际－计划）/计划×100%

如：5101 主营业务收入全年计划 1000 万元，实际完成 1269 万元，则完成率为：126.9%，增长率为：26.9%。

如 5501 营业费用全年计划 500 万元，实际使用 516 万元，则完成率为：103.2%，超计划支出的增长率为：3.2%。

(2) 部门预算有两种方式

1) 反映某一会计科目的各部门计划完成与实际完成对比情况。

例如：主营业务收入科目中，各部门：成都市场一部、成都市场二部、成都市场三部等计划完成情况。

完成率计算方法是：实际/计划×100%

增长率计算方法是：(实际－计划)/计划×100%

2) 反映某一部门的相关会计科目：工资科目、管理费用—办公费科目—业务招待费科目、主营业务收入科目等计划完成情况。

完成率计算方法是：实际/计划×100%

增长率计算方法是：(实际－计划)/计划×100%

(3) 项目预算有两种方式

1) 反映某一会计科目的各项目计划完成与实际完成对比情况。

完成率计算方法是：实际/计划×100%

增长率计算方法是：(实际－计划)/计划×100%

2) 反映某一项目的相关会计科目的计划完成与实际完成情况。

完成率计算方法是：实际/计划×100%

增长率计算方法是：(实际－计划)/计划×100%

(4) 系统同时还可提供全年和各月（1~12月）的计划与实际对比执行情况。

第三章 报表处理系统

第一节 概述

一、会计报表的概念、种类和基本格式

会计报表是财务会计报告的重要组成部分,是财会部门的重要成果,它是根据日常会计核算资料,按照一定的表格形式汇总整理编制的,用以总括反映会计主体在某一特定时期的财务状况和一定时期的经营成果的书面报告。

会计报表按其报送的对象不同,可以分为对外报表(如资产负债表、利润表、现金流量表等)和对内报表(如成本表、费用表、部门预算执行情况表等)。对外报表的种类、格式、内容由财政部颁布的统一的会计准则和制度规定。根据《企业会计制度2001》的规定,目前我国企业需编制的对外报表的名称、编报期等见表3-1。对内报表则是为了满足企业内部管理的需要,由企业单位自行决定。

企业需编制的对外报表　　　　　　表3-1

编　号	会计报表名称	编　报　期
会企01表	资产负债表	中期报告;年度报告
会企02表	利润表	中期报告;年度报告
会企03表	现金流量表	(至少)年度报告
会企01表附表1	资产减值准备明细表	年度报告
会企01表附表2	股东权益增减变动表	年度报告
会企01表附表3	应交增值税明细表	中期报告;年度报告
会企02表附表1	利润分配表	年度报告
会企02表附表2	分部报表(业务分部)	年度报告
会企02表附表3	分部报表(地区分部)	年度报告

一般地,按照报表各部分内容的不同,可将报表分为四部分:

(1)标题:是用来表示报表的名称,可占一行或多行,可加修饰线或字体变化。

(2)表头:用来表示报表的栏目、编制日期、单位等。栏目可分为若干层,包含小栏目的栏称为组合栏或组合项,不包含栏目的栏称为基本栏或基本项。

(3)表体:它是报表的主体。表体横向分为若干栏目,纵向分为若干行,纵向表格线和横线表格线交叉间的方格用于填制数据,每一数据称为一个表项。

(4)表尾:表体以下进行辅助说明的部分。在规划一张报表时,将报表看成由上述四部分构成,可使报表结构清晰、内容完整。

二、工作表中使用到的基本概念

(一)工作表

当手工制表时，我们需要纸和笔，在纸上画出需要的表格，填上数据。而工作表就是显示在计算机屏幕上的"一叠纸"，鼠标和键盘就是画笔，如图3-1所示，工作表中横向和纵向直线交叉，形成网格线，但它并不是报表的一部分，只在定义和查询报表时起辅助定位作用，由用户决定显示或不显示。

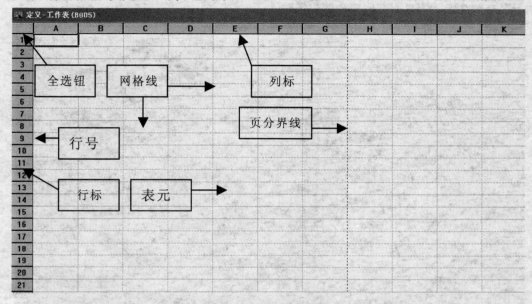

图3-1　工作表

网格线将整个工作表分成行和列的交叉单元格，一个单元格称为一个表元。横向网格线之间的区域称为行，纵向网格线之间的区域称为列。表元用列号表示，如B3表示第B列、第3行交叉形成的表元。表元是最小的操作单位。

（二）行标、列标与全选按钮

工作表最左边包含行号的灰色方块叫行标，工作表最上边包含列号的灰色方块叫列标，工作表左上角的灰色方块叫全选按钮，如图3-1所示，对整个工作表操作时，将用到全选按钮。

（三）行分界线与列分界线

行标的下边界线叫该行的行分界线，列标的下边界线叫该列的列分界线。

（四）当前表元与表元指示框

对于当前操作的工作表元，用一个黑色粗框表示，叫表元指示框，该表元叫当前表元。

（五）表元块与当前块

可以选取工作表中相邻表元组成的矩形区域作为操作对象，工作表中的矩形区域叫表元块，几行、几列及整个工作表都是表元块的特殊情况。选取的表元块叫当前块，当前块的颜色与背景相反。

（六）表元代码与表元块代码

表元的位置用表元代码表示，列号加行号就是表元代码，例如第3列第5行的表元，其表元代码是C5。表元块代码用它的左上表元代码加右下表元代码表示，表元代码间用冒号分隔，例如第2列至第7列，第2行至第6行的表元块，其表元块代码是B2：G6。

三、用户界面与基本操作

（一）报表系统的外观

图 3-2 为进入安易报表系统后的主窗口。

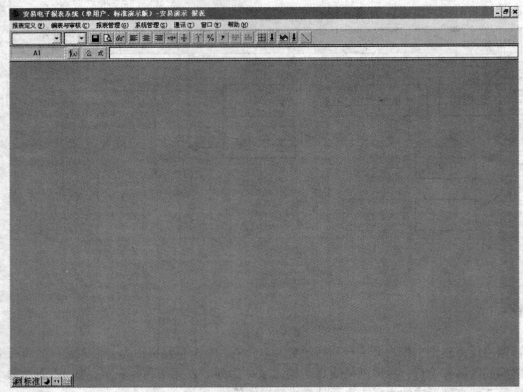

图 3-2　报表系统的主窗口

选择一个报表后的主窗口如图 3-3 所示。

窗口各部分的名称和功能见表 3-2。

表 3-2

项　目	说　明
标题条	显示窗口的名字
控制框	弹出提供窗口操作（移动、关闭等）命令菜单
最大、最小和恢复按钮	改变窗口大小
菜单条	显示主菜单提供系统操作的大部分命令
工具条	显示最常用的命令按钮和操作控制
编辑条	显示当前表元的内容等
滚动条	使用户滚动窗口（水平和垂直滚动）

（二）系统菜单的使用

1. 使用鼠标选择菜单命令

（1）用鼠标单击想要打开的菜单名，单击后菜单下拉，用户可看到命令列表，如单击"报表定义"主菜单，看有关的命令，如图 3-4 所示；

（2）如不进行任何选择，则需关闭菜单，方法是再次单击菜单名，或单击菜单外部，或按 Esc 键。

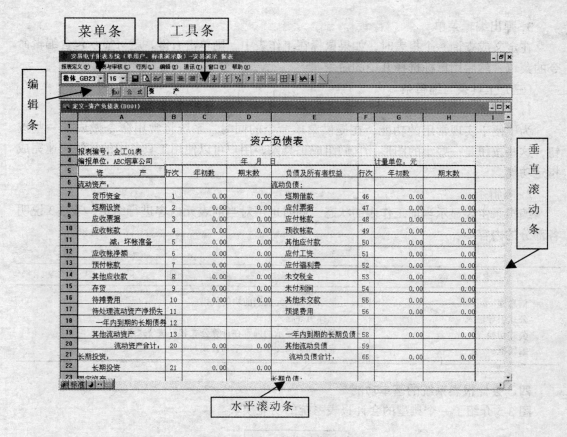

图 3-3 选择一个报表的主窗口

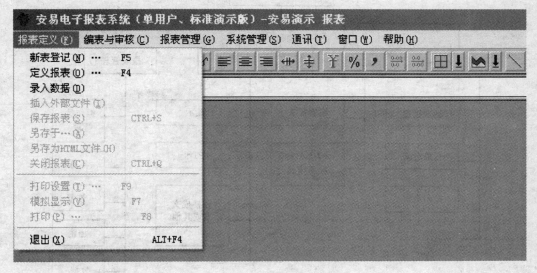

图 3-4 选择菜单

2. 使用键盘选择菜单命令

按住 Alt 键不放,同时按菜单名的命令字母,例如"报表定义 [O]"中的字母 O。用菜单命令还可使用快捷键,快捷键在菜单项中列出,快捷键通常是一般快捷键和组合键,如 F4、ALT + F4 等。

65

3. 弹出编辑菜单

在定义或查询一个报表时，如果鼠标在工作表中，则单击右键，就可显示包含编辑命令的菜单，然后用鼠标选择其中的命令。

（三）工具条与编辑条

1. 工具条

为了便于实现常用的功能，在提供菜单命令的同时，系统将常用命令做成了一些按钮，这些按钮是一些小的图形，它们组成工具条，用户可以使用工具条中的按钮快速完成指定功能。

2. 编辑条

编辑条主要显示当前工作表的状态，同时也可对当前表元内容进行编辑，表3-3说明各部分的内容。

表3-3

名 称	功 能
信息框	显示当前表元或当前块的代码
公式引导输入	选择引导输入公式
公式切换	使编辑框显示的内容在计算公式和审核公式之间切换
编辑框	显示和编辑文字、数字和公式

四、会计报表系统的基本功能

图3-5介绍了一个典型的会计报表系统的功能模块。

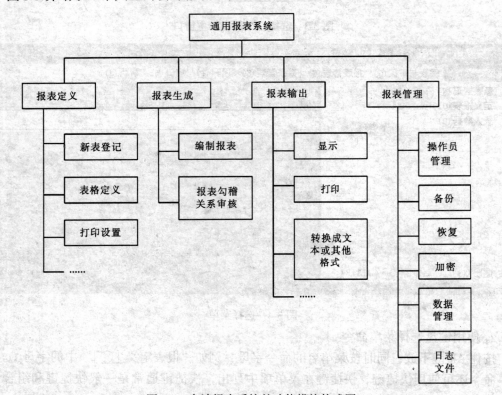

图3-5 会计报表系统的功能模块构成图

各个会计报表系统一般应具备以下功能：

（1）会计报表系统应提供各类报表的格式设置和维护功能。在会计报表系统中，所谓报表格式实质上是一个保存计算机中的模板，使用这个模板可以无限复制相同格式的表格供用户使用，它是数据录入和数据计算处理的基础，是对报表数据的说明。

对于外部报表，可以提供统一的格式，但随着经济业务、财务制度及经济政策的调整，对会计报表也必须做相应的调整，因此应向用户提供这部分报表的自定义功能，即当用户的报表与财政部规定的报表项目相比有所增减时，系统提供增减报表内容和定义计算公式的功能。对于对内报表，由于没有统一的格式，这就要求会计报表系统提供用户自己定义内部报表的功能，包括让用户定义报表的格式、计算公式等。

对于可根据业务统计与管理的需要改变报表大小或格式的可变表，系统应能够提供对可变区域的设置。

（2）会计报表系统应有自动根据预定的要求，从源数据中取得数据，并按规定运算进行计算处理的功能。

（3）会计报表系统应向用户提供各种报表信息的查询功能。

（4）会计报表系统应能按预定格式，打印输出各种会计报表。

五、会计报表数据处理流程

会计报表的编制是计算机会计和手工会计的重要内容，也是难点所在。企业发生的经济业务，体现在有关的原始凭证上，会计人员根据取得的原始凭证，按会计制度的规定，编制成统一的记账凭证，通过记账后，就可以将企业的经济业务反映在有关账簿中了。但反映在账簿中的会计数据是分散的，难以明显地看出企业的财务状况和经营情况，为此就应将账簿上的有关会计数据，集中反映在统一格式的会计报表上，报表使用者就可从会计报表上，较为直观地了解到企业在一定时期的财务状况和经营情况了。

在手工会计中，会计报表的编制是会计人员根据有关凭证或账簿的记录来编制会计报表，会计报表的数据都是所见即所得。

而在计算机会计中，账务处理的结果是以文件的形式存放于有关数据库中。会计报表中的各个数据，多数不能由用户在屏幕上直接填入，而应由用户在编制会计报表前，先定义好报表格式以及数据取数公式，然后再生成会计报表。在报表生成过程中，计算机将根据用户编制的取数公式中特定的代码，在有关数据库中自动调用数据，并填至相应的位置，这样会计报表就生成了。电算化环境下，会计报表数据处理流程如图3-6所示。

六、在工作表中制作用户自己报表的合理步骤

通常，制作一张会计报表可分为以下几个步骤：

1. 注册账套

这一步要选择账套和会计期间，并以有操作权限的人员身份来登录。这一步的意义有两点：选择账套和时间就是要告诉系统从哪个账套和会计期间中去取数，将指定账套和会计期间中的数据经过加工，添加到工作表中去；以有操作权限人员的身份来登录，是为了保证财务数据的安全。

2. 报表设计

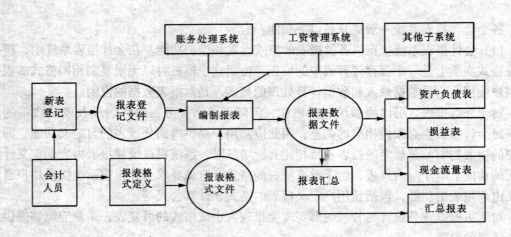

图 3-6 报表数据处理流程图

在正式定义报表前，首先应对报表的内容、式样做到心中有数。如果有同样的手工报表，还需确定固定项和变动项的计算公式；如果没有，最好在纸上画出草图。草图中画出应有的表格线，确定标题、附注，确定表格中要输入的文字以及常数值，确定需要输入的编表公式，确定各项之间的行列关系。

3．在工作表中建立报表框架

首先输入标题、栏目等文字，然后根据草图加上表格线，输入常数。调整文字、边框使之达到自己的要求，这时报表框架就完成了。

4．输入公式

输入运算公式，再输入必要的审核公式，报表定义就基本完成。

5．修饰报表

可以设置文字的字体与大小，改变文字在表元中的位置，设置数值的小数位数等等，这可使作出的报表更完美。

6．编制报表

在定义好报表项目和取数公式后，系统会自动进行计算。如果账套数据发生变化的话，就需要让报表重新进行计算。

7．设置打印参数

根据用户安装的打印机，设置报表的打印参数，通过模拟显示功能预览打印效果，调整打印参数直到满意。

8．保存报表

如果发生关机等意外情况，并且表又没有保存，那么将损失所有的工作内容。因此，用户不仅可以在结束报表定义时保存报表，而且在定义报表过程中也可保存正在定义的报表。

第二节 建立报表

建立报表是使用报表系统编制报表的第一步工作，也是最重要的工作。建立报表的过程包括新表登记和定义报表两大步骤。

一、新表登记

一个通用报表系统可能要生成若干种会计报表，而每一单位编制的会计报表种类和数量也不尽相同。新表登记为每一种新的报表在计算机中建立一个登记项，登记项包括报表编号、表名、附注、作者等信息。所有报表登记项存贮于登记项数据库中，只有用此模块登记了的会计报表才能在后续模块中处理。

报表编号：是报表惟一的内部标识，主要用于系统内部处理时的报表识别。此外，由于它简短、准确、便于记忆，所以在公式定义和某些提示信息中也将用到。

表名：是报表的惟一外部标识。登记后的报表，其表名在功能模块中被提示或供用户选择。例如："资产负债表"，表名通常与表标题取成一致。

附注：是报表的附加说明信息，根据需要可有可无。在报表定义功能的选择报表对话框中可以查看附注内容。

作者：是报表的惟一拥有者，只有作者才有对报表的全部操作权；系统管理员对所有报表有一定的操作管理权；其他操作员通过报表作者的授权，可以拥有对报表的部分操作权。

（一）功能

（1）用于输入新表的表名和附注，在系统中建立一个新表登记项。

（2）新表登记时，系统按一定规则产生一个与报表一一对应的报表编号。报表编号一般由系统自动产生，也可由输入确定，但不同报表的编号不能重复。

（3）新表登记时，系统自动将当前操作员作为报表的作者。安易报表系统中，系统默认管理员对所有报表有一定的操作权，除此之外，未经报表作者的授权，任何其他操作员对不属于自己的报表没有任何操作权，但通过报表移交功能可以改变报表的作者。

（二）操作说明

（1）从报表系统的主窗口中，选择"报表定义"主菜单中的"新表登记"菜单命令，屏幕显示输入登记项对话框，如图 3-7 所示。

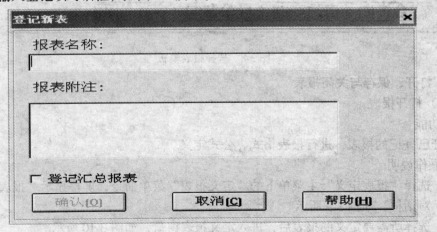

图 3-7 登记新表

（2）在"输入表名"编辑框中输入新表表名。表名不能为空，同一账套中不能有重名的报表。需要指出的是，这里所输入的报表名称只是标设所定义的报表，并不是在定义报表时输入的可供打印的报表标题，因此它不是以后打印出来的报表名称。

(3) 如果需要输入附注，用 TAB 键或鼠标激活"输入附注"编辑框，即可输入报表附注。

(4) "登记汇总报表"选择项是用于标识登记的表是普通表还是汇总表，不选择登记的是普通表。

(5) 如果确认后发现登记项输入有错，可使用"报表管理"模块中的"报表改名"命令进行修改。

(6) 确认登记后，系统弹出"选择报表模板"对话框，如图 3-8 所示。在此，用户可选择不同行业不同种类的报表模板，也可选择"取消"，则新表为空表，用户在此可根据自身需要定义报表格式、内容等。

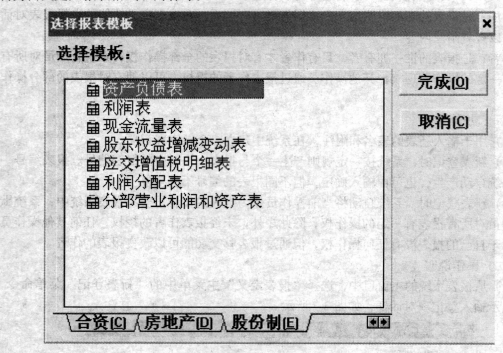

图 3-8　选择报表模板

二、打开、保存与关闭报表

（一）打开报表

1. 功能

打开已登记的报表，进行报表格式、公式定义。

2. 操作说明

(1) 选择"报表定义"主菜单下的"定义报表"菜单命令，屏幕显示"报表定义—选择报表"对话框，如图 3-9 所示。

(2) 选择所需要定义的报表后，进入定义报表窗口，如图 3-10 所示。

(3) 系统自动为每个打开的报表建立一个工作窗口，称做某报表的工作表窗口，简称报表窗口，表名显示在窗口标题中。

（二）打开多个报表

1. 功能

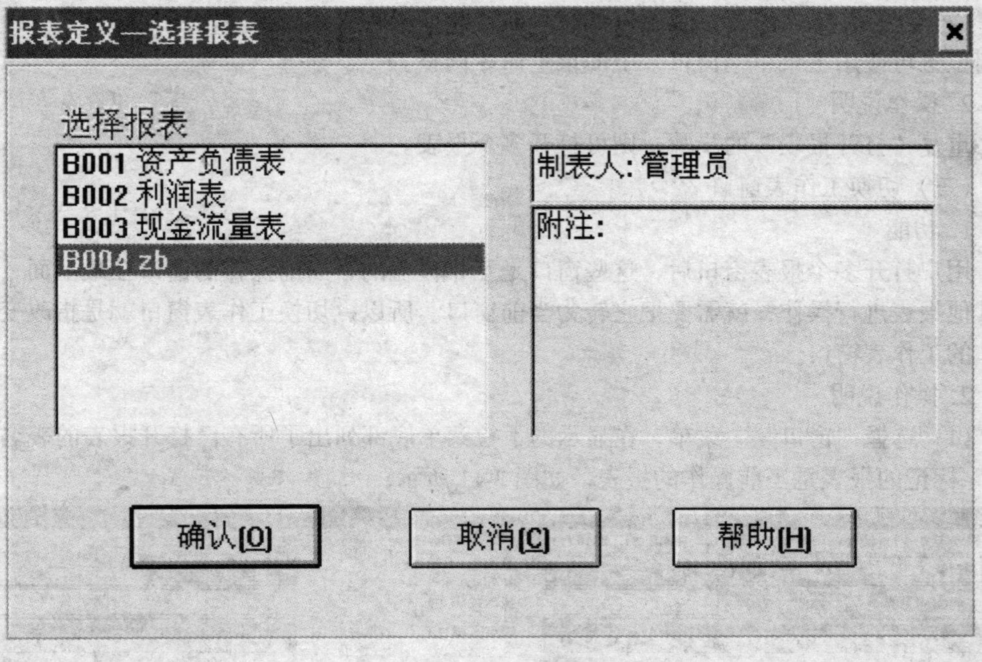

图 3-9　报表选择

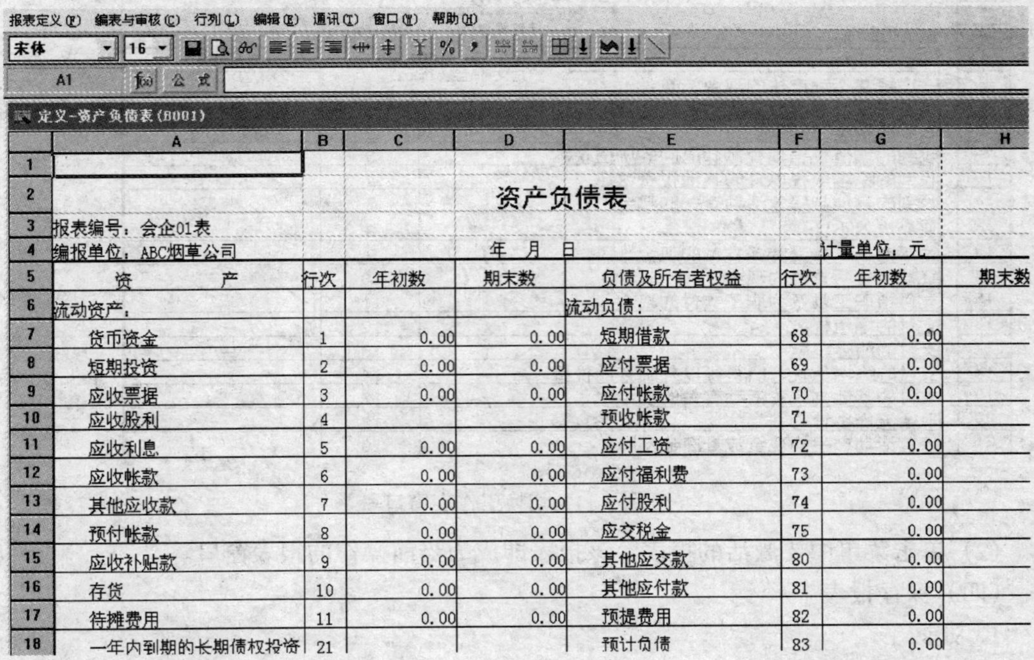

	A	B	C	D	E	F	G	H
1								
2					资产负债表			
3	报表编号：会企01表							
4	编报单位：ABC烟草公司			年　月　日			计量单位：元	
5	资　　产	行次	年初数	期末数	负债及所有者权益	行次	年初数	期末数
6	流动资产：				流动负债：			
7	货币资金	1	0.00	0.00	短期借款	68	0.00	
8	短期投资	2	0.00	0.00	应付票据	69	0.00	
9	应收票据	3	0.00	0.00	应付帐款	70	0.00	
10	应收股利	4			预收帐款	71		
11	应收利息	5	0.00	0.00	应付工资	72	0.00	
12	应收帐款	6	0.00	0.00	应付福利费	73	0.00	
13	其他应收款	7	0.00	0.00	应付股利	74	0.00	
14	预付帐款	8	0.00	0.00	应交税金	75	0.00	
15	应收补贴款	9	0.00	0.00	其他应交款	80	0.00	
16	存货	10	0.00	0.00	其他应付款	81	0.00	
17	待摊费用	11	0.00	0.00	预提费用	82	0.00	
18	一年内到期的长期债权投资	21			预计负债	83	0.00	

图 3-10　定义报表

(1) 安易报表系统支持同时打开多个报表，每个打开的报表有一个工作表窗口，用户可在不同的窗口对多个报表同时操作。如果再次打开已打开的报表，则系统不打开新的工作表窗口，只激活原来的工作表窗口。如果被重复打开的报表已经修改，则系统提示用户是否保存已修改的报表。

（2）新打开报表的工作表窗口覆盖以前打开报表的工作表窗口，多个窗口在屏幕上的排列位置可使用主菜单"窗口"中的菜单命令调整。

2．操作说明

重复"打开报表"的步骤，则可打开多个报表。

（三）切换工作表窗口

1．功能

用户打开多个报表窗口后，这些窗口是互相覆盖的，当前操作的窗口在最上面，要想对其他报表进行操作，就需要把它转为当前窗口。所以，切换工作表窗口就是指改变当前操作的工作表窗口。

2．操作说明

（1）选择"窗口"主菜单，在显示的下拉菜单底部列出了所有已打开报表的表名，有"√"标记的报表是当前操作的报表，如图 3-11 所示；

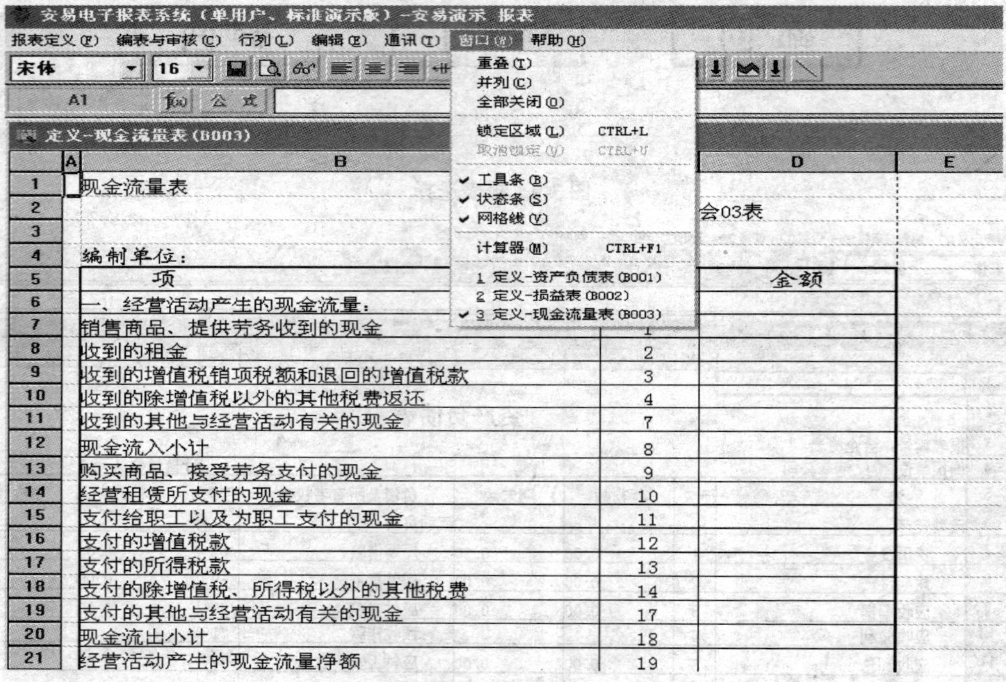

图 3-11　切换工作表窗口

（2）单击菜单中要激活的报表，该报表即成为当前操作的报表窗口。

（四）保存报表

1．功能

我们对报表所做的定义、修改操作只在工作表窗口中有效，保存报表功能可将工作表窗口中的报表保存到当前盘上。

2．操作说明

（1）选择"报表定义"主菜单中的"保存报表"菜单命令即可；

（2）如果菜单项是灰色的，说明报表上次存盘后未做任何改动，不需存盘；

（3）正常关闭报表窗口时，计算机自动询问用户是否保存报表，但非正常中止会引起数据丢失。所以，在报表定义过程中应最好随时保存报表。

（五）关闭报表

1. 功能

（1）关闭报表就是关闭不需要再操作的报表。关闭不需要的表可节省计算机的内存等资源，便于提高系统运行速度。

（2）在定义报表时，当用户对报表已做了大量的改动，但又不想要这些改动时，可先关闭报表（关闭时不存盘），再重新打开此表时，该表将恢复到上次存盘时的状态。

2. 操作说明

（1）选择"报表定义"主菜单中的"关闭报表"菜单命令即可；

（2）若报表已改动，系统将弹出提示存盘消息框，询问是否存盘，用户根据自身需要选择回答。

三、固定表元数据定义和变动表元公式定义

报表定义中表元内容的定义可分为两大类：固定表元数据定义和变动表元公式定义。固定表元的值是相对稳定的，各月基本不变，所以在报表定义时，直接输入即可。变动表元的值各月需要重新计算，但计算的方法是相对稳定的。变动表元的计算方法比较复杂，它涉及两方面的问题：一是变动表元的值从哪里来，是从账务处理系统某科目的余额来，还是从账务系统某部门的费用科目来等等；二是当同一变动表元有多个数据来源时，要对它们进行运算。通常，会计报表系统使用加、减、乘、除运算就足够了。

在一般的财务报表体系中，数据来源主要有以下几种渠道：

（1）账务处理系统账簿中各科目的发生额和余额；

（2）有关凭证中借、贷方发生额；

（3）其他会计核算系统的数据，如工资、固定资产核算系统的数据等；

（4）本表内数据的合计等数据；

（5）同一报表文件不同表页的数据和其他报表文件数据；

（6）系统不能自动生成需手工直接输入的数据。

（一）输入文字

1. 功能

用于输入报表标题、栏目名、项目名，以及各种附注等文字型固定项。

2. 操作说明

（1）用鼠标或键盘选择表元后，直接输入文字，表元中原有内容将被删除。若修改原有的文字项，按空格键或直接用鼠标双击进入编辑状态，再插入、删除文字。或者也可以直接用鼠标单击编辑框，则在鼠标位置出现插入指针，从而进行修改。

（2）结束输入后，按回车键、TAB 键或鼠标单击其他表元，则可确认并结束该单元的输入。按 Esc 键将取消一个单元的输入。

（3）文字的长度不受表元列宽的限制，超出列宽的部分在后续表元中显示，但不覆盖后续表元中已有的内容。但系统对一个表元最多可输入的字符一般有限制，如安易报表系统一个表元最多可输入 255 个字符。

（4）表元的对齐方式决定文字或数字在表元中的开始显示位置，缺省方式是靠左对齐。

（二）输入数字

1. 功能

输入表元中数值型固定项。

2. 操作说明

（1）操作步骤同输入文字。

（2）数字可以是正数或负数，整数或小数，系统对数字总长（包括正负号、前置零和小数点）一般有限制。如安易报表系统规定数字总长不得超过25位，小数位最长23位。千分位的逗号通常由计算机自动插入。

（3）数字的对齐方式可以由用户自行设置。

（三）输入公式

财务软件中的会计报表数据是不能像手工会计那样，由用户在当前屏幕报表的相应表格位置中直接输入。因为一张报表的固定表元内容输入完毕后，变动表元的内容随着编制单位、编制时间的不同而不同，但是获取数据的来源、方法、取得数据的计算方法是相对稳定的，即数据的采集方式、方法和过程是相对稳定的，在以后各期中不会有太大的变动。会计报表系统正是根据这一特性，在报表格式状态下定义数据采集的方式和方法，主要是在变动表元中定义取数公式和计算公式，这样在会计期间等发生变化时，系统会自动根据定义的公式和获取数据的方法采集数据。所以，在报表系统中，合理地利用获取数据的方法，能够大大节省编制报表的时间，将大量手工方式下的重复、复杂的劳动交给计算机完成，从而减少编制错误，提高工作效率。

报表公式就是表示报表编制方法和报表审核方法的一种数学表达式。报表公式定义，就是用户根据报表与账簿、报表与凭证、报表与报表、报表与其他系统模块之间的关系，定义取数公式和审核公式并存入计算机的过程。公式包括定义报表编制方法和定义报表勾稽关系两大类，这两类公式在表达形式上相同，但作用不同，前者称为运算公式，后者称为审核公式。

报表公式在定义报表时按报表编制和审核的要求输入，可以直接在单元格中输入，也可以按照系统提供的引导输入功能逐项输入，系统将自动对公式进行语法检查。每一公式只能定义一个表元的计算（或审核）方法。定义好的运算公式供报表编制时使用，审核公式在审核报表时使用。通常，报表公式只需在第一次使用报表系统、编制公式时定义一次，以后各会计期间编制报表时，可反复使用。

报表公式以函数的形式表现。函数的一般表现形式是：

函数名（参数1，参数2，……，参数 n）

在安易报表系统中，函数名是由字符或数字组成的字符串，函数名后紧跟有圆括号括起的参数，每个函数的参数个数是固定的，参数间用","隔开。公式中的函数有以下几类：

第一类是与系统不发生关系的函数，这些函数是指日期函数、键盘输入函数、本账套表间取数函数、从其他账套的报表中取数的函数（异账套表间取数函数）和数据库取数函数等；

第二类是从账务处理系统取数的函数，这些函数是指账簿取数函数、凭证取数函数等；

第三类是从会计软件其他子系统取数的函数，如从固定资产子系统、工资子系统等取数的函数；

第四类是为了根据条件编制报表数据而设置的条件判断函数和逻辑运算函数。

1. 功能

(1) 直接输入表元的公式；

(2) 根据“编辑”主菜单中的“自动计算”菜单命令，直接显示公式或计算结果。

2. 操作说明

(1) 设置计算公式输入状态，在窗口的编辑条中有一公式按钮，如图3-12所示，有“公式”（表示运算的公式）和“审核公式”两种状态，分别表明用户当前正输入的是哪种公式，报表窗口打开时缺省为“公式”状态，用鼠标单击公式按钮，可进行两种状态的切换。

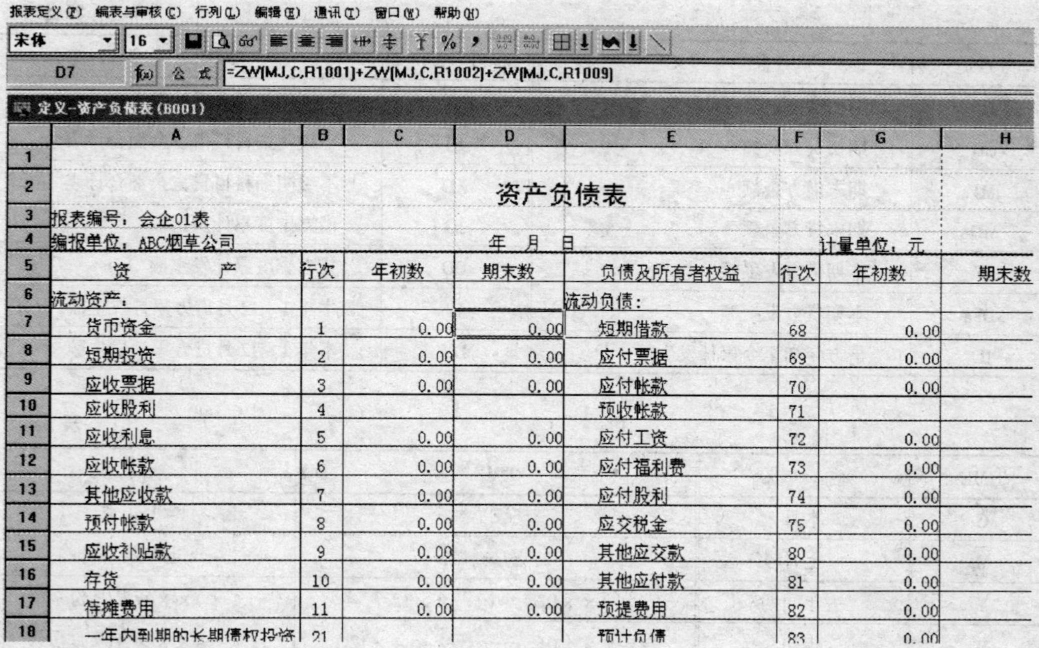

	A	B	C	D	E	F	G	H
1								
2				资产负债表				
3	报表编号：会企01表							
4	编报单位：ABC烟草公司			年 月 日			计量单位：元	
5	资 产	行次	年初数	期末数	负债及所有者权益	行次	年初数	期末数
6	流动资产：				流动负债：			
7	货币资金	1	0.00	0.00	短期借款	68	0.00	
8	短期投资	2	0.00	0.00	应付票据	69	0.00	
9	应收票据	3	0.00	0.00	应付帐款	70	0.00	
10	应收股利	4			预收帐款	71		
11	应收利息	5	0.00	0.00	应付工资	72	0.00	
12	应收帐款	6	0.00	0.00	应付福利费	73	0.00	
13	其他应收款	7	0.00	0.00	应付股利	74	0.00	
14	预付帐款	8	0.00	0.00	应交税金	75	0.00	
15	应收补贴款	9	0.00	0.00	其他应交款	80	0.00	
16	存货	10	0.00	0.00	其他应付款	81	0.00	
17	待摊费用	11	0.00	0.00	预提费用	82	0.00	
18	一年内到期的长期债权投资	21			预计负债	83	0.00	

图3-12 设置计算公式

(2) 用鼠标或键盘选择要输入公式的表元，按空格键或用鼠标双击表元进入编辑状态，也可在公式编辑框中输入公式。但值得注意的是，不同的报表系统提供的函数分类和格式不尽相同。安易报表系统的计算公式是以运算符“=”排头，审核公式以运算符“=”、“>”、“<”、“>=”、“<=”、“!=”排头，运算符前不能有空格，否则将作为文字处理。公式当中可以有空格，字母大小写含义相同。公式中的任何字符必须是英文字符，所以输入公式时输入方式应切换到英文状态。

(3) 结束输入可按回车键、TAB键或用鼠标单击其他表元。

(4) 公式的显示和文字不同，不受表元对齐方式的限制，超过列宽的部分不显示。

(5) 单击“编辑”主菜单中的“自动计算”菜单命令，可以切换显示方式，如图3-12所示。但无论以何种方式显示，公式编辑框中总是显示公式或文字。

3. 取数公式简介

函数名及其含义，账簿取数函数中的参数类型、日期参数和科目代码前缀等的含义分别见表3-4、表3-5、表3-6、表3-7。

表3-4

函数名	含义	函数名	含义
ZW	同账套取数函数	GZ	工资系统取数函数
ZWZT	异账套取数函数	GD	固定资产系统取数函数
PZ	凭证取数函数	CLZZ	材料自动转账取数函数
BM	部门取数函数	XSSR	商品销售收入取数函数
XM	项目取数函数	IF	条件判断函数
WL	往来取数函数	AND、OR、NOT	逻辑运算函数

表3-5

TYPE	含义	TYPE	含义
CJ	期初借方余额	DL	贷方年初至今累计发生额
CD	期初贷方余额	XJ	下级明细科目借方余额合计表
MJ	期末借方余额	XD	下级明细科目贷方余额合计表
MD	期末贷方余额	JQ	借方季度累计发生额
JF	本期借方发生额	DQ	贷方季度累计发生额
DF	本期贷方发生额	JY	本年1~12月借方累计发生额
JL	借方年初至今累计发生额	DY	本年1~12月贷方累计发生额

表3-6

TIME	含义	TIME	含义
C	本月	E	上年末
M	上月	1,……,12	当年某月份
Y	去年同期	××01,……,××12	××年某月份
B	年初	×××01,……,×××12	×××年某月份

表3-7

CODE	含义
R***	人民币
W***	外币
S***	数量

说明（以同账套账簿取数函数为例）：

一般形式：ZW（type，time，code）

其中：type是取数内容代码；Time是指取值为C、M、Y、B、E或固定日期；Code为R***，表示某科目的本位币；W***，表示某外币科目的外币；S***，表示某数量科目的数量。

例如：ZW（CJ，B，R1001）表示取本账套1001科目年初人民币借方余额。

四、公式引导输入

引导输入是为方便用户而提供的一种公式输入方法，这种方法不需要记忆函数的代码和表示形式，整个公式的输入过程通过引导逐步完成。安易报表系统就提供了这一功能。在这一方式下，系统逐步提示要输入的内容，用户只需按动鼠标选择，就可输入任何公式。通常，直接输入公式更快捷，但在下述情况下借助引导输入会更有效：

（1）初次使用本系统，对公式的形式和规定的函数不了解；

（2）不清楚函数的具体形式和参数的取值范围；

（3）当函数从其他数据源（如其他报表、账套、数据库）取数时，想查看数据源的内容。

（一）概述

1．引导输入的基本步骤

（1）选择表元：移动表元指示框到要输入或修改公式的表元。

（2）启动引导输入：按F2键，或者定义报表后，选择"编辑"主菜单下"公式引导输入"菜单命令，屏幕显示"选择运算符"窗口，如图3-13所示。

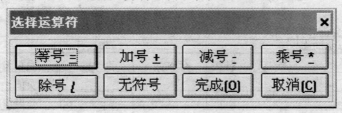

图3-13　选择运算符

（3）选择运算符：用鼠标单击"等号"按钮或直接按"＝"键，系统在编辑框输入"＝"号，并且弹出"函数"对话框，如图3-14所示。

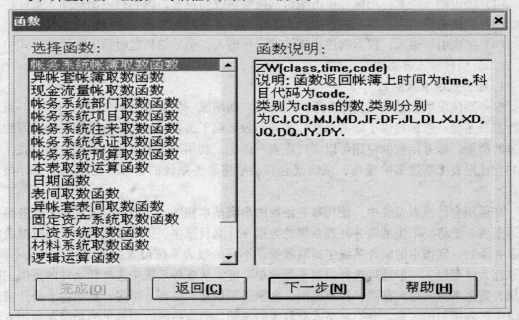

图3-14　取数函数选择

（4）选择函数：在列表框中选择要输入的函数，按回车键或鼠标单击"下一步"按钮，进入函数的引导过程，按照系统提示的引导步骤输入函数。函数引导完成后，返回"选择运算符"窗口。如取消函数引导，只需按Esc键或选择"取消"按钮，取消此次引导输入的结果是编辑框被清空。

(5) 选择"完成"按钮,结束引导输入。系统激活编辑框,输入的公式可以在编辑框中看到,用户可以修改编辑框中的公式。

2. 公式编辑中使用引导输入

如果用户在直接输入公式过程中或修改公式时遇到不熟悉的函数时,也可随时使用引导输入。其基本步骤如下:

(1) 选择表元:选择要编辑的表元,表元公式显示在编辑框中,如图 3-15 所示;

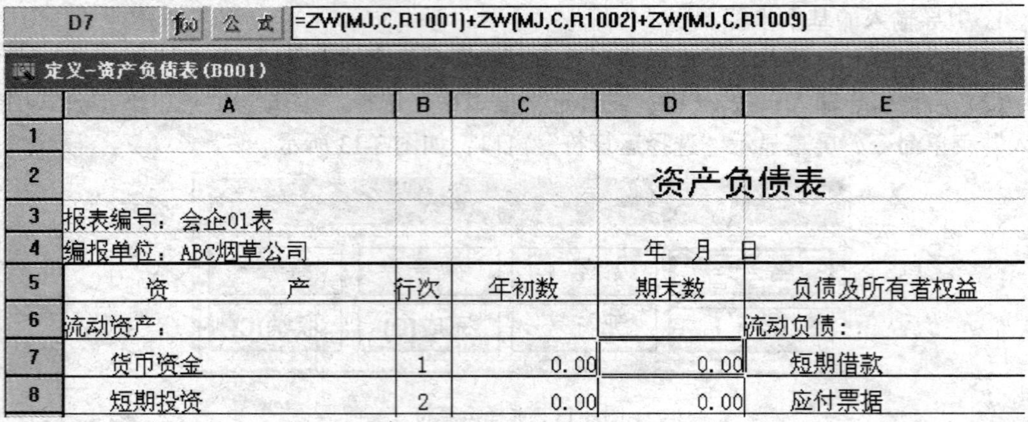

图 3-15 表元公式编辑

(2) 确定插入位置:用鼠标单击编辑框内要修改的位置,编辑框内出现插入指针;
(3) 启动引导输入:根据前述启动步骤,选择需要的运算符,进行函数引导;
(4) 结束引导输入:根据前述步骤结束引导输入,引导结果此时插入在原有公式中。

(二) 引导输入各类取数函数

1. 账务系统取数函数

账务系统取数函数是指从账务系统的总账、明细账、凭证等账表中取数的函数。通用会计报表系统一般都提供了账务函数,账务函数架起了报表系统和账务处理系统之间数据传递的桥梁。账务函数的使用可以实现账表一体化,利用账务函数定义单元链接公式,每期的会计报表无需过多的操作,系统就会自动地将账务系统的会计数据传递到会计报表中。

在通用会计报表系统中,使用账务函数的步骤基本相同,一般都是通过设置账务路径告诉报表系统将要采集的账务处理系统的数据在什么目录中,以便使报表系统根据报表中的账务函数,到指定的账务系统中提取数据。不同的报表系统设置账务路径的方法不同,但原理大体相似。一般通过选择数据来源菜单,确定从账务系统中选择什么样的数据,确定报表数据来源的时间范围、科目范围、金额还是数量、是否外币等。虽然各个会计报表系统中账务函数的名称、分类和格式有较大的不同,但这些函数所提供的功能和使用方法一般是相同的。

下面以安易报表系统的引导输入账簿取数函数为例,介绍其基本步骤如下:

(1) 选择账簿取数函数:单击"函数"对话框中"账簿取数函数",如图 3-14 所示。按回车键或鼠标单击"下一步"按钮,系统弹出对话框如图 3-16 所示。"返回"按钮用于返回本步骤的前一步骤。

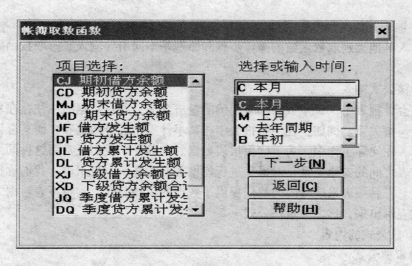

图 3-16　选择项目和时间

（2）选择项目和时间：从"项目选择"列表框中选择要取得账上的哪类数据，从"时间选择"列表框中选择取哪一时期的数据，也可以直接输入某一固定日期，然后按回车键或用鼠标单击"下一步"按钮，屏幕显示"选择科目"对话框，如图3-17所示。

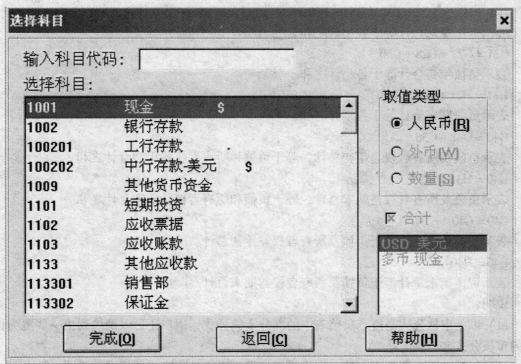

图 3-17　选择科目

（3）选择科目：科目代码可以索引查找，在编辑框中输入科目代码，按回车键，亮条自动移到与输入代码匹配的第一个科目代码上。当然，用户也可用键盘或鼠标选定科目。

（4）选择"完成"按钮，确认并结束引导操作。

2. 引导输入其他类别取数函数

引导输入其他类别取数函数的操作步骤和原理基本同引导输入账簿取数函数，在此不再重复。

五、审核公式输入

在各类会计报表中，每个数据都有明确的经济含义，并且数据间往往存在着某种对应关系，称为勾稽关系。例如：在一张报表中，某小计等于各分项之和；而某合计等于若干个小计之和。在实际工作中，为了确保报表数据的准确性，我们经常用这种同一张报表内部或不同报表之间的勾稽关系，对报表进行勾稽关系检查。一般来讲，我们称这种检查为数据的审核。安易报表系统专门为我们提供了数据的审核公式，它将报表数据之间的勾稽关系用公式表示出来，称之为审核公式。

（一）审核公式的内容

1. 表内审核公式

表内审核公式是在同一张报表内，表示表内数据之间的勾稽关系，并要求在审核报表时报告审核结果。

以下举例说明资产负债表的表内审核关系公式：

C40 = C20 + C22 + C30 + C34 + C38

表示资产年初总计等于各小计之和。

D40 = D20 + D22 + D30 + D34 + D38

表示资产期末总计等于各小计之和。

G31 = G21 + G28 + G30

表示负债年初合计等于各小计之和。

H31 = H21 + H28 + H30

表示负债期末合计等于各小计之和。

G40 = G31 + G36

表示负债及所有者权益年初总计，等于负债和所有者权益年初合计之和。

H40 = H31 + H36

表示负债及所有者权益期末总计，等于负债和所有者权益期末合计之和。

C40 = G40

表示资产年初总计等于负债及所有者权益年初总计。

D40 = H40

表示资产期末总计等于负债及所有者权益期末总计。

说明：

（1）以上审核公式是资产负债表中的部分审核公式，用户还可以继续列出一些更为详细的审核公式来；

（2）行列数不是固定不变的，它根据用户设置表格具体格式的不同而不同。

2. 表间审核公式

有些报表中的数据是来自于另外一张报表中，则可通过编辑审核公式来检验这些数据的正确性。例如利润表中的"净利润"项的"本年实际"金额，应等于年度利润表中"净利润"项的"本年累计数"。

（二）功能

输入审核公式就是根据报表内部及表之间的勾稽关系，产生报表审核方法，为报表审核提供审核规则。

（三）操作说明

（1）设置审核公式输入状态：用鼠标单击"公式"按钮，使其切换到"审核公式"状态，也可用鼠标打开"编辑"主菜单中的"审核公式"菜单命令；

（2）输入审核公式：操作步骤及要求同前述"公式输入"；

（3）审核公式同样可用引导方式输入；

（4）每个表元可以有一个或没有审核公式。

六、报表外观格式定义

报表外观格式定义是指用户根据报表系统提供的各种格式定义的工具，如设置边框线式样、对齐方式、字体类型、改变行列宽度等。通过这一系列定义后达到修饰报表，使报表更加清晰、美观的目的。

（一）设置边框线

表元的边框线组成报表的表格线，表元四边的边线归纳起来有四种：无边线、细线、粗线、双线。通过设置边框线，可以形成不同式样的表格。

1．使用菜单设置表格线

（1）选取需要设置表格线的表元或表元块，如图3-18所示；

图3-18 表格线设置

（2）从"编辑"主菜单中选取"边框"菜单命令，屏幕弹出"设置边框"对话框，如图3-19所示；

（3）从"边框位置"组框中选择要设置的边框位置。图形列表框显示出当前的线型，其中虚线表示没有边框，最下面为蓝线，蓝线表示所选表元格的同一边框线型不一致。"预览"框中显示当前设置的预览效果。

2．使用工具条设置边框线

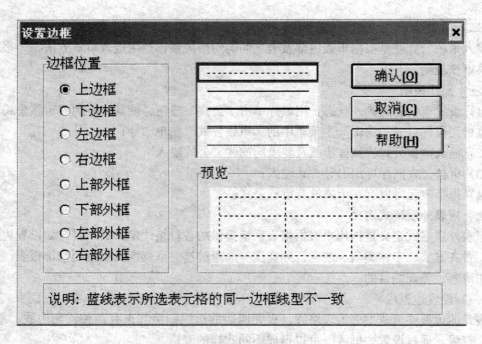

图 3-19 表格线设置

使用工具条中的"边框线"按钮,可以方便快捷地进行多种常用边框操作。需要指出的是,用户若想了解工具条中各按钮的功能,只需将鼠标箭头移至按钮内,系统自动显示该按钮的功能。

(1) 选取需要设置表格线的表元或表元块;

(2) 用鼠标单击"边框线"按钮右边的下箭头,弹出如图 3-19 所示的边框式样面板;

(3) 用鼠标单击需要的式样,即可完成操作;

(4) 边框面板中九种式样从左至右,从上至下依此表示为:

设置表元块内部所有表元的边框为细线。

设置表元块内部所有表元的边框为粗线。

设置表元块的外框为粗线,内框为细线。

设置表元块的外框为细线,块内原有边框不变。

设置表元块的外框为粗线,块内原有边框不变。

清除表元块的内框,外框不变,用于外观上连通几个表元。

清除表元块内表元的全部边框。

清除表元块中所有表元的左右边框。

清除表元块中所有表元的上下边框。

(二) 设置表元内容对齐方式

不同的对齐方式使表元的内容显示在表元的不同位置,从而改变报表的外观。对齐方式分为横向对齐和纵向对齐。

1. 使用菜单命令设置对齐方式

(1) 选取需要设置对齐方式的表元或表元块;

(2)从主菜单"编辑"中选取"对齐方式"菜单命令,弹出"对齐方式"对话框,如图 3-20 所示;

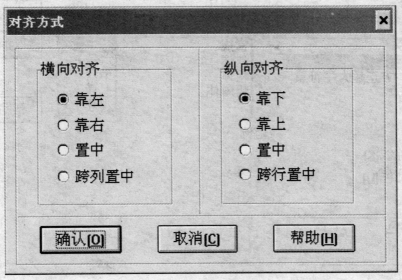

图 3-20　设置对齐方式

(3)从中选择横线对齐和纵向对齐方式。每种对齐方式说明如下:

靠左:表示选取表元块中表元的内容靠表元左边对齐。

靠右:表示选取表元块中表元的内容靠表元右边对齐。

靠下:表示选取表元块中表元的内容靠表元下边对齐。

靠上:表示选取表元块中表元的内容靠表元上边对齐。

置中:表示选取表元块中表元的内容在表元中间显示。

跨列置中:表示选取表元块第一列表元内容在选取列中间显示。

跨行置中:表示选取表元块第一行表元内容在选取行中间显示。

2．使用工具条设置对齐方式

使用工具条中的常用对齐方式按钮,可以方便快捷地进行对齐方式操作。

(1)选取需要设置对齐方式的表元或表元块;

(2)用鼠标单击需要设置的对齐方式按钮即可。

(三)设置表元内容的字体、字号、字型

1．使用菜单命令设置字体、字号、字型

(1)选取需要设置字体、字号、字型的表元或表元块;

(2)从主菜单"编辑"中选择"字体"对话框,如图 3-21 所示;

(3)根据需要选择字体、字号、字型。"效果"复选框确定是否对文字加下划线或删除线。"范例"显示当前字体的预览效果。

2．使用工具条设置字体、字号、字型

其操作原理同"使用工具条设置对齐方式"的步骤,此处不再重复。

(四)设置表元数据的显示方式

为使数据的显示符合要求,我们可以对表元内数值进行格式化处理,如加上千分位的

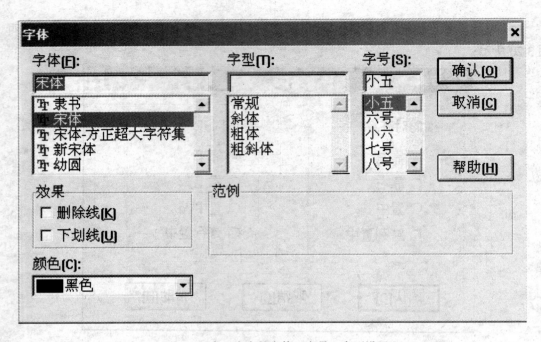

图 3-21 表元内容的字体、字号、字型设置

逗号，改变小数位数等。

1．数据格式种类

（1）普通格式：普通格式是工作表缺省格式，对于文字，向左对齐；对于数字，向右对齐，数字的小数点位数按实际位数设定。

（2）文字格式：文字格式与普通格式类似，但数字靠左对齐。

（3）普通数值格式：普通数值格式仅对数字有效。在普通数值格式中，可指定数字的小数位数。

例如：小数点三位的普通数值格式，2/3 显示为 0.667。

（4）千分位数值格式：千分位数值格式仅对数字有效。在千分位数值格式中，可指定数字的小数位数。

例如：小数点三位的千分位数值格式，12345.6789 显示为 12345.679。

（5）百分比格式：百分比格式仅对数字有效。百分比格式中，可指定数字的小数位数。

例如：0.56789 小数位为 2 的百分比格式为 56.79%。

（6）货币格式：货币格式仅对数字有效，小数点固定为两位。货币格式有人民币格式和外币格式两种。

例如：12345.6 的人民币格式为 ￥12345.60，美元格式为 $12345.60。

（7）日期格式：日期格式仅对数字有效，若表元公式是日期函数，数据格式应设为日期格式。

例如：20020421 的七种日期格式分别为 2002 年 4 月，2002 年 4 月 21 日，4/21/2002，2002 年 2 季度，2002 年度，2 季度，4 月份。

2．使用菜单命令设置数据格式

（1）选取要设置数据格式的表元或表元块；

(2) 从主菜单"编辑"中选择"数据格式"菜单命令,弹出"数据格式"对话框,如图 3-22 所示;

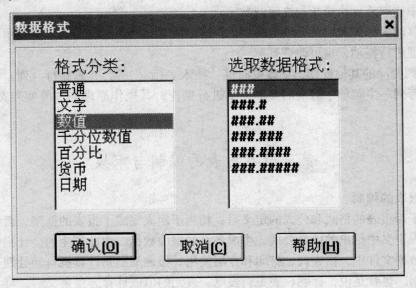

图 3-22　数据格式设置

(3) 在复选框中选择合适的数据格式。如图 3-22 中,"选取数据格式"复选框内从上到下分别表示小数位数从 0~5 的千分位数值格式。

3. 使用工具条设置数据格式

其操作原理同"使用工具条设置对齐方式"的原理,此处不再重复。

(五) 行列变动

1. 改变列宽

(1) 选取表元块;

(2) 在主菜单"行列"中选择"设置列宽"菜单命令,系统弹出"列宽"对话框,如图 3-23 所示;

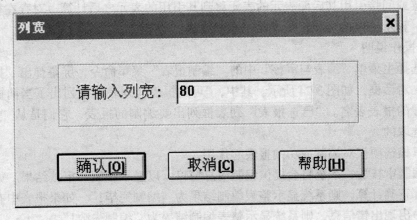

图 3-23　改变列宽

(3) 输入列宽的值,列宽是以点为单位的数字,点为屏幕分辨率;

85

(4) 系统通常还提供自动调整列宽的功能，即选取表元块后，在"行列"主菜单中选择"最适合列宽"菜单命令，系统将自动重新设置表元块中各列的宽度，使各列的宽度恰好适合列中选取表元块最长的文字或数字；

(5) 移动鼠标到需要调整列宽的列的分界线附近，当鼠标变形为列宽指示形状后，按下鼠标左键进行拖动，也可改变列宽。

2. 行列变动的其他操作，如改变行高、插入一行（一列）、删除行（列）等，均可通过选择"行列"主菜单中对应的菜单命令进行操作，其操作原理同"改变列宽"，此处不再重复。

第三节 报表的编制与审核

一、报表的编制

完成了对报表的格式和公式的定义后，相当于定义完成了报表的框架，而编制报表则是根据报表定义中给出的计算公式，生成各月的报表数据。由此产生的会计报表存储于专门的报表数据文件中，供查询、打印和今后使用。报表编制是计算机自动处理过程，它可以重复使用。也就是说，标题、表头、表尾、表元的值或计算方法定义后，可多次用来编制不同时期的报表，除非它们发生变化，如新年度会计报表的行次增多等。

（一）功能

(1) 根据本章第二节给出的计算公式，生成当前会计日期相应月份的报表，且一次可以编制一个报表或一批报表。

(2) 编制过程中显示每个有计算公式的表元的计算结果或错误信息。编制完成后，编制信息窗口不自动关闭，用户可以随时浏览或打印编制信息。但如果出现错误信息，系统即认为此表编制失败，不生成该月该表的数据文件。

(3) 由于同一报表中，一个表元的数据可能由本表其他的数据计算而得，所以，编表时就存在哪个表元的值先计算的问题，因为先计算的表元值可能影响后计算的表元值。通用会计软件排列计算顺序的原则一般是：尽可能保持表元的自左向右、自上而下的自然顺序，将直接或间接引用其后面表元的表元移到其引用的表元之后计算。对存在循环引用关系的表元，显示错误信息和相关表元，不予编制。

（二）操作说明

(1) 选择主菜单"编表与审核"中的"编制报表"菜单命令，屏幕弹出"报表编制—选择报表"对话框，如图3-24所示。其中，"可选报表"列表框中列出了当前操作员所有有定义权限的报表表名。"已选报表"列表框列出要编制的报表，它们是从"可选报表"列表框中选取的。

(2) 审核选项仅对编制成功的报表起作用。

(3) 编制审核后，系统将会提供编制信息窗口，以显示编制和审核结果。如果报表中每个公式都正确计算，则系统显示整表编制结果为"编制完毕！"。如果报表中有一个公式计算过程中出现出错信息，则系统显示整表编制结果为"编制失败！"。

(4) 对于生成后的报表如发现错误，不应在生成的报表结果上直接修改，只能到报表数据来源设计中去查找问题，先改正设计中的错误，然后再重新生成报表。

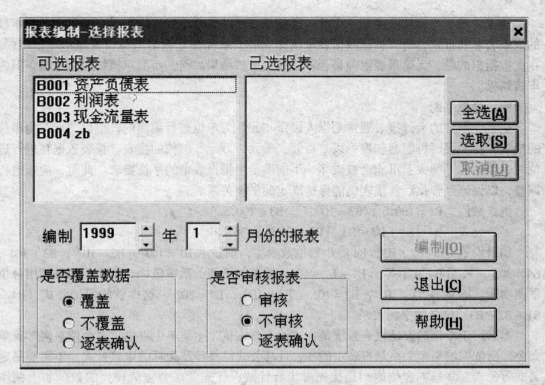

图 3-24 选择报表

二、试编

（一）功能

许多通用会计报表系统都向用户提供了试编功能，它只能在定义报表时使用，用于查看公式定义的正确性，也可以不通过编制功能输出报表。试编使用系统进入时确认的日期作为报表编制的会计日期。

（二）操作说明

需要试编时，可以在主菜单"编表与审核"中选择"试编"菜单命令，或者使用试编按钮。试编功能编制当前定义的报表，并在报表中显示编制的结果，编制信息可以在"信息窗口"查看。在"编表与审核"中选择"保存试编数据"菜单命令，则将当前定义的报表保存为进入系统日期的报表，不需要使用编制命令，用此功能保存的报表与正式编制的报表功能一致。

三、报表的审核

如前所述，各类会计报表中的每个数据都有明确的经济含义，并且各个数据之间一般都有一定的勾稽关系。例如：资产负债表的资产总计应等于负债与所有者权益之和，这种平衡关系就是勾稽关系。如果在资产负债表编制完成后，发现没有满足这种平衡的勾稽关系，即可以肯定该表在编制过程中出现了错误。

（一）功能

报表的审核就是根据报表定义中给出的审核公式来审核报表，且一次可以审核某报表所属某一个月或相邻几个月的报表。

（二）操作说明

选择"编表与审核"主菜单中的"审核报表"菜单命令后，根据报表提示选择需审核的报表名称和日期，所有被选数据表审核完成后，系统在审核信息窗口将显示审核结果。在此应指出的是，无论报表以前是否审核过，审核结果如何，新的审核结果总是覆盖旧的审核结果。

四、舍位平衡

企事业单位的会计报表通常是以人民币"元"为单位进行编制的，但以"元"为单位的报表，在上报时可能会转换为以"百元、千元、万元"单位的报表，报表数据在进行进位时，原始的平衡关系可能会被破坏，不能满足上报报表中的平衡要求。此时，应该进行调整，以保证经舍位后，报表仍能保持既定的平衡关系。

例：数值　$B1 = 100.6$，$B2 = 100.7$，$B3 = 100.5$

公式　$B4 = B1 + B2 + B3$，$B4$ 的结果是 301.8

如果设置 B1、B2、B3、B4 的小数位数为零，则显示 $B1 = 101$，$B2 = 101$，$B3 = 101$，$B4 = 302$，表元 B4 就不等于 $B1 + B2 + B3$，原有的平衡关系被破坏。但我们如果使用舍位平衡功能，则显示 $B1 = 101$，$B2 = 101$，$B3 = 100$，$B4 = 302$，这样就能保证公式（$B4 = B1 + B2 + B3$）定义的平衡关系。

本书用于举例的安易报表系统是在"编表与审核"主菜单中提供了"舍位平衡"菜单命令，所依据的平衡关系是报表中的本表计算公式以及涉及运算的审核公式，不需要另定义平衡公式。其基本舍位原则是优先考虑合计数，优先考虑舍位值较大的数，如上例所示。

第四节　报　表　输　出

一、报表的输出方式

（一）屏幕显示输出

这种输出主要为用户检查报表设置和编制是否正确，因此为了显示尽量多的实质性内容，不是很必要的表格线一般不显示。

（二）打印输出

为了方便用户打印出满意的报表，系统都提供了打印设置功能，该功能可以对报表使用的字型、字号作设定以调整报表字体的大小；可以对行距和列距进行设定来调整报表的大小；另外还可根据打印的需要设置页边距、页眉、页脚、纸张大小和纸张来源等。用户在打印报表前应使用该功能对相应内容进行设置，以得到满足需要的会计报表。通过打印功能输出的是按正规要求生成的正式报表。

（三）磁（光）盘输出

磁（光）盘输出是将各种报表以文件的形式输出到磁（光）盘上，报表使用者特别是上级主管部门、总公司可以直接用磁（光）盘中的报表进行报表汇总。

（四）网络传输

网络传输是指通过网络将各种报表从一个工作站传递到另一个或几个工作站，只要报表使用者的计算机在此网络中，便可以在各自的计算机上查看报表。设置的公式清单供用户检查公式设置用。

本书将重点介绍屏幕显示输出报表和打印输出报表两种方式。

二、屏幕显示报表

（一）功能

（1）用于显示当前操作员有权查看的报表；

（2）查看时不用关闭其他工作窗口，因此在定义多个报表的同时，还可查看多个报表，同时查看报表的个数仅受内存容量限制；

（3）与定义报表不同，此功能可以打开同一报表的多个查询窗口。

（二）操作说明

（1）在"编表与审核"主菜单中选择"查询报表"菜单命令，系统弹出"报表查询"对话框，如图 3-25 所示；

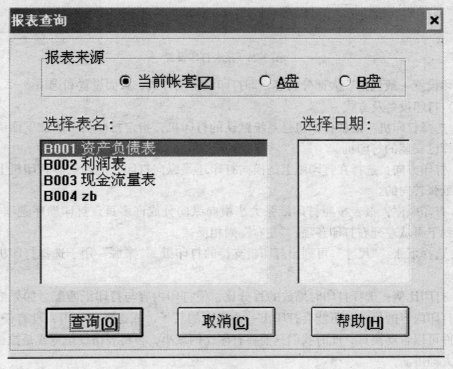

图 3-25　查询报表

（2）选择要显示报表的来源、表名和日期，其中"报表来源"缺省状况为显示来自硬盘当前账套的指定报表；

（3）通常显示报表时键盘操作没有文字、数字或格式的键盘输入功能，也不能按空格键编辑表元内容。同时，鼠标操作也没有双击编辑功能，不能使用鼠标改变行列宽度。

三、报表打印效果的设置与预览

（一）报表打印效果的设置

1．功能

就是改变报表的打印设置，以调整报表页面布局和打印效果。用户一般可通过报表系统提供的"打印设置"命令，进入相应的对话框，如图 3-26 所示。

2．操作说明

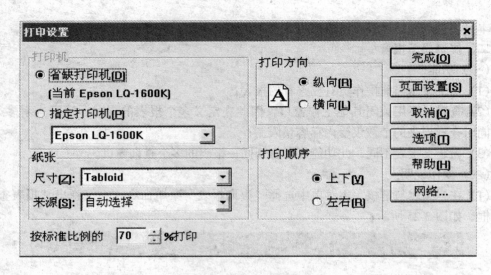

图 3-26 报表打印设置

打印设置一般包括三大部分内容，即打印设备及方式、页面设置和选项。

(1) 打印设备及方式

1) 选择打印机：缺省打印机是系统默认的打印机，指定打印机可以在下面组合列表框中选择已安装的打印机。

2) 打印方向：选择在打印纸上是横向打印还是纵向打印，但在某些打印机上是不支持打印纸张转向的。

3) 打印顺序：报表按照打印纸张大小横向纵向分成许多页，打印顺序选项"上下"指从上到下再从左到右打印各项，"左右"则相反。

4) 选择纸张："尺寸"可列出打印机支持的打印纸，"来源"用于选择打印机的供纸方式。

5) 打印比例：选择打印时缩放的百分比，使打印内容与打印纸匹配。如果纸张的尺寸小于打印内容的尺寸，可能会打印出一个满页的叉子，或是屏幕一闪，没有任何反应。由于软件可以自动换页，此时我们只要将打印比例减小，再将表格线拉宽或是拉长，再将字号扩大即可。

(2) 页面设置，如图 3-27 所示。

1) 篇眉和页脚：通常包括日期、页码、标题和操作员姓名。篇眉的内容打印在每页的篇眉区域，靠左对齐，注脚的内容打印在每页的注脚区域，靠右对齐。

2) 定义打印区域代码块：当需要打印报表的部分内容时，可输入打印部分所在的表元块代码，缺省表示打印整个工作表。

3) 定义表头块和表尾块：表头块、表尾块是可选项目，且一般情况下最多不能超过半页，如果需要在报表的某些页上输出一个表头或表尾时可选择此功能。缺省则为空，表示无表头块、表尾块。

(3) 选项：因为不同的打印机特性不一样，所以选项是对打印机特性的描述。也可以不用选项功能，打印效果也很好。

(二) 打印效果的模拟显示

图 3-27　页面设置

安易报表系统

利　润　表

报表编号：会工02表　　XX年报表编号：会工02表

编报单位：XX公司　　年　月　日　　计量单位：元

项　　目	行次	本月数	本年累计数
一、主营业务收入	1	1,250,000.00	1,250,000.00
减：主营业务成本	4	750,000.00	750,000.00
主营业务税金及附加		109,000.00	109,000.00
二、主营业务利润	5	391,000.00	391,000.00
加：其他业务利润	10	0.00	0.00
减：营业费用	11	20,000.00	20,000.00
管理费用	14	158,153.00	158,153.00
四、利润总额	27	233,147.00	233,147.00
减：所得税	28	67,038.51	67,038.51
五、净利润	30	166,108.49	166,108.49
四、利润总额	20	0.00	0.00
减：所得税	21	0.00	0.00
五、净利润	22	0.00	0.00

图 3-28　模拟显示

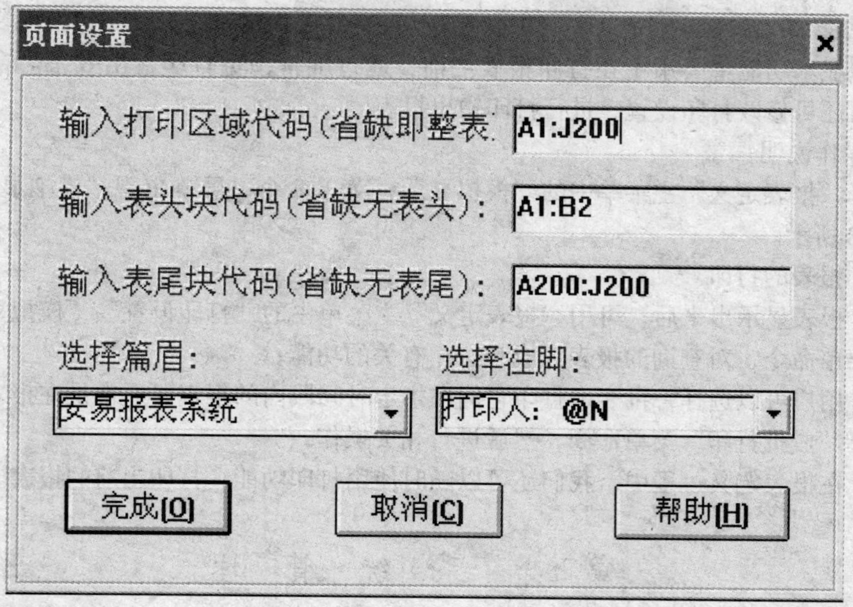

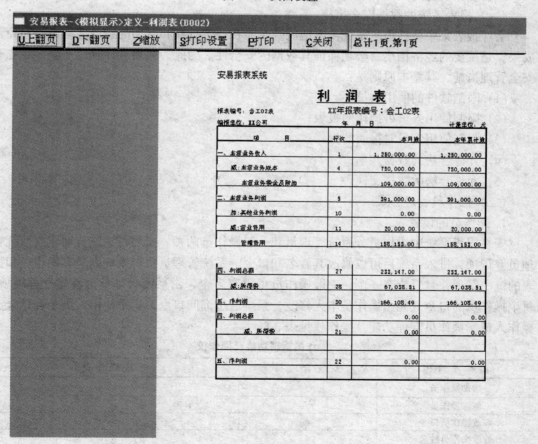

1. 功能

模拟显示功能主要用于在打印报表之前,通过屏幕预览打印输出效果。在模拟显示时,同时还可修改打印设置,进行打印输出报表。

2. 操作说明

选择"报表定义"主菜单中的"模拟显示"菜单命令,屏幕出现"模拟显示"窗口,如图 3-28 所示。

四、报表的打印

(1) 报表显示出来后,可用"报表定义"主菜单中的"打印设置"、"模拟显示"、"打印"等菜单命令,对查询的报表完成与打印有关的功能;

(2) 用户可以选择一批表,打印它们在指定时间段内的报表。通常是在报表系统主菜单中选择"成批打印"菜单命令,然后进行相关操作;

(3) 在报表定义过程中,我们还可以随时使用打印功能,打印当前的报表。

第五节 系 统 管 理

一、操作员管理

(一) 报表系统的数据安全措施

会计报表集中概括地、系统全面地反映企业在一定日期和时期的经济活动情况和经营成果,是重要的经济档案,必须保证其数据的安全性。为此,通用会计软件一般都建立有安全管理措施,其基本原则是:

(1) 限制软件的使用人员;

(2) 限制使用人员可操作的报表;

(3) 限制使用人员对报表的操作;

(4) 允许合法的数据共享;

(5) 允许合法的数据交换。

(二) 操作员管理方式

1. 操作员的设置

安易报表系统中操作员分系统管理员和一般操作员两种。安装时系统自动建立系统管理员登记项,进入系统后可以修改其姓名和口令。系统管理员负责系统内所有操作员和报表的统一管理,且只能有一个;一般操作员可以有多个,由系统管理员为其建立等级项。每个操作员的口令只能由操作员本人修改,系统通过询问口令,识别使用人员是否是合法操作人员。操作员管理功能及操作权见表 3-8。

操作员管理功能及操作权　　　　表 3-8

操 作 员 管 理	系 统 管 理 员	一 般 操 作 员
增加操作员	√	×
删除操作员	√	×
修改操作员口令	#	#
修改操作员姓名	#	#
授予报表登记权限	√	×

注:"√"表示对所有操作员可操作,"#"表示只对自己的登记事项可操作,"×"表示不可操作。

2. 操作员与报表

操作员通过新表登记功能建立报表，建立报表的操作员称为报表的作者，记录在报表登记项中，报表的作者就是报表的惟一所有者。一般来说，报表的作者不可改变，但在特殊情况下，系统管理员可以通过报表移交功能改变报表的作者，改变报表的作者意味着报表数据的交换。

对每个操作员来讲，系统内的报表有两类，一类是属于自己的报表，对这类报表自己有全部操作权；另一类是属于其他操作员的报表，对这类报表一般没有使用权，在这类报表的作者授权下可以有部分操作权。

3. 报表的各种操作权限

报表的操作权限一般分为五类：

（1）登记权：报表登记。

（2）使用权：定义、编制报表、审核、查询、成批打印报表以及复制报表结构。

（3）维护权：报表删除、改名、备份与恢复。通过备份与恢复可实现不同报表系统、同一系统中不同账套或同一账套中不同操作员间的数据交换。

（4）授权权：将报表的某些使用权授予其他操作员。通过授权可以实现同一账套内报表数据的合法共享。

（5）移交权：将某操作员的报表移交给其他操作员，即将某报表的作者改为其他操作员。通过移交可实现同账套内不同操作员间的报表数据交换。

（三）操作员管理功能

1. 修改操作员口令

此功能用于操作员修改自己的口令。修改时，通过询问旧口令限制操作员（包括系统管理员）修改他人的口令。

2. 修改操作员姓名

此功能用于修改当前操作员的姓名。

3. 给其他操作员授权

（1）为了操作员间共享数据，每个操作员可以将自己报表的某些使用权授予其他操作员，如成批打印、复制报表结构、查询、编制与审核、修改报表结构等；

（2）查看对其他操作员的授权情况；

（3）撤消以前的授权。

4. 增加操作员

（1）本功能用于增加一个新的操作员。每个操作员在首次使用报表系统之前，由系统管理员向系统登记其姓名。新增操作员口令为空，由操作员本人在初次进入系统后，使用修改口令功能输入自己的口令。

（2）增加操作员的同时，可以由系统管理员为其指定操作权限，或者使用其他操作员授权操作的报表。

（3）本功能应只有系统管理员可使用。

5. 删除操作员

（1）本功能用于删除一个操作员登记项，操作员删除后不能恢复；

（2）删除操作员之前，系统自动检查报表系统中是否还有属于本操作员的报表，如果有，系统则不允许删除；

（3）本功能应只有系统管理员可使用。

6. 操作员间移交报表

本功能一般用于当操作员不再使用本系统，即准备从系统中注销时，将此操作员名下的报表划归到其他操作员名下，也可用于其他目的的移交。移交操作改变了报表的作者。

7. 报表登记权限管理

在报表定义过程中，通过取数函数可以查看账务和其他相关系统的数据，所以应该限制操作员在各账套登记新表的权限。此功能就是用于系统管理员授予或撤消操作员在各账套登记报表的权限，每个操作员只有通过管理员授权后，才能在授权的账套中建立报表。

以上各项操作员管理功能的操作，均可通过选择"系统管理"主菜单下对应的各项菜单命令得以实现。

二、报表维护

报表维护是报表系统的一项基本功能。报表维护的基本功能有：报表的备份、报表恢复、报表删除和结构复制等。其中备份和恢复功能与账务处理系统的备份和恢复功能类似，此处不再重复。

（一）报表构成

在报表系统中，每种报表一般是由报表结构和编制数据两部分构成。报表结构定义了报表的格式和公式，编制数据是编制各月的报表产生的数据。报表结构与编制数据之间的关系是：报表结构产生并说明编制数据，某月的编制数据叠加在报表结构上，将结构中的公式替换成编制数据，构成当月的数据。

（二）报表删除

在实际工作中，每次编制报表都将生成一个存放数据表的文件，系统运行几年后报表的数据文件将很多，这些文件会占用大量的硬盘空间。为了系统的正常运行，需要定期（一般系统中只需保留 1~2 年的数据即可）从系统中删除以前的旧表，本功能即为此目的而设置。

使用报表删除功能时需要注意，报表删除功能可以只删除编制得到的数据，也可以选择删除报表结构。报表结构一旦删除，如果需要使用，只有重新设置。因此使用删除功能时一定要谨慎，注意系统提示，以免误删报表结构。一般情况下，即使是不常用的报表，不是绝对必要，也不应删除报表结构，这样一旦需要编制该报表，只要运行报表编制功能，即可方便地生成所需要的数据表。

（三）报表结构复制

会计报表种类很多，每种报表的定义一般比较复杂，需要花费很多的时间。为了方便用户定义新的报表，会计报表系统一般都提供了结构复制功能。使用该功能可以在定义新报表时，选择结构类似的报表进行复制，对复制过来的报表结构按需要进行修改即可使用，从而减少了用户设置工作的工作量。

需要注意的是，报表结构复制功能只能复制报表的结构（即报表的格式和公式），不能复制编制后生成的数据报表。

在报表系统中，"报表删除"和"报表结构复制"两项功能可通过选择"报表管理"主菜单下的"报表删除"和"报表结构复制"菜单命令进行操作。

第六节 编制现金流量表的方法

一、现金流量表与其他财务报表相比编制的基础不同

(1) 现金流量表分为主表和附表（补充资料），主表采用的会计基础是收付实现制，附表编制的基础是权责发生制，而主表是现金流量表编制的重点和难点。我们在此主要讨论现金流量表主表的编制方法。其他会计报表编制的基础是权责发生制。

(2) 现行手工会计核算系统和财务软件由于建立在权责发生制的基础上，因此，要想在其中编制现金流量表要么是不可能的，要么是很难的，而手工条件下通过工作底稿法或T型账户法编制现金流量表要编大量的调整分录，不仅工作量大，而且需要编表者有足够的经验和专业判断，且后期报表的审计验证工作困难。

二、编制现金流量表的基本原理

根据财政部下发的现金流量表编制原理，我们介绍三种方法编制该表，可以分年、分月、分时间段编制该表，极大地方便了财务人员的编表工作。

编制现金流量表的基本原理是同一原始会计资料采用权责发生制和收付实现制两种方法进行记账，使得最终产生的账簿既可用于编制传统会计报表，又可用于编制现金流量表，并对现金流量进行明细查询、分析，满足财务管理的需要。

三、方法一：双轨制法

（一）基本原理（如图 3-29 所示）

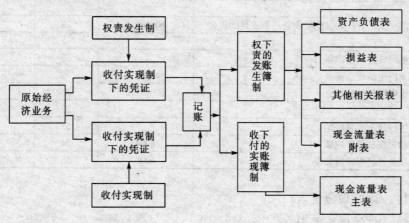

图 3-29 双轨制法基本原理

说明：

(1) 因为仅考虑编制现金流量表，所以只有与现金收付相关的凭证才需要编制收付实现制下的会计凭证；

(2) 本书所指的现金是指现金和现金等价物。现金是指企业库存现金以及可以随时用于支付的存款，包括现金、可以随时用于支付的银行存款和其他货币资金。现金等价物是指企业持有的期限短、流动性强、易于转换为已知金额现金、价值变动风险很小的投资；

(3) 权责发生制和收付实现制要求采用不同的科目体系，而收付实现制下的科目体系可以采用现金流量表正表中的各个项目。

（二）软件的实现步骤

(1) 使用"建立会计科目"功能定义收付实现制下的会计科目编码，见表3-9。

现金流量表　　　　　　　　　　　　　　表3-9

项　　目	科目代码	行次	金　额
一、经营活动产生的现金流量：	6001		
销售商品、提供劳务收到的现金	60010101	1	
收到的租金	60010102	2	
	60010103	3	
收到的其他税费返还	60010104	4	
收到的其他与经营活动有关的现金	60010105	7	
现金流入小计	600101	8	
购买商品、接受劳务支付的现金	60010201	9	
经营租赁所支付的现金	60010202	10	
支付给职工以及为职工支付的现金	60010203	11	
		12	
支付的所得税款	60010205	13	
支付的除增值税、所得税以外的其他税费	60010206	14	
支付的其他与经营活动有关的现金	60010207	17	
现金流出小计	600102	18	
经营活动产生的现金流量净额		19	
二、投资活动产生的现金流量：	6002		
收回投资所收到的现金	60020101	20	
……			
购建固定资产、无形资产和其他长期资产所支付的现金	60020204	28	
……			
投资活动产生的现金流量净额		35	
三、筹资活动产生的现金流量：	6003		
吸收权益性投资所收到的现金	60030101	36	
……		37	
筹资活动产生的现金流量净额		53	
四、汇率变动对现金的影响额	6004	54	
五、现金及现金等价物净增加额	6005	55	

表外科目：8888 现金流入；
　　　　　9999 现金流出

说明：

1）收付实现制下的科目代码首位数用 6、7、8、9 而不要采用 1~5，与权责发生制下的科目进行区别。

2）收付实现制下的科目代码采用与权责发生制下的科目代码相同的结构，例如：4-2-2结构。

3）增加两个表外科目，"8888 现金流入"和"9999 现金流出"，用于汇总反映现金的流入和流出。

4）收付实现制下的科目同样可定义外币核算、分部门核算等辅助核算属性。

(2) 利用"凭证编制审核"功能同时编制权责发生制下和收付实现制下的凭证。

【例 3-1】 用银行存款购买固定资产——计算机，价值 20000 元。

权责发生制下：

借：固定资产（1501） 20000
　　贷：银行存款（1002） 20000

收付实现制下：

借：固定资产（1501） 20000
　　贷：现金流出（9999）购建固定资产所支付的现金（60020204） 20000

说明：（1）以上两个分录填在一张凭证中（共 4 行）

（2）注意"现金流出"科目的使用

【例 3-2】 本月提折旧 5000 元。

权责发生制下：

借：管理费用（5502） 5000
　　贷：累计折旧（1502） 5000

收付实现制下：

不需编制任何分录。

【例 3-3】 从银行取现金 80000 元。

权责发生制下：

借：现金（1001） 80000
　　贷：银行存款（1002） 80000

收付实现制下：

借：现金流入（8888） 80000
　　贷：现金流出（9999） 80000

(3) 审核凭证并记账，同时得到了在权责发生制和收付实现制下的各种明细账、日记账和总账。在总账科目汇总表中按如下公式核对：

权责发生制下的现金类科目借方合计 = "8888 现金流入"科目借方发生额

权责发生制下的现金类科目贷方合计 = "9999 现金流出"科目贷方发生额

如果不相等，则表明有遗漏，即有些凭证只做了权责发生制下的分录，而没有做收付实现制下的分录，或相反。

(4) 利用系统定义现金流量表。主表中的数通过取相应的收付实现制科目的本期发生额或累计发生额即可。

附表中的数通过权责发生制下凭证、账簿和资产负债表上的数即可取得。

(三) 双轨制法对软件的要求

双轨制法要求财务软件有以下两个功能：

(1) 科目代码定义时，可以定义首位数不为 1~5 的科目代码；

(2) 要配有灵活的报表定义、取数、编表功能。没有一套通用报表系统与账务系统相配合，就不能用双轨制法编制现金量表。

四、方法二：现金流量代码法

(一) 基本原理（如图 3-30 所示）

说明：

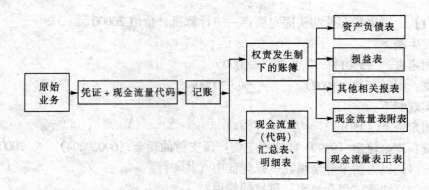

图 3-30 现金流量代码法基本原理

(1) 当凭证中出现现金类科目时，要加输现金流量代码，表示该笔现金的流入或流出属于现金流量表中的哪一个项目；

(2) 现金流量代码即为现金流量表中的各个项目，它可以像科目代码、部门代码一样，对现金流量表中的各项用分级分段代码表示。

(二) 会计软件的实现步骤

(1) 使用"辅助核算→现金流量表→现金流量代码设置"功能定义现金流量代码，如表 3-10 和图 3-31 所示。

现金流量表　　　　　　　　　表 3-10

项　　　目	现金流量代码	行次	金　　额
一、经营活动产生的现金流量：	10		
销售商品、提供劳务收到的现金	101001	1	
收到的租金	101002	2	
	101003	3	
收到的其他税费返还	101004	4	
收到的其他与经营活动有关的现金	101005	7	
现金流入小计	1010	8	
购买商品、接受劳务支付的现金	102001	9	
经营租赁所支付的现金	102002	10	
支付给职工以及为职工支付的现金	102003	11	
		12	
支付的所得税款	102004	13	
支付的除增值税、所得税以外的其他税费	102005	14	
支付的其他与经营活动有关的现金	102006	17	
现金流出小计	1020	18	
经营活动产生的现金流量净额		19	
二、投资活动产生的现金流量：	20		
收回投资所收到的现金	201001	20	
……			
购建固定资产、无形资产和其他长期资产所支付的现金	202003	28	
……			
投资活动产生的现金流量净额		35	
三、筹资活动产生的现金流量：	30		
吸收权益性投资所收到的现金	301001	36	
……		37	

续表

项　　目	现金流量代码	行次	金　　额
筹资活动产生的现金流量净额		53	
四、汇率变动对现金的影响额	40	54	
五、现金及现金等价物净增加额	50	55	

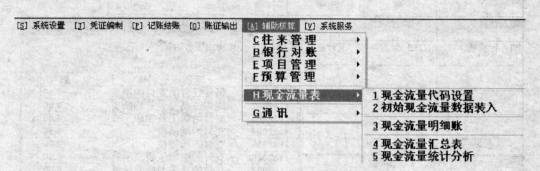

图 3-31　辅助核算

说明：

如果从年中某月开始建账，应使用"辅助核算→现金流量表→初始现金流量数据装入"功能输入现金流量初始数据。

（2）利用"建立会计科目"功能将"现金、银行存款、其他货币资金、短期投资—现金等价物"等科目设定为"核算现金流量"的科目，如图3-32所示。

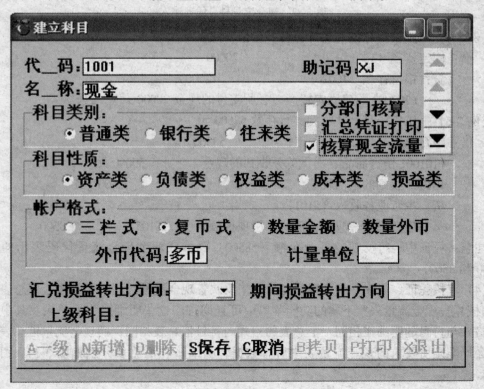

图 3-32　现金流量科目设定

(3) 利用"凭证输入"功能输入凭证,遇现金类科目时要求增加输入现金流量代码,如图 3-33 所示。

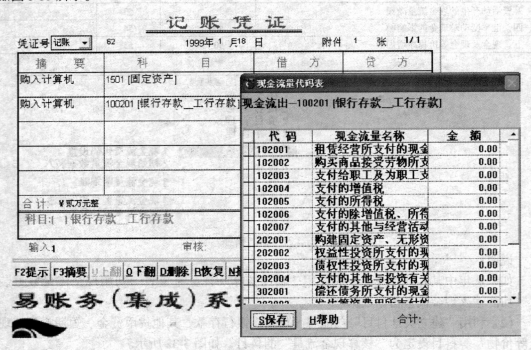

图 3-33 现金流量科目凭证输入

【例 3-4】 用银行存款购买计算机,价值 20000 元。
　　借:固定资产(1501)　　　　　　　　20000
　　　贷:银行存款(100201)　　　　　　　　20000
　　　　(202003 购建固定资产……所支付的现金 20000 元)

【例 3-5】 销售产品,共收到银行存款 58500 元。
　　借:银行存款(100201)　　　　　　　58500
　　　(101001 销售商品、提供劳务收到的现金　　50000 元
　　　101003 收到的增值税……　　　　　　　　8500 元)
　　　贷:主营业务收入(5101)　　　　　　　　　　50000
　　　　应交税金—应交增值税(销项税额)(21710105)　　8500

注意:凭证中一行反映的现金金额(58500)要拆成两个现金流量代码表示的金额(50000 和 8500)。

(4) 审核凭证、记账,就会得到专门用来反映各现金流量代码的明细账、汇总表。在"辅助核算—现金流量表"下属的功能菜单中可查询打印这些明细账、汇总表。其中明细账的格式与科目的明细账相同,汇总表的格式与科目汇总表相同,而现金流量汇总表已经包括会计准则所要求的现金流量表中所有数据,明细账和汇总表分别如图 3-34、图 3-35 所示。

现金流量汇总表与现金类科目存在如下勾稽关系:
现金流量汇总表中(借方 – 贷方)合计数 = 科目汇总表中所有现金科目(借方 – 贷

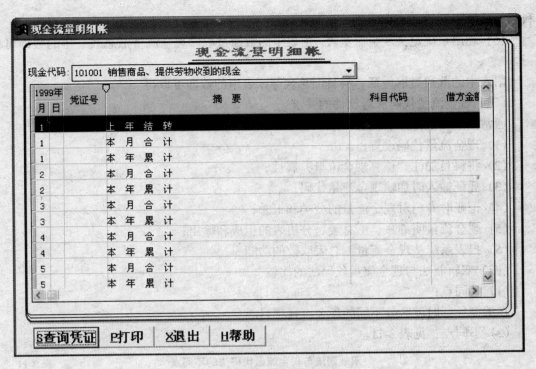

现金流量明细帐

现金代码: 101001 销售商品、提供劳务收到的现金

1999年 月	日	凭证号	摘　要	科目代码	借方金額
1			上 年 结 转		
1			本 月 合 计		
1			本 年 累 计		
2			本 月 合 计		
2			本 年 累 计		
3			本 月 合 计		
3			本 年 累 计		
4			本 月 合 计		
4			本 年 累 计		
5			本 月 合 计		
5			本 年 累 计		

图 3-34　现金流量表明细账

1999年 11月 现金流量汇总表

现金流量汇总表

1999年 11月

现金代码	名　称	流向	借方发生额	贷方发生额	借方累计发生额	贷方累计发生
10	经营活动产生的现金流量	流出			1,272,700.00	887,564
1010	经营流入	流入			1,272,500.00	
101001	销售商品、提供劳物收到的现金	流入			1,272,500.00	
101002	收到租金	流入				
101003	收到增值税销项税和退回增值税	流入				
101004	收到除增值税以外的其他税费返回	流入				
101005	收到的其他与经营活动有关的现金	流入				
1020	经营流出	流出			200.00	887,564
102001	租赁经营所支付的现金	流出				
102002	购买商品接受劳物所支付的现金	流出			200.00	284,025
10200201	支出	流出				284,025
10200202	收入	流入			200.00	
102003	支付给职工及为职工支付的现金	流出				300,000

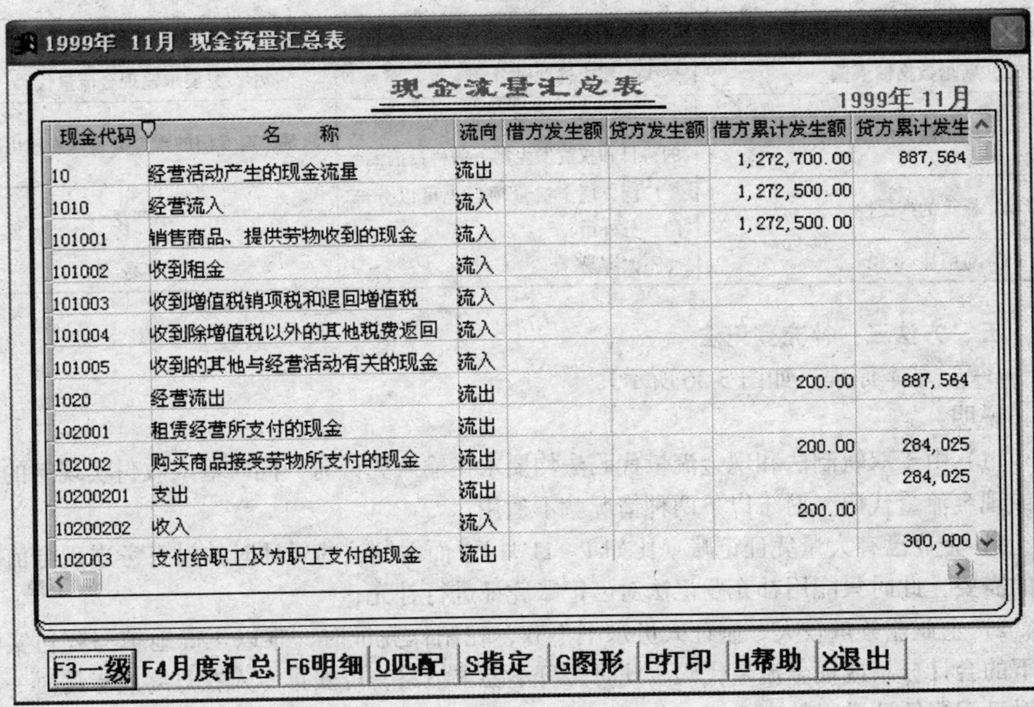

图 3-35　现金流量表汇总表

方）合计数。

如果不存在如上关系，则说明有些会计科目没有被正确地设置成“核算现金流量”的

科目，或者凭证输入有误。

（5）利用系统定义现金流量表。主表中的数通过取"现金流量汇总表"中的数即可取得。

附表中的数通过取凭证、科目汇总表等账表中的数即可取得。

（三）现金流量代码法对软件的要求

通常必须增加如下功能：

（1）现金流量代码设置；

（2）将科目加注"核算现金流量"属性；

（3）凭证输入时加输现金流量代码；

（4）记账时专门对现金流量的分类和汇总；

（5）现金流量明细账、汇总表、分析表的生成和输出；

（6）报表系统从现金流量汇总表取数的功能。

（四）双轨制法与现金流量代码法的比较

（1）共同点：

在编制凭证时就区分不同的现金流量项目。

（2）不同点：见表3-11。

双轨制法与现金流量代码法的不同点　　　　　　表3-11

	双轨制法	现金流量代码法
（1）对原有软件的改动	基本不要改动	需增加若干新功能
（2）新增数据输入量	大，要求输两种分录	小，只要求输现金流量代码
（3）输出账表的清晰度	不太清楚，容易将收付实现制下的科目和权责发生制下的科目搞混	清楚，有专门的现金流量账表输出功能
（4）核算的广泛性	广泛，现金流量项目也可以分部门、分外币	不广泛
（5）易用性	不太容易	容易

五、方法三：补充登记法

（一）基本原理（如图3-36所示）。

说明：

（1）由于双轨制法和现金流量代码法均要求在输入凭证时，同时输入收付实现制的分录或现金流量代码，对于以下两种情况就不适用：

1）企业已有大量凭证记账（比如1~11月），而编制这些凭证时并没有考虑现金流量表的需要，此时只能用补充登记法对已记账凭证进行补充；

2）企业业务量较大，制证人员水平不齐，在制作凭证时，难以正确地填写收付实现制下的会计分录或现金流量代码，此时，可不要求填写，可安排专人在月终或年终时一次性对已记账凭证进行补充登记。

（2）补充登记法分补充登记收付实现制下的会计分录和补充登记现金流量代码两种方法，下面讨论补充登记现金流量代码法。

（二）实现步骤

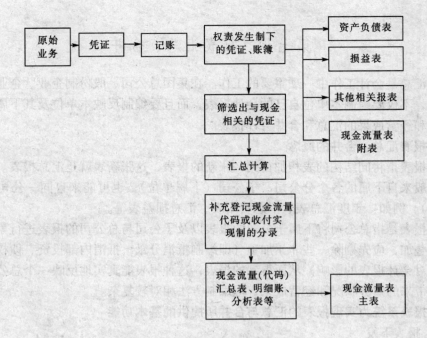

图 3-36 补充登记法基本原理

（1）使用"辅助核算→现金流量表→现金流量代码设置"功能定义现金流量代码。如已定义则本步可省略。

（2）利用"建立会计科目"功能将现金类科目设定为"核算现金流量"。根据这里的设置，才有可能找出哪些凭证需补充登记。

（3）利用"账证输出—凭证查询汇总"功能找出已记账的带有核算现金流量科目的凭证。补充登记现金流量代码，补充登记后存盘，则可以自动汇总产生现金流量明细账、汇总表等资料。

补充登记后产生的现金流量汇总表与科目汇总表中的现金类科目存在如下勾稽关系：现金流量汇总表（借方－贷方）合计数＝科目汇总表中所有现金类科目（借方－贷方）合计数。

如不存在上述关系，则表明有些凭证没有补充登记正确。

（4）利用系统定义现金流量表，方法与现金流量代码法相同。

（三）补充登记法对软件的要求

通常必须增加以下功能：

（1）如要补充登记收付实现制下的分录，需增加：检索现金类凭证；补充收付实现制下的分录；汇总计算，产生收付实现制下的账簿；

（2）如要补充登记现金流量代码，除需增加与"现金流量代码法"相同的一些功能模块外，还需增加检索现金类凭证；补充现金流量代码；汇总计算产生现金流量代码的明细账、汇总表等。

现金流量表的编制是一项重要的会计工作，使用计算机后，将会比手工更快速、更容易地编制出现金流量表，同时还可以每月编制，并可以对现金流量进行各种分析。

第七节 报表汇总、合并

报表汇总是会计工作中一项重要的工作。在集团总公司、股份制企业、企业主管部门等单位中，不仅要编制本单位自己的会计报表，而且要编制反映本单位及其下属单位总的经营状况和经营成果的汇总和合并会计报表。

一、报表汇总、合并的概念

汇总报表指将同结构的表相加得到一张新的报表，这张新表就是汇总报表。这些同结构的表一般来自下属的各个分公司、子公司（下属单位），也可能来自同一公司的不同时期（月份）。例如：年度汇总表、汇总费用表、汇总损益表等。

合并报表是指总公司将下属子公司的报表以及子公司与总公司的报表进行累加，但不是简单的叠加，应先剔除一些非累加项（即编制抵消分录，抵消内部投资、债权债务等内部经济项对会计报表的影响）从而得到的报表，这种报表能真实地反映一个总公司所有资金运作所带来的财务状况和经营成果，但编制方法相对较复杂。

二、报表系统为实现报表的汇总与合并所提供的基本功能

（一）报表下发

由于汇总合并报表过程一般要求参加汇总合并的报表格式固定、编制方法固定，所以总公司通常预先定义好有关报表的格式和公式（编制方法），然后将其发到各下属单位，各下属单位不能对这些报表的格式和公式进行修改，只能直接根据公式产生数据，或在规定的表元输入数据，从而产生本单位的数据文件。

（二）报表上报

下属单位产生报表数据文件后，需按月（按季、按年）将其上报给总公司，以便总公司汇总合并。

（三）报表收集

下属单位上报报表可以用网络或远程传输的方式上报，也可以用软盘方式上报，总公司在收到这些下属单位的报表数据文件后，要将其按一定规则存贮在指定的存贮区，以便下一步汇总合并，产生最终汇总合并报表。

报表汇总合并的过程可以看成是不同的表经过运算产生一张新表的过程。按照存放源表（参与汇总合并的基层单位报表）的策略不同，汇总合并过程通常有模拟账套方式和表页方式两种：

（1）模拟账套方式指以不同下属单位为对象，分别在报表系统中为其设置专门的账套（子目录或文件夹），每个账套存放一个基层单位的报表数据，各基层单位报表数据收集齐备后，即可以在总公司的账套中生成汇总合并后的目标报表。

（2）表页方式指以不同单位的同一（同名）报表为对象，分别在报表系统中为每个单位的该张表设一个关键字，这个关键字就叫表页，当不同单位同一张表收集齐备后，该表的各表页均对应了不同单位的报表数据，对这些报表数据汇总合并后，产生一张新的报表，这张新的报表也用一个表页标识。

不管用哪种方式，在产生最终目标表时，均要对各源表中的数据进行提取运算，并将结果存放在目标表中，这一过程在报表系统中通常也叫"编表"。为了完成这种数据的提

取和运算，报表系统通常提供如下几类报表汇总、合并类函数。

1) 将其他表某一表元或表元块的合计数作为目标表某一表元的运算因子。

2) 将其他表某一行的所有表元的数作为目标表某一行所有表元的数。

3) 将其他表某一栏的所有表元的数作为目标表某一栏所有表元的数。

4) 将其他表整表的所有表元作为目标表的一个表元块。

5) 不同表格的行次运算。即不同表格同一行次数值性表元运算（加、减、乘、除）后，分别放入目标表同一行的对应单元。

6) 不同表格的栏次运算。

7) 不同表格的整表间运算。

根据上述几类函数，就可以编制汇总合并报表的工作底稿和最终报表。

由于汇总合并报表的目标表通常以千元、万元为计量单位，就可能使原先平衡的源表经汇总合并后不平衡，所以，舍位平衡也是具有汇总合并功能的报表系统所必备的功能。

第四章 工资核算系统

工资是企业在一定时期内,根据职工的劳动量、劳动强度、性质、质量等支付给职工的报酬,是核算养老保险、医疗保险、住房公积金、应付福利费、工会经费等的依据。工资费用是企业成本的主要组成部分。工资核算管理系统具有工资核算、工资发放、工资尾数处理、工资费用的分摊、个人所得税核算、工资统计分析、编制有关凭证传递给账务系统等多种功能。

注:本章的操作以安易工资核算管理系统 V3.11 版为例。

第一节 工资核算系统的功能和特点

系统功能是工资核算管理系统应具有的基本功能:如工资核算、工资费用分配等,即该系统的主要内容及特点。

一、工资核算的主要内容(目标功能)

(1)根据单位劳动人事部门提供的职工的劳动数量、质量等原始数据资料核算职工的应发工资及公积金、个人所得税等代扣税费情况,根据职工的不同构成和工资项目的不同构成计算工资。

(2)根据不同部门的不同工作性质,汇总分配工资费用及计提工资附加费用,为企业计算产品成本和核算利润提供准确的成本资料。

(3)处理员工人事变动及工资晋升等调整事项引起的工资核算变化。

(4)为企业管理需要提供数据打印输出、查询、统计分析等。

(5)支付工资、结转代扣费用。

(6)编制自动凭证、向账务系统传输数据。

二、工资核算的主要特点

根据以上分析可见,工资核算涉及单位的所有部门,关系职工的切身利益,对单位的影响深远,因此,工资核算具有其自身独有的特点。

(一)政策性强

工资核算是一项政策性极强的工作,会直接影响劳动者的积极性和劳动生产效率的高低,甚至影响单位及社会的稳定。比如公积金、个人所得税的核算、病事假扣款等都必须严格按照国家法律、法规的规定和企业的规章制度来执行。

(二)时限性高

工资发放有较强的时限性,不得随意拖欠。

(三)准确性高

(四)核算简单

(五)重复性强

工资核算数据处理量大,但核算规范、方法简单,特别是固定工资费用的计算均为重复计算、变动小。因此,工资核算很适合计算机处理。

根据工资核算的特点和内容,可得出工资核算和管理的一般流程,如图4-1所示。

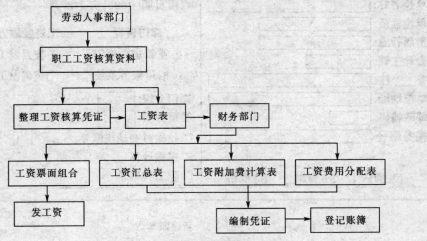

图4-1 工资核算和管理的一般流程

第二节 工资核算和管理系统的模块构成

一、账套管理

在使用系统之前,应先建立核算单位账套,这是进行核算的前提。一般商用软件都允许用一套软件同时为多个核算单位记账。本节所讲内容就是帮助用户管理这些核算单位,并提供增加、删除、修改账套等功能,如图4-2所示。

(一)增加(新建)账套

1. 功能

增加一个新的核算单位,可以分别输入新增核算单位的代码、名称和所需要的其他信息,如图4-3所示。

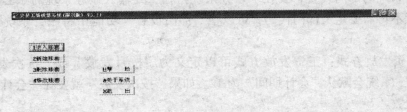

图4-2 账套管理

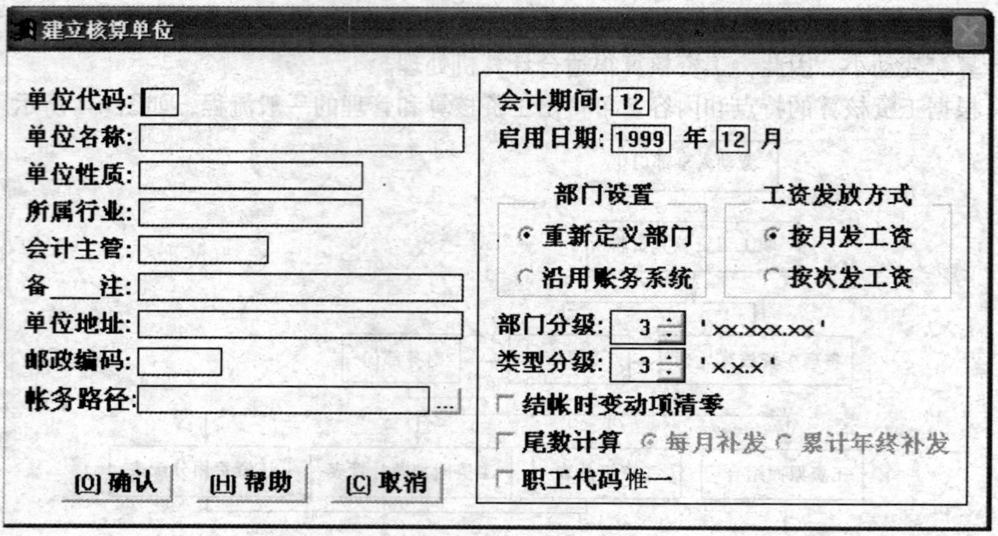

图 4-3 新建账套

2. 操作说明

(1) 填加单位名称。

(2) 账务系统路径：此处要求将输入（或点击 … 浏览）工资记账凭证传输到的账务系统账套目录，如该单位账务系统安装在 D 盘，使用 01 账套的目录，则可输入 D：\GLWIN\ZW-01\，若用户暂时还没有使用账务系统，此项可不输入。

(3) 启用日期：说明准备从哪年哪月开始使用该工资核算系统。根据此启用日期（年和月）初始化时，软件将自动生成系统所需的各种数据文件（参看工资项目定义、部门编码设置、职工类型设置等）。

(4) 会计期间：工资核算系统支持核算单位一年发多次工资（即不是每月发一次工资的传统方式），在"会计期间"处输入一年内预计发放工资的次数。

(5) 部门设置：可以选"重新定义部门"或者是"沿用账务系统"的部门设置。如果沿用账务系统的部门设置，要在"账务系统路径"处输入账务系统的账套目录，在工资系统中就不再需要定义部门代码，可以在"部门设置"功能中将账务系统部门传递过来。

(6) 工资发放方式：工资发放方式可以定义为"按月发放"或"按次发放"。如果"按月发放"，系统会默认"会计期间"为 12。如果"按次发放"就要在"会计期间"处输入相应的次数。

(7) 部门分级：可以在此功能处定义核算单位的部门级数和相应的级数的代码位数。

(8) 类型分级：可以在此功能处定义核算单位的职工类型级数和相应的级数的代码位数。系统默认的类型分级为 1，1，1。

(9) 结账时变动项清零标志：表示每次进行结账时将下月的工资变动项目是否自动置为零。系统默认为结账时不清零。

(10) 尾数计算标志：表示进行工资计算时是否要进行尾数计算。系统默认为不进行尾数计算。

(11) 职工代码惟一标志：表示定义职工代码时是否允许不同部门的职工使用相同的职工代码。系统默认为职工代码不惟一。

（二）删除账套

1. 功能

删除该核算单位所有的数据，也就是删除该单位的所有工资数据。

2. 操作说明

(1) 选择要删除的核算单位。确定操作者的姓名和口令。

(2) 删除该核算单位。

（三）修改账套

1. 功能

修改当前行所指核算单位的有关内容。但"核算单位代码"、"核算单位名称"、"会计期间"、"启用日期"、"部门设置"、"工资发放方式"、"部门分级"、"类型分级"、"清零标志"、"尾数计算标志"和"职工代码惟一"标志不能再进行修改。因此，要求用户建核算单位时认真确定好上述几项内容。

2. 操作说明

(1) 选择欲修改核算单位；

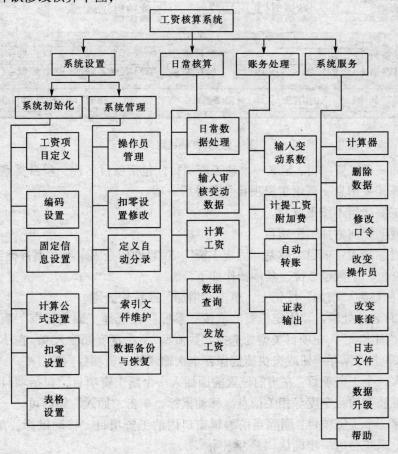

图 4-4 工资核算系统基本模块

(2) 修改该核算单位。
二、基本模块
工资核算系统应当具备的基本模块（图 4-4）。
（一）系统初始化
系统初始化是指用户初次使用该管理系统时应该进行的准备工作。主要内容如下：
1. 工资项目定义
工资项目是指单位的具体工资构成情况，根据单位的实际工资构成进行设置，不同单位有不同的工资构成。例如：企业单位有：固定工资、奖金工资、岗位工资、计件工资等；事业单位有固定工资、浮动工资、地区津贴等。操作如图 4-5 所示。

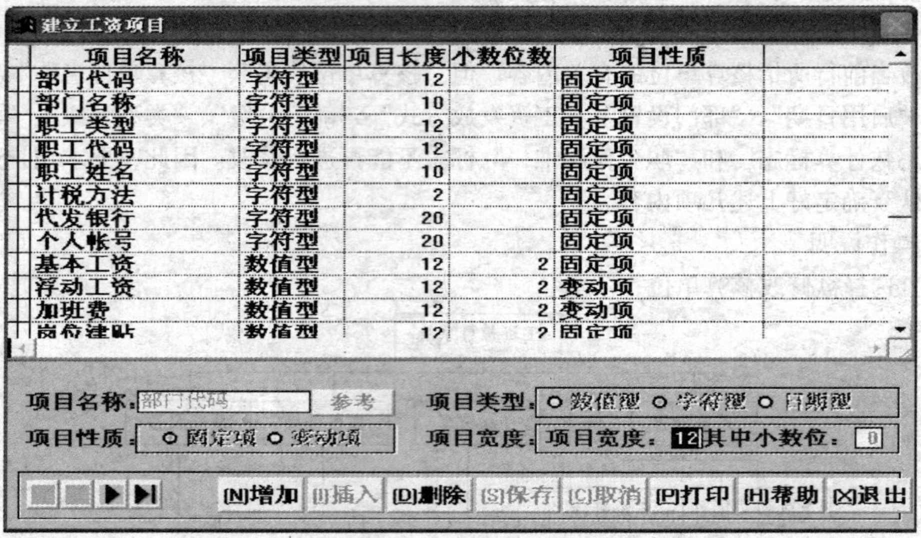

图 4-5 工资项目定义

（1）增加一个工资项目：定义一个新工资项目，包括项目名称、项目类型、项目性质和项目宽度等相关信息。新增工资项目总是最后一项。

注意：工资项目不能重复。

现举例说明如何增加工资项目。

假如要增加的工资项目名称是"固定工资"，项目性质是固定项，项目类型是数值型，项目总长度 9 位，小数位 2 位。具体操作如下：

1）将鼠标移到"增加"按钮上，单击"增加"或按快捷键。

2）在项目名称处输入"固定工资"或按"参照"钮选择"固定工资"项，并在项目性质处选择"固定项"，在项目类型处选择"数值型"，在宽度处输入 9，在小数位处输入 2，然后鼠标单击"保存"钮或按快捷键保存本次输入的工资项目内容。

（2）插入一个工资项目：在当前位置前面插入一个新工资项目，包括项目名称、项目类型、项目性质和项目宽度等相关信息。移动鼠标，单击"插入"钮即可。

（3）删除一个工资项目：删除当前编辑窗口内的工资项目。移动鼠标，单击"删除"钮。删除时，系统会进一步确认"是否删除？"

（4）保存与取消：将编辑修改后的当前工资项目内容保存或者是取消刚刚做过的编辑

修改工作。移动鼠标,单击"保存"钮或"取消"钮。

(5) 打印工资项目信息:打印工资项目对照表。移动鼠标,单击"打印"钮。

(6) 退出:退出工资项目定义模块。移动鼠标,单击"退出"钮。显示退出提示对话框画面,如果用户单击"是",系统进入工资项目公式定义模块,具体操作参见本节后面内容;单击"否"后,返回主菜单;单击"取消",退出操作,仍停留在工资项目定义模块。对于网络版,"工资项目定义"只能单人操作。

2. 编码设置

编码包括人员编码及类别、部门编码及类别。类别的设置是为今后单位或各部门分类汇总提供数据检索依据。例如,某生产企业有办公室、财务科、设备管理科、销售科、生产科等部门,各部门均应有自己的编码及作为管理部门的共同编码,而销售科还应按各销售点设置其自己的编码,以便分别计算各销售点的费用,为企业的管理部门提供各部门的对比数据。

如果在核算单位建立时,选择设置了"沿用账务系统"部门代码,则可以使用本功能将账务系统中的部门代码直接传递过来。操作如图4-6所示。

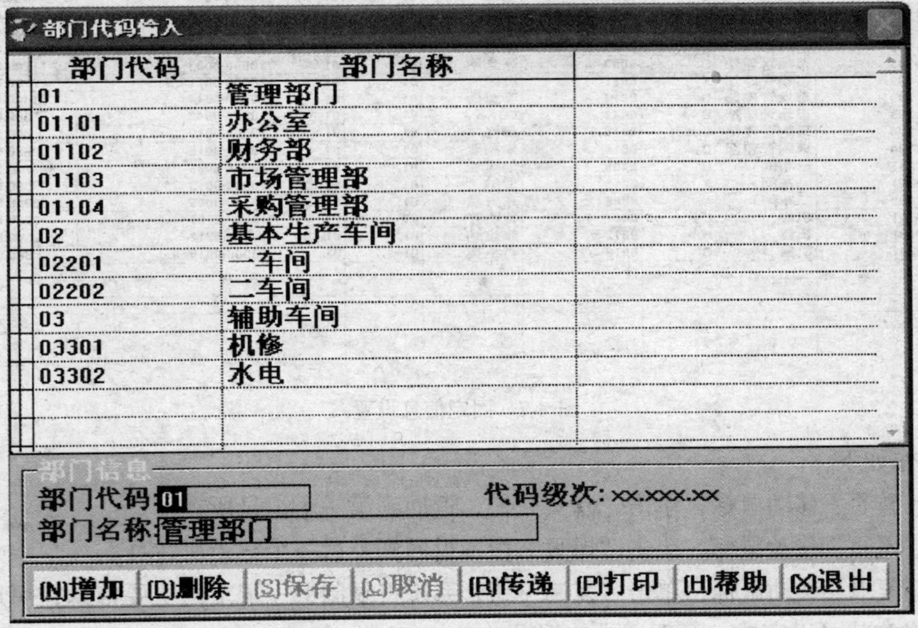

图 4-6 编码设置

(1) 增加一个部门:当前部门信息内容全部为空,准备输入一个新部门编码及名称。移动鼠标,单击"增加"钮。

注意:部门编码不能重复。输入新编码为增加,若是旧编码则调出相应的部门信息供修改。

(2) 删除一个部门:删除当前编辑窗口内的部门。移动鼠标,单击"删除"钮。对于工资数据中已有该部门人员的部门编码不可删除,系统会给出提示信息。

(3) 保存与取消:将编辑修改后的部门信息保存或者是取消刚刚做过的编辑修改工作。移动鼠标,单击"保存"钮或"取消"钮。

(4) 传递账务系统部门代码：如果在建立账套时，提供了账务系统路径，在此可以传递账务系统中已设置的部门代码。

(5) 打印部门编码表：打印部门编码对照表。

(6) 退出：单击"退出"钮，退出部门设置模块，返回主菜单。对于网络版，"部门设置"模块只能单人操作。

3. 固定信息设置

固定信息指工资项目中相对不变的信息数据，为以后进行数据编辑减少重复输入的工作量。具体项目根据不同单位的具体工资构成确定。凡是在"项目定义"中定义为"固定项"的工资项目都将会出现在本次操作屏幕中，而定义为"变动项"的工资项目不出现，如图4-7所示。

部门代码	部门名称	职工类型	职工代码	职工姓名	计税方法	代发银行	个人账号	基本工资
01101	办公室	A	0001	张忍	01	01	10000-0001	1500.00
01101	办公室	A	0004	李小文	01	01	10000-0004	1500.00
01101	办公室	A	0008	李铁	01	01	10000-0008	1100.00
01101	办公室	A	0015	辛迪	01	01	10000-0015	4200.00
01101	办公室	A	0017	盖次	01	01	10000-0017	1800.00
01101	办公室	B	0019	段一明	01	01	10000-0019	800.00
01101	办公室	D	0020	萧峰	01	01	10000-0020	1000.00
01101	办公室	C	0021	朱珠	01	01	10000-0021	1200.00
01102	财务部	A	0002	赵倩倩	01	01	10000-0002	1600.00
01102	财务部	A	0009	杨晨	01	01	10000-0009	500.00
01103	市场管理部	A	0003	张志刚	01	01	10000-0003	1200.00
01103	市场管理部	A	0011	高峰	01	01	10000-0011	2100.00
01103	市场管理部	B	0014	李琼斯	01	01	10000-0014	1400.00
01103	市场管理部	B	0042	CG	01	01	10000-0042	1000.00
01104	采购管理部	C	0010	郝海	01	01	10000-0010	400.00
01104	采购管理部	B	0016	朱丽亚	01	01	10000-0016	2600.00
02201	一车间	B	0005	刘流	01	01	10000-0005	1700.00
02201	一车间	A	0013	罗纳	01	01	10000-0013	3000.00
02202	二车间	A	0006	东方晶	01	01	10000-0006	2300.00
03301	机修	C	0007	黄明营	01	01	10000-0007	1300.00
03301	机修	B	0012	施拉纳	01	01	10000-0012	2500.00
03301	机修	D	0018	肖小兵	01	01	10000-0018	900.00

图4-7 固定信息设置

操作如下：

(1) 首页：移动鼠标，单击"首页"钮，返回到第一个记录所在页。

(2) 尾页：移动鼠标，单击"尾页"钮，返回到最后一个记录所在页。

(3) 复制：移动鼠标，单击"复制"钮，系统将复制上一记录的主要信息，用户可以再稍做修改就可以完成一行新记录的编辑。

(4) 增加：移动鼠标，单击"增加"钮，系统将增加一行记录。可输入新增加职工的部门编码、部门名称、类型代码、姓名、计税方法等固定信息。

(5) 删除：移动鼠标，单击"删除"钮，系统将删除一行记录。

(6) 打印：移动鼠标，单击"打印"钮，打印固定信息资料。

(7) 退出：移动鼠标，单击"退出"钮，退出固定信息设置模块，返回主菜单。

4. 设置计算公式

(1) 内容

1) 应付工资的公式设置。应付工资包括固定工资项目和变动工资项目。应付工资的计算公式包括计时工资计算公式、计件工资计算公式、奖金计算公式、应付工资总额计算公式等。

2）代扣款及实发工资的公式设置。工资代扣款因单位和职工的不同有着不同的项目，如本单位代扣款、代外单位扣款、代税务部门扣缴的职工个人所得税、教育费等。这些项目的计算公式各不相同，需要事先进行分别设置。对职工个人所得税，商品化应用软件一般都有专门的"所得税计算方法设置"模块。例如：安易财务软件中在"系统设置"活动菜单下就有"个人所得税计税方法设置"模块（图4-8），可按当地税务机关的规定扣除额进行费用扣除及税率、速算扣除数设定。

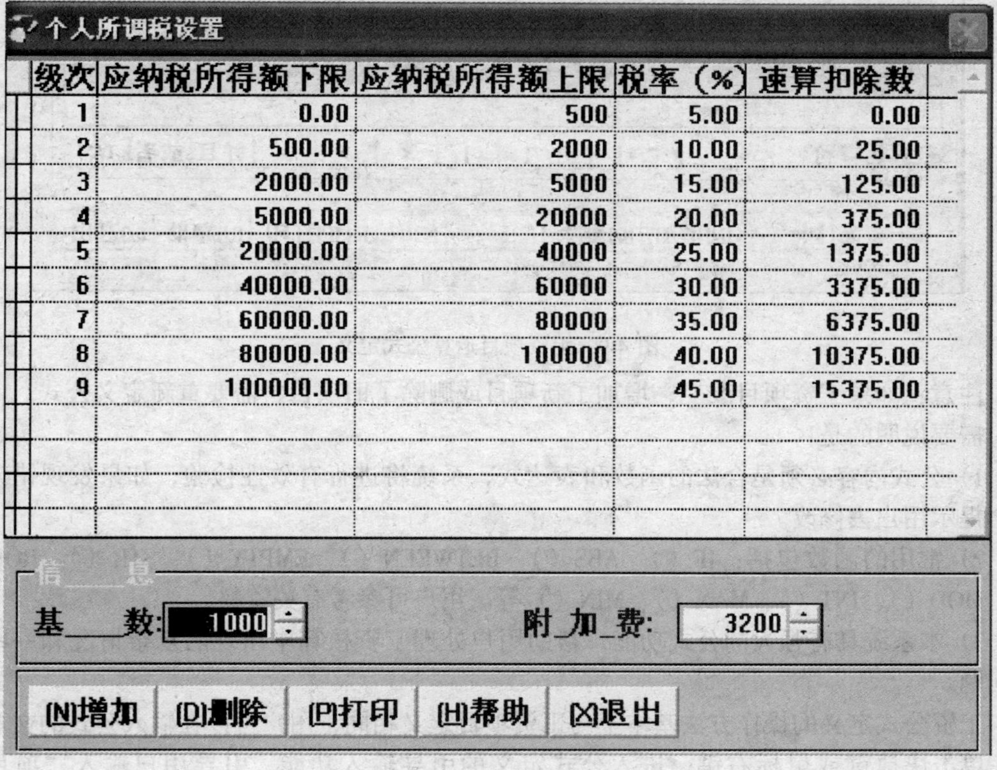

级次	应纳税所得额下限	应纳税所得额上限	税率（%）	速算扣除数
1	0.00	500	5.00	0.00
2	500.00	2000	10.00	25.00
3	2000.00	5000	15.00	125.00
4	5000.00	20000	20.00	375.00
5	20000.00	40000	25.00	1375.00
6	40000.00	60000	30.00	3375.00
7	60000.00	80000	35.00	6375.00
8	80000.00	100000	40.00	10375.00
9	100000.00		45.00	15375.00

基　数：1000　　附加费：3200

图4-8　个人所得税计税方法设置

3）计提工资附加费公式设置。工资附加费的计提是以应付工资为依据的，各种附加费的比例各不相同，工资附加费的计提一般以参数形式设置输入。

4）汇总工资的公式设置。应当输入设置汇总公式及汇总的类别等参数。现在多数的商品化应用软件均不需进行此项设置，用户在使用工资汇总输出时进行类别选项选择即可。

5）工资费用分配的公式设置。

工资费用为计算成本、利润提供数据，它包括应付工资和按应付工资计提的工资附加费。

（2）操作说明：当工资项目定义完成后，系统将提示"是否保存本次操作，进行工资项目运算公式定义？"。"是"保存本次操作，进入工资项目公式定义过程，如图4-9所示；"否"不保存本次操作，退出项目定义，返回主菜单；"取消"撤消退出操作，返回项目定义屏幕。

图 4-9 工资项目运算公式定义

注意：如果工资项目改变，增加了新项目或删除了旧项目，需要重新定义公式。

需要说明的是：

1) 公式内容必须是合法的函数和表达式，系统将进行有效性检验，如果发现错误系统会提示用户去修改。

2) 常用的函数包括：IF（）、ABS（）、BETWEEN（）、EMPTY（）、STR（）、ROUND（）、MOD（）、INT（）、MAX（）、MIN（）等。用户可参考有关资料。

3) 本系统具有强大的公式功能，帮助用户处理工资核算中出现的复杂情况和一些特殊问题。

工资公式定义的操作方法基本上与工资项目定义相同，用户可以在输入公式的文本框中，单击快捷键或鼠标右键，进入公式定义的引导输入功能，引导用户输入"项目名称"。

删除工资公式时，移动鼠标，单击"删除"钮或按快捷键，系统只对对应公式进行删除，公式保存后系统自动进行公式整理。删除公式时一定要小心，因为被删除的项目很可能包含在其他的公式中，这样势必导致计算错误。

输入公式时可以按快捷键或鼠标右键引导完成。在"项目来源公式"输入框中，按快捷键或鼠标右键，用户可以选择公式中用到的数据是本月的工资数据还是上月的工资数据，当选中确定后，弹出选择工资项目屏幕，选中工资项目确认后，在"项目来源公式"输入框中出现所选工资项目名称，然后选择"运算符"，再次进入"项目来源公式"输入框中，按快捷键或鼠标右键……重复以上过程，直至公式录入完成。

运算公式定义时，应特别注意：一定要认真审核。当定义的公式保存退出后，系统将按公式计算工资数据。例如：L05 为固定工资，L06 为副补，L07 为价格补贴，L20 为应发工资。公式 L20 = L05 + L06 + L07 如果写成 L07 = L05 + L06，则计算完成后，不但 L07 新的数据错误，且 L07 原数据将丢失。

公式定义时，要注意公式定义的顺序，先定义的公式中不要包括还没有定义公式的项目。

例如：定义公式的顺序为 L01 = L02 + L03，L02 = L04 + L05，这种顺序会导致计算错误，正确的顺序应该是 L02 = L04 + L05，L01 = L02 + L03。

工资项目定义完成保存退出后，请重新定义有关工资报表的表头格式并重新生成本月汇总数据，以保证汇总数据和输出报表的准确无误。

5. 输入和审核数据

工资核算是准确性要求极高的工作，输入数据后应经过反复审查，保证数据准确无误，包括职工姓名及类别、代码，部门类型、代码，职工的固定工资、变动工资等项目。

6. 扣零设置

（1）功能：企业在发放工资时，为了减少现金发放的找零业务量，对于一些角分等尾数，不进行发放，而是将尾数扣除存储于计算机内，待积零成整后，留待下月一起发放。但当一单位采用银行代发工资业务方式时，则不需进行扣零设置，如果先进行了扣零设置，可通过扣零设置与修改的尾数恢复功能取消该设置。

使用本功能需要注意的是：

1）要求工资项目中设置实发、存零、补零字段，否则本功能不执行；
2）工资尾数（零头）的大小由用户自选定义；
3）该功能应在基本工资数据输入完毕后使用。

（2）操作说明：如果本月扣零计算标志为真（即本月已进行了扣零计算），则系统提示先将本月的扣零恢复过来。如果本月未计算扣零，则显示一对话框以选择扣零单位（扣零单位设为 3 种，即元、角或分），然后根据选择的扣零单位进行扣零计算。

计算的方法是：将实发工资的尾数按扣零单位来截取，并与存零字段相加。

如果大于指定的扣零单位的上一位（例如选择的扣零单位是角，则应大于 1 元），则先按扣零单位的上一位减去原实发工资的扣零尾数（例如扣零单位是角，则用 1 元减去实发工资的扣零尾数），将差存入补零字段，然后将存零与补零字段之差存入存零字段，并将实发工资扣零单位的上一位加 1，并取整存入实发字段。

如果小于指定的扣零单位的上一位，则直接将实付工资扣零单位以下的零数截取，将该值加入到存零字段；补零字段清空；实付工资按扣零单位的上一位截取并保存。

举例：

本例扣零单位按角计算，如果是按元或分扣零，则方法与此相似。

假设第一个月李四的实发工资为 485.45 元，补零为 0，存零为 0。先将实发工资的 0.45 元截下加上存零的 0，因为小于扣零单位的上一位，即 1 元，故将相加的和 0.45 元存入存零字段，并将实发工资按扣零单位的上一位截取保存。即李四本月的实发工资为 485 元，补零为 0，存零为 0.45 元。

第二个月在生成当月工资数据时，先将上月工资中的存零字段内容复制过来。设第二个月李四的实发工资为 372.56，则先将 0.56 与存零字段内的 0.45 相加，和为 1.01 元。因为和大于扣零单位的上一位，即 1 元，故将扣零单位的上一位减去 0.45 的差存入补零字段，即补零字段为 1 − 0.45 = 0.55，然后将存零字段与此时补零字段的差存入存零字段，即将 0.56 – 0.55 = 0.01 元存入存零字段，最后将实发工资的扣零单位的上一位加 1 取整保存，计算完成后第二个月李四的实发工资为 373，补零为 0.55，存零为 0.01 元。

本功能待选定扣零单位后由系统自行计算即可。

7. 设计相关表格

（1）内容：工资核算系统需要输出的表格主要有：工资发放表、工资发放条、个人所得税申报表等，这些表格均需进行事先设计，设计内容包括各种的格式、指标、计算公式及取数方法等，不同的商品化软件在具体模块细分上各不相同。例如安易工资管理系统的表格设计在"系统设置"菜单栏下的"报表表头定义"模块中进行设置。

（2）操作说明：表头定义：选中需定义的报表，单击"编辑"钮，系统弹出一窗口，如图 4-10 所示。

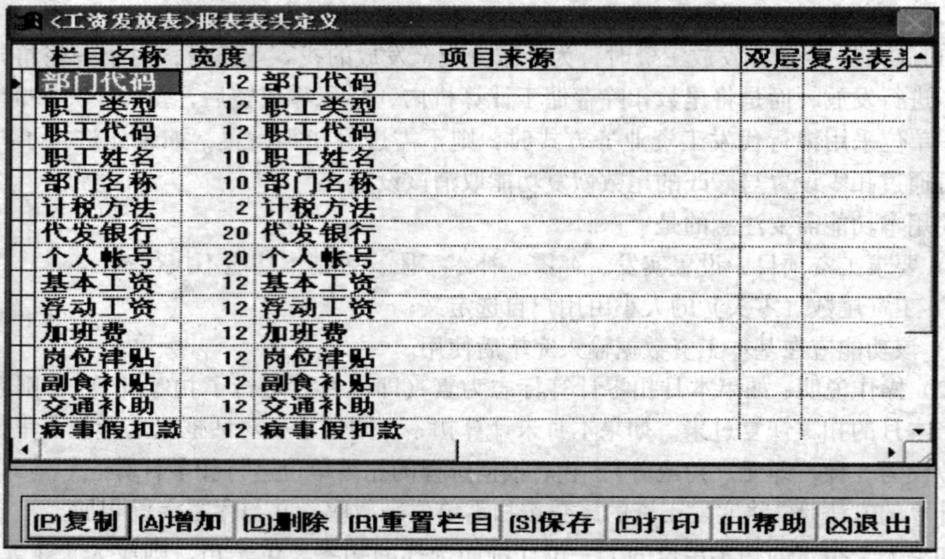

图 4-10 报表表头定义

注意：当重新定义工资项目后，请务必对有关表的表头进行更新操作。在定义工资发放表和工资发放条之前要先进行职工类型设置。

1）编号：是指工资报表在系统中的惟一标识，它由系统自动产生，用户不可修改。

2）名称：报表的简单说明。如"在职职工工资发放表"，用户可以在画面上直接修改，名称的汉字长度在系统默认设置范围内。

3）类型：报表的属性，即属于哪一种形式的报表。本系统共有 5 种类型的报表：A 工资发放表、B 工资发放条、C 部门汇总表、D 分类汇总表、E 个人所得税申报表，安易系统预制了五个不同类型的报表，并允许用户增加多个工资发放表和工资发放条。

4）栏目名称：是指打印报表的栏目名称，不一定为工资项目名称，用户可以输入其他内容。如果定义为工资项目，可以用快捷键或鼠标右键引导选择输入。

5）宽度：是打印栏目的宽度。注意每个汉字占 2 个字符位置。

6）项目来源：即用户所要定义的计算公式。

7)"双层表头"用于折行打印,见表4-1。

"双层表头"表格　　　　　　　　　　　　　　　　　　表 4-1

部门编码	职工姓名	固定工资	应发工资	实发工资
职工代码	职工类型	岗位工资	个人调节税	
01	李四	210.00	1090.00	1065.00
21	A	880.00	25.00	

操作步骤:

如果要将报表项目定义为"双层"表头,则必须在编辑表头格式中的"双层"一项中输入对应的表头编号(如1,2,3等),只要有二个相同编号,系统认为是双层表头(如表4-1中的"部门编码"和"职工代码"等)。如果双层表头中的编号是惟一的,则系统认为是单层表头(如表4-1中的"实发工资")。全部编号不可断续且不能为空,如有三个项目,那么编号为1,1,2是可以的,而1,1,3则不正确。下面我们将举例说明。

假设有9个项目,它们的排列顺序是1部门编码、2职工代码、3职工姓名、4职工类型、5固定工资、6岗位工资、7应发工资、8个人调节税、9实发工资。要将报表打印成表4-1中的样式,则要进行下列操作:

首先进入"报表表头定义"模块,选择要编辑的报表后,按"编辑"钮进入编辑功能。

然后在"部门编码"项目对应的"双层"中输入1,在"职工代码"的双层中也输入1,在"职工姓名"和"职工类型"处输入2,在"固定工资"和"岗位工资"处输入3,在"应发工资"和"个人调节税"处输入4,在"实发工资"处输入5。在输入完成后,按"退出"钮退出编辑功能。

如果此表的类型是"工资发放表"或者是"工资发放条",退出后要求用户选择此表所要处理的职工类型。

选择后,提示用户保存所作的修改,保存后提示用户进入"调整报表格式"功能,按"确定"钮后,显示"调整报表格式"屏幕,系统将显示定义好的报表格式。

8)"复杂表头":此功能能满足用户复杂报表的表头设计,见表4-2。复杂表头的定义方法与"双层表头"相似,在此就不举例说明了。

表 4-2

职　工　信　息			工　资　构　成		
部门编码	职工代码	职工姓名	固定工资	岗位工资	技能工资
01	21	李四	210.00	880.00	150.00
08	18	张三	300.00	851.00	185.00

操作步骤:

在定义表头窗口的"复杂表头"位置,输入其公共的汉字名称,如空时,则视同单层表头处理。如:在部门编码、职工代码、职工姓名的对应位置输入"职工信息",在岗位工资、技能级别工资的对应位置输入"工资构成",则可输出上表的表头格式。

注意:双层表头格式与复杂表头不能同时定义。如:当"双层"位置已输入内容时,则系统控制"复杂表头"位置无法再输入。如果有必要,用户可以先定义成一种方式,进行数据生成及打印报表输出,然后再定义成另一方式,数据处理后再打印相应报表。

9) 退出:移动鼠标,单击"退出"钮,退出"报表表头编辑"功能,返回到"报表定义"窗口,如用户编辑的报表类型是"工资发放表"或"工资发放条",则在退出后,系统提示用户选择此工资发放表(或工资发放条)是由哪几种职工类型的职工数据产生的。对于其他类型报表,系统会直接提示"是否退出本次操作,进行表头编辑?"。确认后进入调整列宽画面,用户可以在上面进行调节列宽、字号等操作。详细操作与第三章安易电子报表设置相近。

(二) 系统管理

1. 操作员管理

(1) 包括增加、减少操作员,设置操作员姓名和口令,给操作员授权,如图4-11所示。授权包括菜单权和编辑权,"菜单权"是指被选中的操作员对系统功能菜单的使用权利,而"编辑权"是指操作员对某些工资项目是否具有的修改权利。

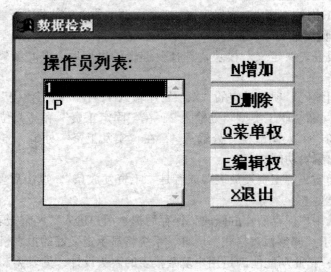

图 4-11 操作员管理

操作员包括工资核算员和系统管理员两种。工资核算员主要任务是完成工资核算的日常工作;系统管理员的权限主要是为其他操作人员进行授权,一般来说,有关系统运转的关键权限,例如:操作员管理、恢复数据、删除数据、数据升级等,则只能由系统管理员所拥有。

(2) 操作说明

1) 增加操作员:单击"增加"钮,系统将弹出一输入窗口。可输入新增加操作员的姓名及口令,然后再对新操作员赋予权限。

2) 删除操作员:单击"删除"钮,从操作员列表中选中某操作员,在得到确认后系统将删除该操作员。

3）菜单使用权：给操作员授予使用功能菜单权限，单击"菜单权"钮，系统将弹出窗口，双击预选项目列表中的选项或在预选项目列表中移动光条并按 Enter，即选中某条功能为该操作员有权使用的功能项；单击"全选"钮可选中全部预选项目；单击"不选"钮可取消该操作员的全部权限；单击"确认"钮即确认此次操作；单击"取消"钮取消此次操作；单击"帮助"钮可得到即时的帮助。

4）工资项目编辑权：给操作员授予工资项目编辑权限，选中的工资项目可以修改，选不中的工资项目只能查看，不能修改。

单击"编辑权"钮，系统将弹出窗口，双击预选项目列表中的选项或在预选项目列表中移动光条并按 Enter，即选中某个项目为该操作员有权编辑的工资项目；单击"全选"钮可选中全部预选项目；单击"不选"钮可取消该操作员的全部权限；单击"确认"钮即确认此次操作；单击"取消"钮即取消此次操作。

该项功能可限定不同的人员对不同工资项目进行修改，比如有些人只能修改考勤数据，而另一些人只能修改固定工资、职务工资等。

2．定义自动转账分录

（1）功能：定义工资自动转账分录或修改已定义的工资自动转账分录（图形界面、设置方法与账务系统相似）。

在会计核算中，有许多业务是具有规律性的工作。用计算机自动处理可减少录入人员的工作量，减少重复劳动。例如：工资费用的分配，每月均需按时按同一方法归集到相关账户中，以便正确计算管理费用、制造费用、在建工程等，这类工作就可由系统根据全月的工资费用信息，按事先设置的类别、部门分类汇总归集到相应的账户中。只要先定义好自动分录，指明各类费用应计入的账户和方向以及各种费用的计算公式和数据来源，期末便可自动转账。

（2）操作说明

1）分录号：分录号是"自动转账分录"的惟一标识，不同的自动分录应有不同的分录号。分录号可用数字也可用字母。输入旧的分录号表示修改旧分录，输入新的分录号表示增加新分录。

建议：把分录号和"自动分录"的内容联系起来，例如：把工资分配这样一个自动分录，用分录号"GZFP"标识。

注意：分录号和凭证号是两个不同的概念，万万不可弄混。

2）凭证类型：用于指定该自动分录编制的凭证属于何种类型凭证，当编制凭证时，该凭证的号码为该类凭证最后一个号码。

3）摘要：凭证的每行均有一个摘要，不同行可以不相同，每行摘要的长度不超过系统默认设定值。

4）借/贷

5）会计科目代码：分录输入时，会计科目通过科目代码或科目助记码输入，而不需输入科目汉字名称，输入科目代码后，科目名称自动显示在科目代码后（具体操作与账务系统的凭证编制方法相同）。助记码是会计软件为方便用户记忆科目而设定的。如果用户能记住科目代码，就可不用助记码。

如果是分部门核算的科目，系统要求输入相应的部门代码，如果是有相关项目核算科目，要求输入项目代码。部门代码是必须输入的，项目代码可以为空。

所输入的科目代码必须存在且必须是没有下级科目的明细科目，这样才能保证总账和明细账的一致性。

往来科目、复币科目、数量科目请不要作为自动分录的科目。因为编制凭证时只考虑人民币的计算，不包括产生上述科目需要的附加信息。

6）金额来源表达式：表示当前行的人民币金额如何取得的表达式。进入此项后，用户可通过按↑、↓键或直接按各行前的代码即可移到指定的行，按 Enter 或双击此行选择该行作数据的来源。

3．数据备份与恢复

数据备份如图 4-12 所示：

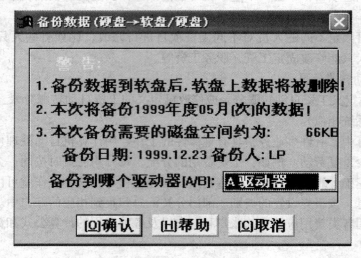

图 4-12　数据备份

（1）功能：本功能主要用于将硬盘上当前账套当前会计期间的数据（即进入该账套的该月或次的数据）备份到软磁盘上或者是硬盘的某一目录上。数据备份可防止意外事故造成数据丢失，同时，备份数据是会计档案的重要内容。数据备份时，应用软件会自动根据数据量和软盘的容量决定需要的备份软盘数量并自动将备份的日期和操作人的姓名登记在备份软盘上。备份的日期取进入工资系统的日期。

（2）操作说明

1）选择软盘所在的驱动器或硬盘的目录。

2）备份过程：软盘备份时系统提醒用户依次将软盘插入指定驱动器，然后开始备份。备份前系统将先删除备份软盘上已有的数据，再将硬盘数据不断地拷入软盘。一张软盘装满后，会自动提示用户放入下一张软盘，直至所有数据备份完毕。硬盘备份时，直接将数据拷入硬盘指定目录。

警告：

（A）切勿用装有有用文件或数据的软盘做备份盘。

（B）必须用已格式化的软盘做备份盘！

（C）不要在备份过程中抽出软盘，除非软件要求换盘。

数据恢复如图4-13所示。

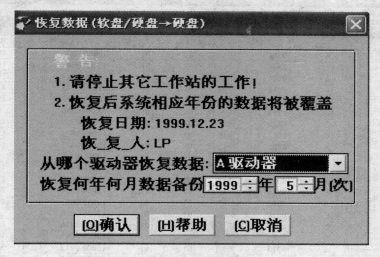

图4-13 数据恢复

(1)功能：数据恢复是将已备份数据引入当前系统。当硬盘数据被破坏时可用此功能将软盘内最新备份数据恢复到硬盘；当需要查询历史数据时，可用此功能将历史的数据恢复到硬盘上。

注意：
1）如果硬盘容量足够大，尽可能不要删除历史的数据；
2）由于数据恢复会覆盖当前数据，所以此项功能建议仅由系统管理员所拥有。

(2)操作说明

1）选择驱动器和确定恢复哪年哪月的备份数据，从主菜单上选择恢复功能后，屏幕出现一窗口，如图4-13所示。

应用软件允许从软盘驱动器或者硬盘驱动器恢复数据。"恢复哪年哪月的备份"要求用户输入想恢复的备份软盘是何年何月（次）做的备份。例如要恢复1999年5月所做的备份，则应输入1999年5月。

2）恢复的过程：软盘恢复时，应用软件将指定用户插入备份软盘，当开始恢复时系统首先识别软盘上标识的备份日期是否与用户选择的日期相同，如果不相同将提醒用户换盘。当一张软盘上的数据恢复完毕后，系统会提醒用户换下一张软盘，直至所有数据均恢复完毕。硬盘恢复时只要确认要从什么目录恢复数据。

注意：
(A)不要在恢复过程中关机、关电源或重新启动机器。
(B)不要在恢复过程中打开驱动器开关或抽出软盘，除非系统提示换盘。

(三)日常工资核算

1.输入审核变动数据（图4-14）

屏幕列出所有职工的各个工资项目的数据，用户只能对有编辑权的栏目进行修改；本功能月月使用；固定项显示在屏幕上，但不允许对其修改编辑，有关每个职工的固定信息定义请参见"固定工资信息设置"；如果某工资项目是根据其他项目计算求得，则当其

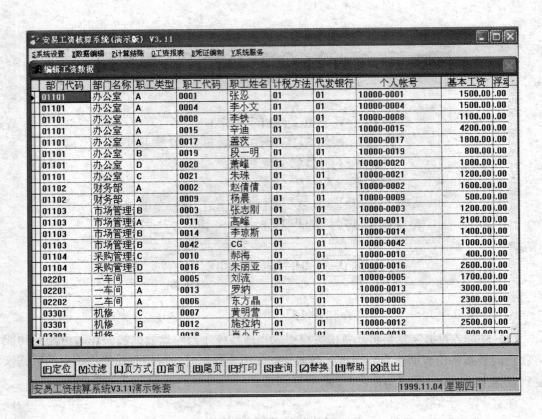

图 4-14 输入变动数据

他项目输入修改后,该工资项目会立即计算出结果,这又称之为边输入边算功能。

(1) 功能

1) 输入计件工资、代扣款等常规变动数据。该项工作一般由工资核算员完成。

2) 输入人员变动数据。当单位增加、减少职工时需对工资文件进行数据修改,该项工作一般由系统管理人员完成。

3) 输入结构类别变动数据。当职工工作部门变化或岗位变化,其工资费用的分配就会发生变化,影响到成本核算,需要对部门、类别等数据进行修改;另一方面如果工资结构及组成项目变动或计算公式发生改变,也需要进行数据修改,这两类数据的编辑一般在系统初始化功能模块中解决。

(2) 操作说明

1) 定位:移动鼠标,单击控制窗口中的"定位"钮,即可定位到需要编辑的、满足指定条件的第一个工资记录位置。

2) 过滤条件:移动鼠标,单击控制窗口中的"过滤"钮,系统将弹出窗口,根据系统提供的工资项目引导输入过滤条件,可以同时输入三条过滤条件。单击"确定"按钮,系统将根据过滤条件,将满足条件的结果显示出来。如果再单击"过滤"按钮,将执行取消上次过滤的功能,显示所有数据内容。

3) 页方式编辑输入工资数据:移动鼠标,单击控制窗口中的"页方式"钮,系统将提供以一屏显示光标所在职工全部或部分工资项目。页方式可以转换到一行显示一个职工所有工资项目的行方式。

4）查询：移动鼠标，单击控制窗口中的"查询"钮，系统将弹出窗口，根据系统提供的工资项目引导输入查询条件，可以同时输入三条查询条件，单击"查询"按钮可执行该功能。当无查询条件时，单击"确定"按钮无作用。如果再单击"查询"按钮，将执行取消上次查询的功能，显示所有数据内容。

注意：查询与过滤的不同是：查询将定位于满足条件的第一条记录；过滤是将满足过滤条件的全部记录显示出来。

5）替换：移动鼠标，单击控制窗口中的"替换"钮，系统将弹出窗口，根据系统提供的工资项目引导输入替换条件，与本系统所设计的"过滤"和"查询"功能类似，"替换"功能同样同时输入三条替换条件，用来定位需要替换内容的记录，然后在屏幕下方的空白处输入替换信息，单击"确定"按钮可执行该功能。

6）打印：移动鼠标，单击控制窗口中的"P打印"钮，系统将执行下列操作：

（A）表头格式定义，实现"所见即所得"的打印功能。

（B）进入打印设置及按格式打印输出功能。

2．计算工资

含应付工资、所得税、教育费等代扣款，实发工资、汇总工资等的计算。

3．数据查询

数据查询有两种方式：一种是屏幕显示，一种是直接输出到打印机。屏幕列出所有职工的工资数据，仅供查询、打印基本工资数据使用，无权修改；本功能月月使用。

操作与输入审核变动数据相同。

4．发放工资

包括打印工资表、工资条、生成工资面额表产生磁盘文件等，在单位实行银行代发工资的情况下则不用工资面额表，而是用产生磁盘文件功能。

（四）账务处理

主要指与工资核算相关的会计凭证处理、费用分配表编制、工资附加费计算及相关凭证报表的打印。

1．输入变动参数

按财务管理制度规定，当工资附加费计算基数的结构变化和计提比例变化时，需进行项目和参数删、改等。

2．计提工资附加费

3．自动转账

就是按设定的自动转账分录向账务系统传递相关数据。

4．证表输出

包括账务处理系统、成本核算系统等需要的各种数据资料，如：部门汇总表、分类汇总表、工资费用分配表、自动转账凭证等。

输出的凭证有：

（1）自动转账凭证；

（2）工资分析统计表；

（3）工资费用分配表；

（4）工资部门汇总表；

(5) 工资分类汇总表；
(6) 其他表格。

（五）系统服务

1. 计算器

一般工资管理软件都具有该模型，主要是方便用户使用该软件时进行四则混合运算。

2. 删除数据

（1）功能：本功能主要是用于删除硬盘上由工资管理软件保留的往年工资数据，以便留下足够的硬盘空间。工资管理软件允许用户在硬盘上保存任何年度的工资数据，当硬盘剩余空间过小时，应当删除一些无用的文件，以保证应用软件的正常运行。当硬盘空间足够大，不建议删除数据，以方便查询。

（2）操作说明：从主菜单上选择功能后，系统将询问用户删除哪年哪月（次）的数据。当用户输入年月后，单击"确认"钮或快捷键（不同软件有不同的设置），则系统会自动检测数据是否存在，如果存在则进一步提问"是否真的删除（Y/N?）"，按回车再次确认或按"Y"键后，系统开始删除该年月工资数据。

3. 日志文件

日志文件是用来记录各操作人员使用本系统的情况，可为电算化审计提供审计线路。

4. 修改口令

本功能用于操作人员变换进入系统的密码。

5. 数据升级

本功能可完成旧版本的工资管理系统的数据转到新版本的工资管理系统的数据的任务。但是，在升级完成后用户需重新定义工资公式及工资数据。

第三节　数据处理流程

工资核算系统数据处理流程与手工工资管理有一定的差别，具体差异如图4-15、图4-16所示。

一、手工工资管理数据处理流程

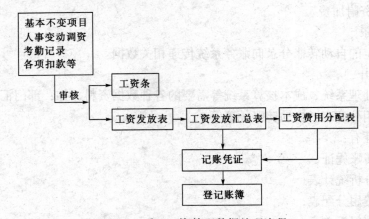

图 4-15　手工工资管理数据处理流程

二、工资管理系统数据处理流程

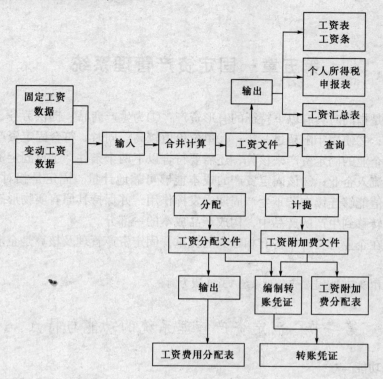

图 4-16 工资管理系统数据处理流程

第五章 固定资产管理系统

固定资产是指同时具有以下特征的有形资产：①为生产商品、提供劳务、出租或经营管理而持有的；②使用年限超过一年；③单位价值较高。同时，符合固定资产定义的资产项目，要作为企业的固定资产来核算，还需要符合以下两个条件：①该固定资产包含的经济利益很可能流入企业；②该固定资产的成本能够可靠地计量。固定是相对流动而言的，固定资产的价值能够连续在若干生产周期内发挥作用，并保持其原有实物形态，其价值逐渐地、部分地转移到生产的产品中，构成产品成本的一部分。

固定资产在企业总资产中占有相当大的比重，固定资产管理及核算是企业财务核算的重要组成部分。

注：本章操作以安易固定资产管理系统 V3.11 版为例。

第一节 固定资产管理系统的功能与特点

一、系统功能

固定资产管理系统应具备进行固定资产卡片管理、增减变动核算、折旧及净值计算等主要功能。而这些功能模块应根据固定资产管理系统的主要内容和特点来进行设计。

（一）主要内容

固定资产核算的基本内容包括：

1. 固定资产增加的核算

企业在取得固定资产时，一方面要求按固定的经济用途或其他标准进行分类，并确定其原始价值；另一方面，要求办理资产交接手续、填制有关凭证，作为固定资产核算的依据。当由于购买、建造、投资投入、捐赠等方式取得固定资产时，会形成固定资产的实物量和价值量的同时增加；当企业兼并、重组时，如果评估价高于固定资产的账面价值，则会形成实物量不变，价值量增加，需进行调账处理。不同的资产取得方式，其成本的确定方法各不相同，核算中所用的科目也相应有所差异。

2. 固定资产减少的核算

固定资产减少主要包括固定资产出售、对外投资、报废、非常损失等。按财务制度的规定：无论何种原因造成的减少，都应进行相应的变动登记以及账务处理。

3. 固定资产折旧的核算

折旧的核算是固定资产核算的重要内容。我国现行制度规定企业固定资产折旧可采用平均年限法、工作量法、双倍余额递减法和年数总和法。虽然折旧方法很多，但是一个企业在选定一种折旧方法后，不允许随意进行改变，以体现会计核算的一贯性原则。

4. 固定资产的后续支出

企业的固定资产投入使用后，为了适应新技术发展的需要，或者为维护或提高固定资产的使用效能，往往需要对现有固定资产进行维护、改建、扩建或者改良。如果这项支出提高了固定资产获取未来经济利益的能力，如延长固定资产的使用寿命、使产品质量实质性提高或使产品成本实质性降低，即：使可能流入企业的经济利益超过了原先的估计，则应将该后续支出计入固定资产的账面价值。否则，应将这些后续支出予以费用化，计入当期损益，如制造费用、管理费用、营业费用等。

（二）特点
（1）固定资产是跨年度累计核算且需进行卡片管理，所以数据核算和数据存储量大；
（2）日常输入量少；
（3）固定资产需进行实物量和价值量的双重核算；
（4）固定资产核算的独立性强；
（5）折旧方法相对固定，政策、法规限制严格；
（6）输出内容多。

根据以上特点可见，固定资产实行电算化管理具有非常重要的意义：一方面可减少财务人员的工作量；另一方面可使固定资产管理更加详细化，实行固定资产的准确、高效管理。

二、业务处理流程

固定资产核算的主要内容包括增减变动和折旧两方面，其业务流程如图 5-1 所示。

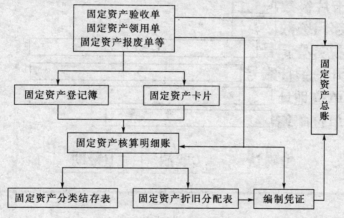

图 5-1 固定资产管理的一般流程

（1）根据固定资产验收单、领用单、报废单等数据登记卡片、账簿；
（2）根据固定资产卡片、领用单等单据登记固定资产使用情况、明细账等；
（3）根据固定资产明细账，分析计算折旧及进行费用分配、编制会计凭证、向账务系统传递数据等。

第二节 固定资产管理系统的模块构成

一、账套管理

一般商用软件都允许用一套软件同时为多个核算单位记账。每个核算单位均可独立使用卡片建立、凭证输入、账表输出、自动转账等主菜单上的各种功能。有了这些功能，财务部门就可以帮助其下属的某些部门（例如幼儿园、食堂）建一独立账套，这就进一步拓宽了应用的范围，使一套软件可让多个部门共享。

（一）增加（新建）账套

1. 功能

增加一个新的核算单位，可以分别输入新增核算单位的代码、名称和所需要的其他信息。如果用户安装过账务系统，只需输入账务系统路径，系统将自动取出相关的信息，如单位名称、单位性质、会计主管等。

2. 操作说明

进入固定资产管理系统后选择"新建账套"，进入新增账套模块如图5-2所示。

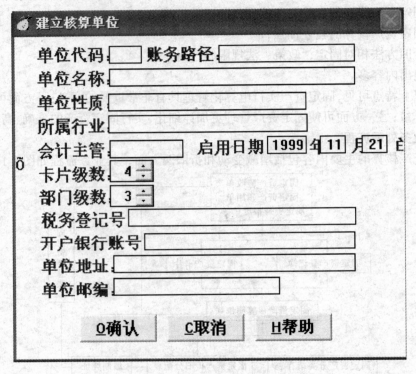

图5-2 新建账套

（1）单位代码：略。

（2）单位名称：略。

（3）账务路径：指与账务系统相对应的账套路径（例如：D:\GLWIN\ZW-01\），主要用于将固定资产系统的自动转账凭证传到账务系统中及沿用账务系统中的部门代码设置。该路径可以不输，也可在"修改账套"功能中进行修改，一般直接使用系统给定的值。

（4）启用日期：说明从哪年哪月开始使用固定资产系统。根据这个日期（年和月），初始化时，软件要求装入使用固定资产系统前的已有卡片信息。建议从每年1月启用该系统。

（5）固定资产代码级数：定义该核算单位固定资产共分几级明细，每级明细需多长的代码。一般商用软件都允许用户定义适合于自己的代码分级和每级代码的长度，极大的提高了软件的适应性和灵活性。

举例：固定资产代码共分3级

一级代码位数：2

二级代码位数：2

三级代码位数：3

因此，下列编码是合法的。

10　　　　　　生产用固定资产

1001　　　　　机电类

1001001　　　电焊机

1001002　　　搅拌机

（6）部门分级：定义该核算单位所使用的部门代码共有几级明细，每级明细需多长的代码。

增加完毕后，单击"确认"钮，屏幕会提问"是否正确？"，当再单击"确认"钮，系

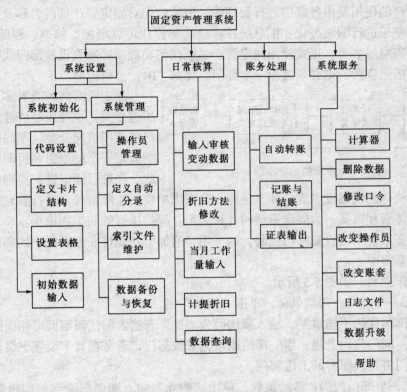

图 5-3　固定资产管理系统基本模块

统则开始为该单位建立空白的账册。单击"取消"钮，新增单位无效。

（二）删除账套（略）

（三）修改账套

1. 功能

修改当前行所指核算单位的有关内容。但一般来说，"核算单位代码"、"启用日期"、"每级代码位数"不能修改。因此，要求用户建核算单位时认真确定好上述几项内容。

2. 操作说明

(1) 选择欲修改核算单位;
(2) 修改该核算单位。

二、基本模块

固定资产管理要实现前述功能,应具有的基本模块如图 5-3 所示。

(一) 系统初始化

当初次使用固定资产管理系统时,需要把手工核算方式下的有关规则及数据向计算机系统进行交接系统初始化,其一般步骤如图 5-4 所示。

1. 代码设置

(1) 功能:固定资产管理系统是单位整个管理系统的子系统,代码设置包括资产类别和部门代码设置两个方面,部门代码设置的最终目的是为了便于汇总、管理和费用归集,因此其代码的设置应与会计电算化系统及其他管理信息系统相一致、相统一,以实现信息共享。

固定资产的使用是由各部门进行管理的,因此应先对固定资产部门名称及部门代码进行定义,以便于进行明细登记和汇总统计。该功能模块可以增加、修改、删除部门代码,打印部门代码对照表等。正式使用固定资产系统任何功能前必须先设置部门代码,如果不分部门管理固定资产,则必须虚设一个部门。比如"01:公司折旧"。

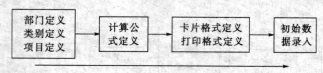

图 5-4 系统初始化步骤

固定资产的种类繁多,可按经济用途分类,也可按经济性质分类,还可按使用情况分类。不同的分类会影响固定资产的原值和折旧的计算,因此,在进行固定资产类别定义时,除应根据国家统一的代码设置规定外,还应充分考虑单位的实际情况,进行合理划分,以满足单位的具体管理需要,为固定资产的计算、汇总等提供有效的类别依据。

如果账务系统中已设置部门代码,则可用"追加"功能将账务系统中的部门代码拷贝到固定资产系统中。

(2) 操作说明,如图 5-5 所示。

1) 增加一个部门:移动鼠标,单击"增加"钮。

注意:部门代码不能重复。输入新代码为增加,若输入旧代码则调出相应的部门信息供查询修改。部门代码升级:当一部门原本无下级部门,若需在其下设置下级部门,则新增的明细部门将替换原有的上级部门。

2) 删除一个部门代码:移动鼠标,单击"删除"钮。则可删除当前编辑窗口内的部门信息,若该部门已在卡片中使用,则不允许删除。

3) 追加账务系统的部门代码:移动鼠标,单击"追加"钮。当此系统与账务系统关联(即在建立账套时已设置了此账套与账务系统的某一账套相关的账务路径)时,则此处的"追加"按钮是可用的,否则为不可用。此功能是将相关账务系统的部门追加至本系统中,但要求两系统的部门分级关系一致,方可追加成功。

4) 保存一个新增的部门代码:移动鼠标,单击"保存"钮。保存当前新增或修改的一个部门代码。

5) 取消当前编辑。

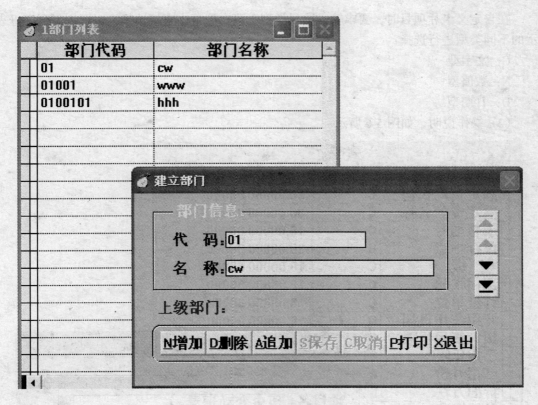

图 5-5 代码设置

6) 打印部门代码表。

7) 退出部门代码设置：移动鼠标，单击"退出"钮。退出时系统会提示用户"是否保存本次操作？"，选择"是"则保存本次操作，如果放弃本次操作选择"否"即可。如果不想退出也可以选择"取消"，继续进行操作。网络版操作时，只允许一人进行操作。

2．定义卡片结构

(1) 功能：单位固定资产的核算一般是通过固定资产明细账和固定资产卡片来实现，不同的单位对固定资产卡片的登录项目有着不同的需要。而现行的固定资产管理系统软件中，对固定资产卡片的一些基本项目都进行了设置。如：固定资产类别、固定资产的型号、规格、生产厂商、出厂/建造日期、投入使用日期、使用年限、预计净残值、购买单价、数量、固定资产原值、存放地点、折旧方法等，单位可根据自己的需要和实际情况进行修改、增删。

固定资产系统提供的固定资产卡片登记项目由固定项目和自定义项目组成，自定义项目又可被设为账表输出项目和卡片正页输出项目。所谓账表输出项目是指在"计提折旧明细表"中，除系统固定输出的表项外，可在此表中显示的项目；正页输出项目是指在卡片正页上除系统固定的输出项外，可在正页输出的用户自定义项目。这两种设置方式均是对用户自定义项目的特殊设置，以满足用户对账表输出的特殊要求。所有用户自定义项目（除被设置为卡片正页输出的项目外）均作为卡片副页输出。自定义项目通过本功能设定，自定义项目必须在卡片装入前设定完毕，卡片装入后可再增加自定义项目，但删除自定义项目将会导致某些自定义项目的数据丢失或错误。

在自定义卡片项目时，要求输入项目类型，可在屏幕中直接选择，也可用下列字母表示的不同类型进行选择：

C：文字型

N：数值型

D：日期型

（2）操作说明，如图5-6所示。

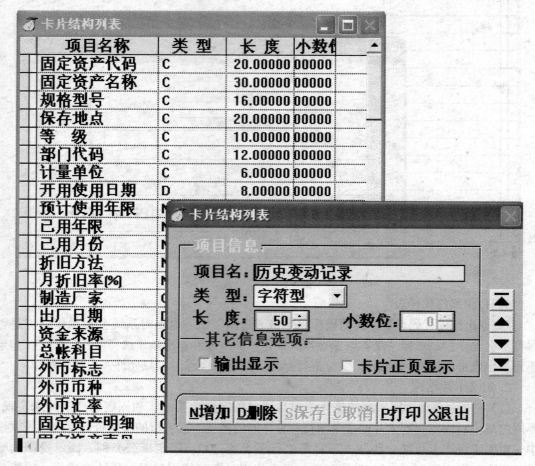

图5-6 定义卡片结构

1）增加卡片项目：增加自定义的卡片项目，这些项目在卡片及变动资料输入中作为新的其他项目输入。若将自定义项目设置为卡片正页输出，则可将此项目放在卡片正页输入、输出，但只允许一个自定义项目可被设置为正页输出项，其他自定义项目均作为卡片副页显示输出。若将项目设置为账表输出项，则此项将在计提折旧明细表中附带输出。

注意：自定义项目的长度以不超过规定字符为宜。

2）删除卡片项目：移动鼠标，单击"删除"钮，删除不再使用的自定义卡片项目，在得到用户确认后从卡片结构中删除。

3）保存当前定义的卡片项目：移动鼠标，单击"保存"钮，保存当前增加或修改的卡片项目。每次增加或修改的卡片项目都要用此功能保存。

4）放弃当前增加、修改的一个卡片项目：移动鼠标，单击"取消"钮，放弃当前增加或修改的自定义卡片项目。

注意：只是放弃当前的一个自定义卡片项目，不是放弃本次全部操作。如放弃全部操作，在按"退出"时选择提示信息框中的"取消"即可。

建议：为防止卡片结构混乱，在初次设定卡片结构后，可用权限设定（见操作员管理部分）封死本功能。网络版上使用本功能时，建议其他工作站暂停使用。

3．折旧方法设置

固定资产折旧方法有两大类，一种是平均折旧法，一种是加速折旧法。用户根据自己的需要进行选择。但是，在使用折旧方法时，不同类别的固定资产应分别计算折旧额，因为不同的折旧方法、不同的资产类别所得出的折旧额是各不相同的，即使是同一类别，选择同一折旧方法，由于使用年限、预计净残值等的差异，其折旧额也是不相同的。当输入该项目时，可从屏幕上的表中选择一项。

(1) 用直线法计算折旧。

$$月折旧率 = \frac{原值 - 残值 + 预计清理费}{原值预计使用年限 \times 12} \times 100\%$$

$$月折旧额 = 原值 \times 月折旧率$$

(2) 用工作量法计算折旧。

$$月折旧额 = 月折旧率 \times 当月工作量$$

(3) 用双倍余额递减法计算折旧。

$$年折旧率 = 2 / 预计使用年限 \times 100\%$$

$$月折旧率 = 年折旧率/12$$

$$月折旧额 = （原值 - 累计折旧） \times 月折旧率$$

实行双倍余额递减法的固定资产，在折旧年限到期前两年内，将固定资产净值扣除预计残值后的净额按月平均摊销。

(4) 用年数总和法计算折旧。

$$年折旧率 = \frac{预计使用年限 - 已使用年限}{预计使用年限 \times （预计使用年限 + 1） / 2} \times 100\%$$

$$月折旧率 = 年折旧率/12$$

$$月折旧额 = 月折旧率 \times （原值 - 预计残值）$$

注意：无论选哪种折旧方法计提折旧，如果提取月折旧后，累计折旧大于（原值 - 残值）时，均不提折旧或只补提不足部分，保证每个固定资产的净值不为负数。

4．打印表格设置

固定资产核算需要输出的表格主要有：固定资产分类汇总表、折旧费用分配表、固定资产清查盘盈盘亏表等。用户可根据情况设计出格式、定义指标、取数方法等，根据需要定义打印的栏目、小数位及其具体打印内容等。

5．初始数据录入

（1）功能：初始数据录入即将现有的手工卡片数据录入计算机，如资产类别、投入使用日期、原值、预计净残值、使用年限等。

例如：用户决定从2002年1月份使用计算机固定资产系统，则2002年1月以前的卡片都称为初始卡片。初始卡片必须存入计算机，才能由计算机管理，也才能保证固定资产核算的连续性，本功能就是用于装入这些卡片的。切记：正式使用后新增的卡片不在此输入，而作为变动资料输入，参看变动资料变动、修改、审核。

（2）操作说明，如图5-7所示。

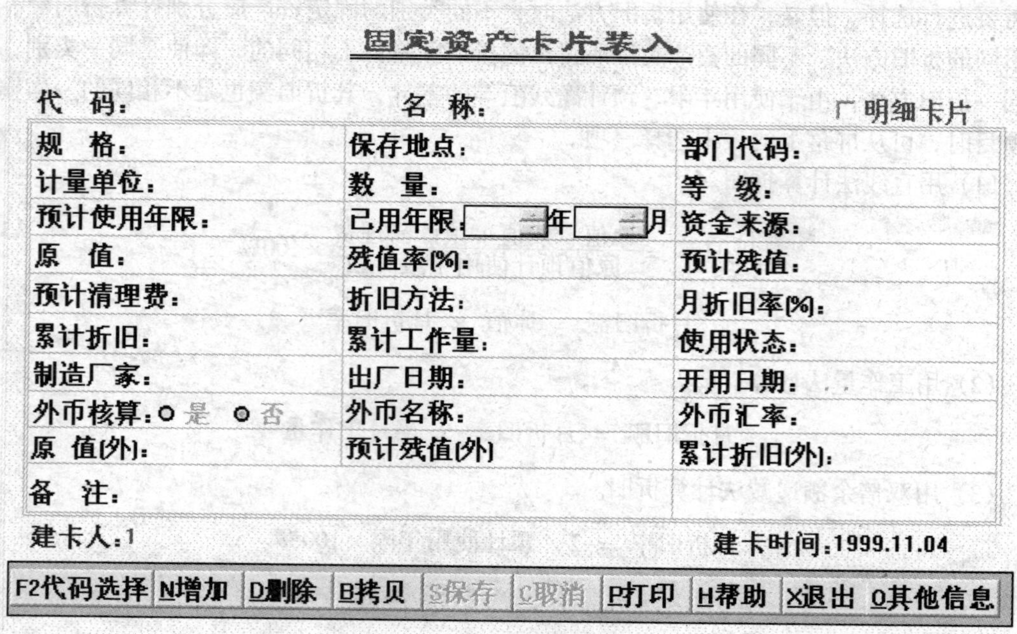

图5-7　固定资产卡片初始数据录入

1）固定资产卡片代码：又称卡片代码或固定资产代码，是不同卡片、不同固定资产的惟一标识，代码的分级关系在账套设置时由用户根据自身需要进行分级设置。

举例：

10：大类代码，例如：生产用固定资产。

1001：小类的代码，生产用固定资产大类下的小类，比如"机电类"。

1001001：明细代码，从属于小类"1001"下的一个具体固定资产，比如"电焊机"。

在建立明细卡片之前必须将其上级类别进行设置，是否为明细卡片由用户选择"明细卡片"标志项决定，类别代码（非明细卡片）只需输入代码和名称，而明细代码的固定资产则必须输入所有卡片项目。

明细代码结构：

XX	XX	XXX
大类	小类	顺序号

注意：

（A）代码各级长度是可以自定义的，参见本节账套管理部分的"增加一个核算单位"。

（B）代码的每一位可以为数字和字母。

（C）如果输入的代码不存在，则认为是新增一个卡片，如果已存在，则认为是修改旧的卡片。

（D）用户在为每个卡片编码时，应注意预留一些空位置，以便将来新增固定资产使用。

2）部门代码：当输入到部门代码这一项时，要求输入已定义的一个部门代码，或按快捷键选取一个部门代码。

按快捷键或鼠标右键时，屏幕会调出一个明细部门代码的名称对照表，用户可以用↑、↓、PgDn、PgUp 键找到需要的部门，然后按 Enter 键选择该部门，或用鼠标双击该部门（不同的商用软件方法各不相同）。

当部门很多时，用户可以用多种方法去查找指定部门。

方法一：用↑、↓、PgDn、PgUp 键和浏览条查找。

方法二：按部门代码查找。可以选择两种查找方式：①如果选"从头查找"，则从第一个部门代码开始找，直到找到第一个符合条件的部门；②如果选"从当前位置"，则从当前光标所在的部门开始向后查找，直到找到第一个符合条件的部门，如果找不到，再从头查找。

也可以按部门代码中的部分代码串进行查找。例如：查找部门代码中含有"29"两个字符的部门，则只需在"查找内容"后面输入"29"即可。

方法三：按部门名称查找。操作方法同于"按部门代码"查找。但要说明的是，当按部门名称查找时，一般只需输入部门名称的某几个字，无需输入全名，这样就能快速地查到某部门。

方法四：按部门名称汉语拼音声母首字母查找。每个部门名称中的汉字汉语拼音声母首字母将组成一个字符串。

例如：

   办公室   BGS
   财务部   CWB

本查找方法实质上是按声母字符串查找，是对部门名称查找方法的一种改进，可以更快地查找指定部门。

例如，要查找"办公室"部门，则在"查找内容"后输入"BGS"或"BG"等字符串均可。如果有重复的满足条件的部门，则不断地点击"M下一个"即可。

此种查询方法在固定资产系统中适用于部门与固定资产代码的输入，在任何地方均可用 F2 键或鼠标右键进行相应的调用、查询。

3）启用日期：表示该固定资产具体从哪年哪月开始使用的日期。

4）折旧方法（同前）

5）累计折旧：表示该固定资产至目前为止累计计提的折旧数。对于初始卡片，就是至开始使用计算机固定资产系统时的累计折旧。

随着时间逐月前进,该项的值将自动越变越大。

6) 月折旧率(%):此折旧率仅对于直线折旧法和工作量法有效。可以采用默认值,亦可以修改。对于双倍余额递减法和年数总和法,此折旧率无效,而采用由计算机自动计算的折旧率。直线法的月折旧率若不输入,即为零时,系统会根据其计算原理自动计算并作为默认值。

7) 预计残值:当预计残值的值为零,系统会在用户输入残值率后,根据(残值 = 原值 × 残值率)自动算出预计残值并填入;当然用户也可直接对其修改。

8) 累计工作量:表示该固定资产至目前为止累计工作量。只有固定资产采用工作量法计提折旧时,累计工作量是可输入的。对于初始卡片,就是至开始使用计算机固定资产系统时的累计工作量。随着各月工作量的输入,该项的值将根据输入各月工作量的值而变化。

9) 外币核算:如果是分外币核算的固定资产选择"是",默认为不分外币核算。当用外币购建固定资产时,通常用此项目。

如果分外币核算,还需在下几项中输入相应的外币名称、外币汇率、外币原值、外币残值、外币累计折旧。

10) 其他信息:用户如果在卡片结构定义功能中定义了自定义项目,可用鼠标按"其他信息"钮,系统弹出其他信息输入框。其他信息将作为"副页"被打印。

11) 代码提示:输入固定代码时如需要查询参考旧代码,可按"代码选择"钮或鼠标右键,系统将已有的固定资产列表。选中所需代码,系统显示该固定资产信息。

12) 增加固定资产卡片:移动鼠标,单击"增加"钮,增加一新的固定资产卡片。如增加的是类别,只需输入固定资产名称即可。

13) 删除固定资产卡片:移动鼠标,单击"删除"钮。删除当前的固定资产卡片,如该卡片输入错误或已不再使用可用此功能删除。如果删除的是大类或小类卡片,则必须先删除此卡片下所有的明细卡片。

14) 拷贝固定资产卡片:拷贝已有卡片的所有信息,移动鼠标,单击"拷贝"钮,系统弹出一窗口:选择拷贝方式,若从软盘拷贝则要求软盘数据文件格式符合该软件要求,并且其代码的分级结构与本账套的代码分级结构相同,否则系统将给予相应的提示,再按"确定"按钮,系统将软盘的数据直接拷贝到本账套中;若从本账套拷贝,则源卡片代码必须已存在,再按"确定"按钮,系统会将源卡片的所有信息放入当前卡片中,供用户编辑、存储,如图5-8所示。

注意:若将卡片从软盘拷入,由于大小类别的数据信息均由其下级明细卡片汇总而成,故建议按类别分别进行输入、拷贝,以防类别数据与其下级明细卡片对不上。

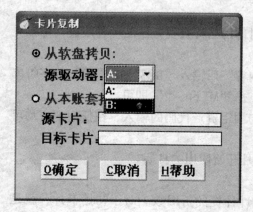

图5-8 卡片资料拷贝

15) 保存当前编辑的固定资产卡片。

16) 取消对当前固定资产卡片的编辑。

17) 打印卡片:选择"打印"按钮或按快捷键,系统弹出打印选择对话框,选择打印正页即固定项目或是打印副页即用户自定义项目。

18）退出卡片装入：移动鼠标，单击"退出"钮，退出卡片装入。退出时，系统自动将卡片排序（按代码从小到大的次序），然后提问：如果确实所有初始卡片全部装完，按"确认"钮退出后，"装入初始卡片"功能将换成"修改卡片"功能，如图5-9所示，每年的一月份该功能又变成"年初调整卡片"功能。如果没有全部装完，按"取消"钮。修改卡片时不允许修改原值、残值、累计折旧、数量、清理费用、外币核算等，但可增加卡片类别。

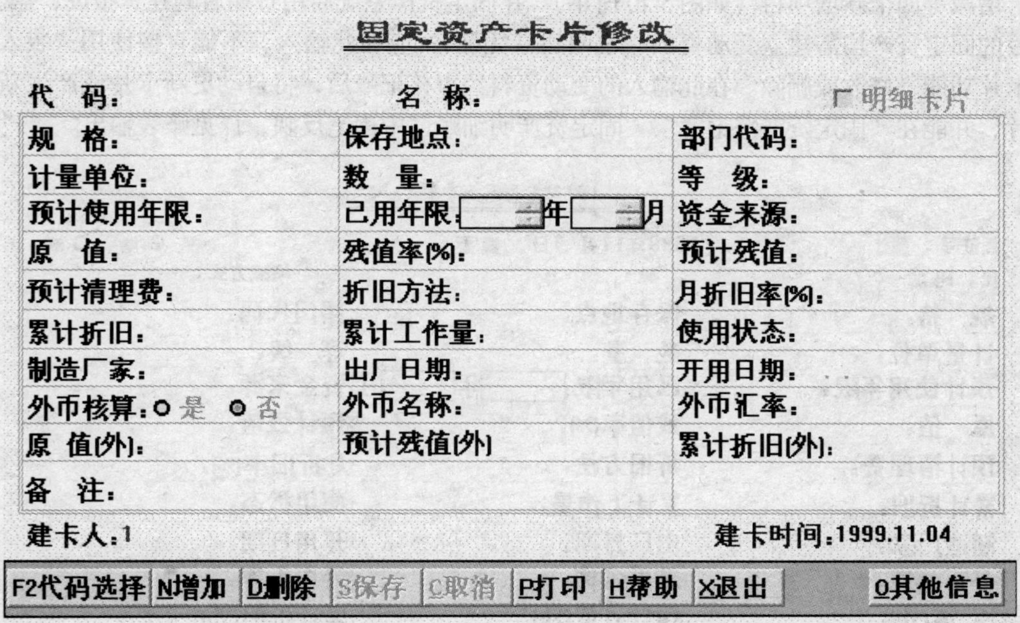

固定资产卡片修改

代 码：	名 称：	□明细卡片
规 格：	保存地点：	部门代码：
计量单位：	数 量：	等 级：
预计使用年限：	已用年限： 年 月	资金来源：
原 值：	残值率(%)：	预计残值：
预计清理费：	折旧方法：	月折旧率(%)：
累计折旧：	累计工作量：	使用状态：
制造厂家：	出厂日期：	开用日期：
外币核算：○是 ○否	外币名称：	外币汇率：
原 值(外)：	预计残值(外)：	累计折旧(外)：
备 注：		

建卡人：1　　　　　　　　　　　　　　　建卡时间：1999.11.04

| F2代码选择 | N增加 | D删除 | S保存 | C取消 | P打印 | H帮助 | X退出 | O其他信息 |

图5-9　固定资产卡片修改

（二）系统管理

（1）操作员管理（与工资管理系统基本相同）：略。

（2）口令设置与修改：略。

（3）数据备份与恢复：略。

（4）数据维护：略。

（5）定义自动转账分录。自动转账分录定义的目的是将发生的有关固定资产的业务生成相应的记账凭证，并向账务系统传递数据，其会计科目的设置应与账务系统保持一致，否则，生成的记账凭证账务系统不能识别。其内容包括：

1）固定资产实物变动的相关分录；

2）计提折旧的相关分录；

3）固定资产盘盈盘亏的相关分录；

4）固定资产清算的相关分录；

5）固定资产报废的相关分录。

（三）日常管理

固定资产日常核算工作在此完成。系统初始化工作完成后，一般很少改动。日常核算包括：固定资产的增加、减少、内部转移，停（启）用，工作量输入等。

1. 输入、审核变动数据

（1）功能：固定资产变动资料是记录固定资产变动的各种凭证、文件的统称。变动数据输入完成后，应改变操作员进行审核。

固定资产变动资料牵涉的资料很多，比如发票、购进合同、验收报告等，但固定资产核算仅需其中一部分，它们包括固定资产卡片的全部项目，另外还有凭证号、摘要、凭证日期、增减等四个新增项目（如图5-10所示）。在固定资产系统启用日期后购建、报废、盘盈、盘亏的固定资产均需建立变动资料（也叫建立凭证），应在此输入，不能直接使用"装入初始卡片功能"修改或删除。在此输入的变动资料经审核记账后，将自动更新卡片或产生新的卡片，并能在"固定资产登记簿"、"固定资产明细账"中逐笔反映，详见账表输出。

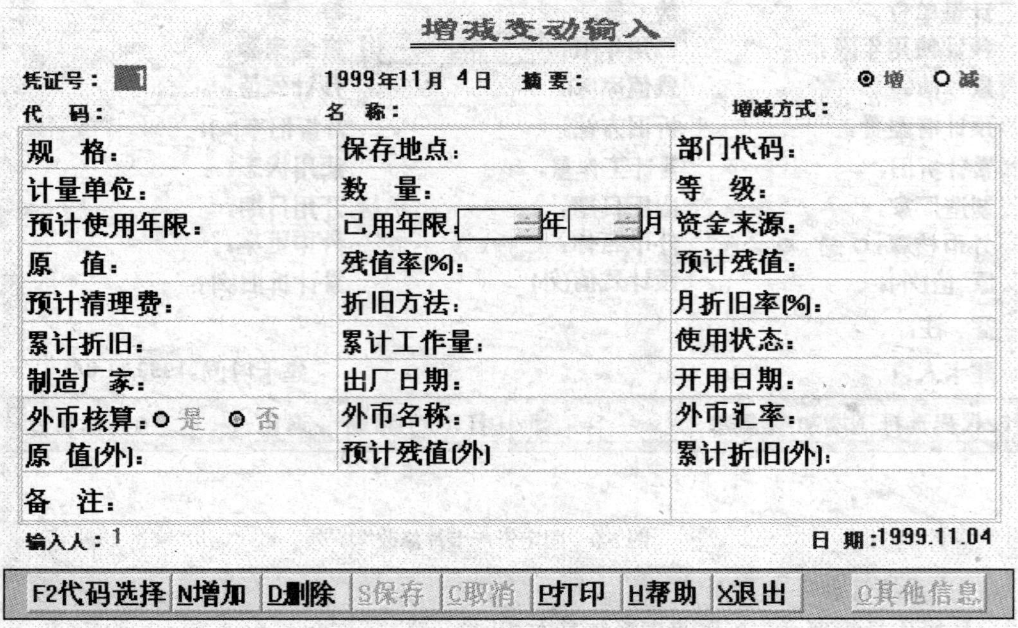

图5-10 固定资产变动数据输入

（2）操作证明

1) 凭证号：是由凭证序号与记账凭证号组成，其中凭证序号用来记录本月固定资产发生几笔变动，记账凭证号可与账务的记账凭证号相对应，便于查询管理。

凭证序号用于区分不同的固定资产变动资料，按月从1开始连续编号，不允许重号，亦不可漏号，它会自动递增，即新输一张变动资料时，计算机会在已有的最后一张凭证序号上自动加1（此处所说变动资料包括增减变动、部门调拨、改变折旧方法、改变折旧率），本模块只能调出未记账的固定资产增减变动的变动资料，若输入的凭证序号所对应的变动资料不是固定资产增减变动的变动资料，系统将会提示您所输入的凭证序号对应的是何种变动类型（部门调拨、改变折旧率、改变折旧方法）。

网络版操作时，凭证序号在变动资料输入时由机器自动给出，所以，输入凭证序号时，可以不连续。但存入本张凭证时，如果输入的号和机器的连续号不一致时，会提示操作者，此时，由机器自动给出凭证序号。

2）凭证日期：系统默认进入系统时的年、月，用户只需输入日。该日期也就是变动业务发生的日期。

3）摘要：简单说明变动资料的情况，用于"固定资产登记簿"和"固定资产明细账"。

4）增减：增加固定资产按"增"按钮，减少固定资产按"减"按钮。

5）已有固定资产增加或减少原值：此种情况建立的凭证，其卡片代码必须已存在，此时，计算机仅要求输入增减的数量、原值和累计折旧。

6）新增一个固定资产：必须给这个固定资产一个新的卡片代码，并要求输入有关该固定资产的所有卡片内容，输入过程类似于卡片输入。这种情况发生在购建、盘盈固定资产等条件下。

7）减少一个固定资产：如果是报废、售出、盘亏等情况发生，就应该输入一个减少固定资产的变动资料，其中，输入的卡片代码在计算机中是应该存在的（即减少的那个固定资产的卡片代码），同时要求输入减少的固定资产的原值、数量和累计折旧，其中累计折旧必须包含本月所提折旧。所以，在输这些变动资料前应先提一次折旧，以便得到包含本月在内的最新累计折旧额。如果减少后的原值为0，则输入的原值、数量和累计折旧必须与计算机中这张卡片上已记录的原值、数量和累计折旧相等。

8）增加新的变动资料：移动鼠标，单击"增加"钮，屏幕显示一空白凭证，输入新凭证号即为增加。

9）删除凭证：移动鼠标，单击"删除"钮。当最后一张凭证显示在屏幕上以后，在未做任何修改的情况下，可以单击"删除"钮删除已显示在屏幕上的凭证。注意：只能删除最后一张凭证，若要删除中间凭证，请做红字凭证或直接对其进行修改。

10）调整凭证：对于已记账的变动资料（凭证），如发现有误，可在此处先做一张红字凭证，即卡片代码相同，但原值、数量、累计折旧为负数且等额的凭证。然后再做一张正确的变动资料凭证。

11）修改凭证：输入一个旧的凭证序号，即表示修改已有凭证。

注：已审核或已记账的凭证不能修改。

12）保存当前编辑的凭证。

13）取消当前编辑的凭证，如果是旧凭证，则不影响其编辑以前的信息。

14）打印变动资料。

15）退出本功能。

2．计提折旧

根据事先设定的折旧方法、固定资产类别、计算公式、固定资产使用部门、折旧率，生成折旧费用分配表。

对于工作量法计提折旧的固定资产，每月必须将其本月的工作量输入计算机，否则当月计提的折旧为0。进入此模块后，系统将所有采用工作量法计提折旧的固定资产列示出来，并锁定当月工作量栏目供用户成批输入数据。本年累计工作量是指从本年1月到当月的工作量；总工作量是指此固定资产从开始使用到当前月的工作量，这两项指标仅供用户参考。

3．固定资产盘盈盘亏

固定资产的盘盈是根据固定资产盘盈报告单，将固定资产清查中实际数大于账面数的资产，按固定资产卡片的相关项目录入计算机，加注"盘盈"标识；盘亏是将固定资产清查中实际数少于账面数的资产卡片调出，经确认后，填入盘亏原因、使用部门意见、审查小组意见和审批部门意见，并在此固定资产卡片上加注"盘亏"标识。

4. 固定资产报废

固定资产报废分为正常报废和非正常报废。正常报废的固定资产到期系统会自动提示、编制自动凭证；非正常报废须人工输入数据后进行核算。

5. 后续支出核算

(1) 资本化后续支出：略。

(2) 费用化后续支出：略。

6. 在建工程核算（略）

7. 查询（略）

(四) 账务处理

(1) 自动转账：略。

(2) 记账与结账：略。

(3) 固定资产明细核算。根据机内的各种凭证、处理固定资产明细业务、自动登记固定资产明细账和修改固定资产卡片上的相关项目，如累计折旧等。

(4) 生成固定资产分类汇总表。

(5) 证表输出。包括：自动转账凭证、资产卡片、固定资产分类汇总表、折旧费用分配表等。

(五) 系统服务

(1) 计算器：略。

(2) 删除数据：略。

(3) 日志文件：略。

(4) 修改口令：略。

(5) 数据升级：略。

第三节 数据处理流程

一、手工账数据处理流程（如图 5-11 所示）

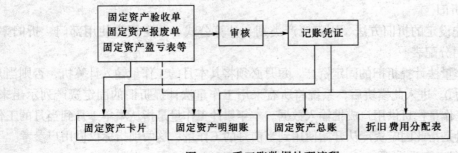

图 5-11 手工账数据处理流程

二、电算化数据处理流程（如图5-12所示）

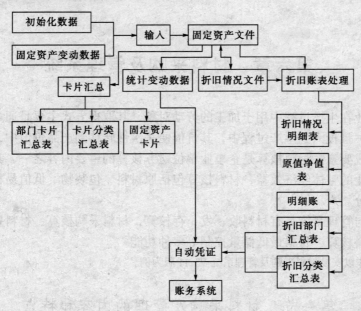

图5-12　电算化下固定资产管理系统数据处理流程

第六章 材料采购及管理系统

材料是企业在生产过程中用于加工的劳动对象，其取得方式主要是通过自制和外购两种途径。材料一旦投入到生产过程中，其价值便一次性转移到产品价值中，形成产品成本的一个主要构成要素。材料核算是企事业单位财务核算的主要内容之一，其核算质量的好坏直接影响企业的整体经济效益，材料核算包括原材料、包装物、低值易耗品等，是存货核算的组成部分。

材料采购与管理系统具有材料收、发、存核算，材料采购核算、材料费用汇总分配核算、分仓库材料核算、材料最低储量控制等多种功能。

注：本章操作以安易材料采购及管理系统 V3.11 版为例。

第一节 材料采购及管理的内容和特点

材料采购与管理系统是企业会计电算化管理系统的主要子系统之一。材料的性质决定了材料采购与管理系统具有同其他子系统不同的内容和特点。

一、主要内容（目标功能）

（一）材料采购核算

汇集采购费用，核算和监督采购资金的使用情况，正确计算采购成本，确定材料采购的业务成果。

（二）库存材料核算

核算和监督材料储备定额的执行情况，降低储备资金占用，加速资金周转，提高资金的利用效率。

（三）材料收发核算

核算材料收发、领退、保管情况，控制材料消耗。材料收入包括外购材料收入、自制材料和废料交库、委托加工材料完工交库等；材料发出包括车间、部门领用，对外销售或委托外单位加工等。

（四）材料费用核算

核算材料单位成本，监督和控制材料消耗，计算产品成本中的材料费用，从而促进企业节约成本支出，降低费用比率。

（五）低值易耗品的核算

低值易耗品是指不作为固定资产核算的各种用具物品，如工具、管理用具、玻璃器皿等。低值易耗品在采购、出入库、盘存等方面同材料核算类似，但由于低值易耗品是一种劳动资料，其价值转移形式同日常材料有着本质的差异，因此低值易耗品的核算在材料采购及管理系统中可作为一个独立的模块。

（六）包装物的核算

包装物是指在生产和流通中，企业为了包装本企业产品而储备的各种包装容器，如桶、箱、瓶、坛、袋等。有一次使用和多次使用的分别，包括：生产中用于包装产品作为产品组成部分的包装物；随同产品出售而不单独计价的包装物；随同产品出售而单独计价的包装物；出租或出借的包装物。

（七）委托加工材料的核算

委托加工材料主要指将本企业的材料委托外单位加工，制成另一种用途的材料。通常是由于本企业生产水平限制、生产能力不足或者生产成本等因素影响造成的。委托加工材料在委托加工期间，其权属不发生转移，在加工完工后，不仅改变了原有的实物形态和用途，而且其价值也发生了根本变化。其价值包括原材料成本、运杂费、加工费、税金等。这类核算与材料采购和发出材料的相关核算类似。

二、材料核算的特点

（一）材料核算的数据处理量大

企业材料的品种多、规格复杂，每一品种的材料需按不同的型号、用途、存储地点进一步进行细分，全面反映；材料核算既要进行价值核算，又要进行实物量核算，同时还需进行定额控制；凭证繁多、复杂，有外来凭证也有自制凭证，既有一次凭证，又有累计凭证。因此材料核算系统是会计信息管理系统中数据处理量最大的相关子系统。

（二）核算方法复杂

材料核算既可按计划成本计价，又可按实际成本计价，发出材料的计价方法包括先进先出法、后进先出法、移动平均法、加权平均法、个别计价法等五种，而低值易耗品可采用一次摊销、五五摊销等不同的方法，包装物的核算也有其自身的特点。

（三）核算范围较广泛

材料核算的内容较多，不仅涉及材料采购、运输、出入库、保管等供应环节，还涉及委托加工以及生产过程的材料领退等。

（四）材料核算的数据变化频繁

企业要保证生产的顺利进行，同时控制资金占用，必须经常进行合理的材料采购活动，随之，出入库、领退、加工等活动形成的数据处理活动会频繁发生。

（五）数据交换、传递关系较多

材料核算的基础数据有的来自账务系统，有的来自生产部门，有的来自采购、供应部门，而材料系统的数据也需要向账务系统、采购供应部门、成本系统进行传递，以实现信息共享和综合利用。

根据以上内容和特点，可见，材料核算的业务流程主要包括以下几个方面，如图6-1所示。

注：

(1) 根据材料需求计划表进行材料采购；

(2) 根据领料单、出入库单、退料单等登记材料明细账；

(3) 进行材料成本核算；

(4) 进行材料收发汇总和材料费用分配。

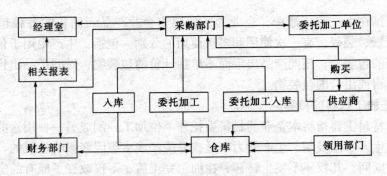

图6-1 材料核算业务流程图

第二节 材料采购及管理系统的模块构成

一、账套管理

(一)增加(新建)账套(如图6-2所示)

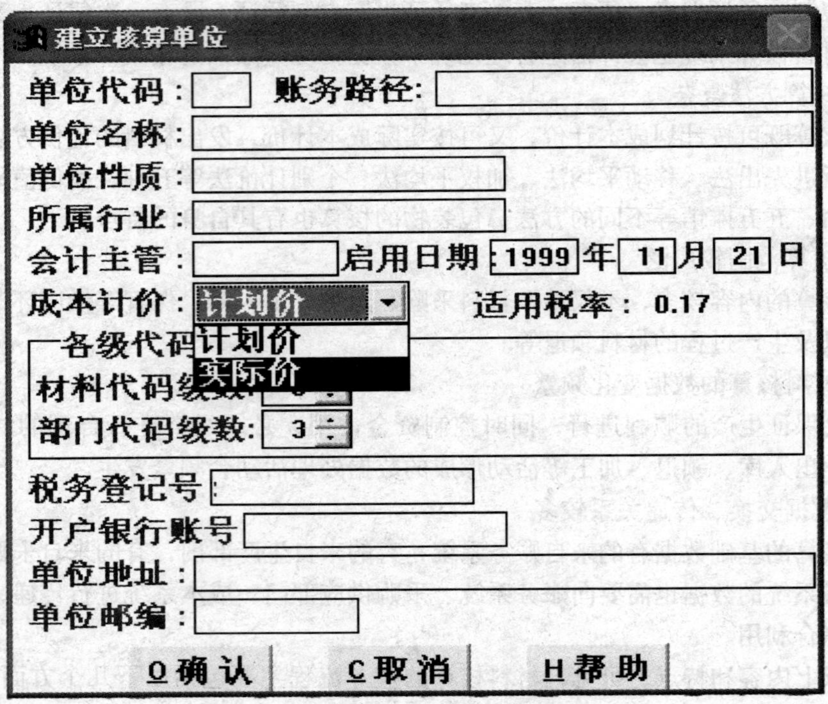

图6-2 新建账套

1. 功能

增加一个新的核算单位,分别输入新增核算单位的代码、名称、成本计价方法和所需要的其他信息。同一核算单位内,如果材料核算分计划价和实际价不同的计价方法,也应按不同的计价方法分成不同的账套进行管理。

2. 操作说明

(1) 启用日期：略。
(2) 账务系统路径：略。
(3) 成本计价：可选"计划价"或"实际价"。
(4) 适用税率：可选默认值，也可进行修改。
(5) 代码级数：材料代码可任意定级，总长度不能超过默认值。
（二）删除账套（略）
（三）修改账套

修改当前行所指核算单位的有关内容。但"核算单位代码"、"启用日期"、"材料代码级数"、"部门代码级数"不能修改。因此，要求用户建核算单位时认真确定好上述几项内容。

二、基本模块

根据材料核算的内容和特点，该系统应具有的基本功能模块，如图 6-3 所示。

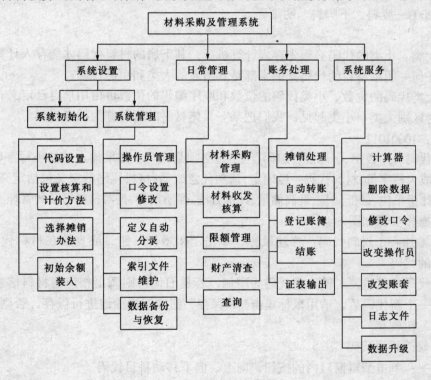

图 6-3　材料采购及管理系统的基本模块

（一）系统初始化

1.代码设置

(1) 材料代码设置：材料代码的设置要充分考虑材料的类别划分，设置科学适用的代码，做到材料管理的统一规范，便于企业对材料的核算和管理。

本功能用于定义各种材料的代码、名称、规格、成本计价方法等。在输入出库、入库单据前，必须用本功能将各种材料的代码及其他相关信息存入计算机。

材料代码的结构如下：（假定在定义核算单位时，已将材料代码结构定为2-3-3）

```
   ××      ×××     ×××
   ──      ───     ───
  一级码    二级码   三级码（明细码）
```

10 钢材类　　　　　　　一级码
10001—圆钢　　　　　　二级码
10001012—12mm∮圆钢　　明细码
10001014—14mm∮圆钢　　明细码
10001016—16mm∮圆钢　　明细码
10002—其他钢材　　　　二级码
10002001—钢锭　　　　　明细码
10002002—钢板　　　　　明细码
10002003—废料、下脚料　明细码

注意：
1) 大类、小类的代码必须先存入计算机后，其下属的材料代码才能存入计算机；
2) 任何一明细材料的代码其前半部是其所属的大类和小类代码；
3) 大类代码的位数、小类代码的位数和顺序编码的位数可由用户自己定义；
4) 为区别大类、小类起见，我们把某一具体材料的编码称为明细代码。

例如：10001012

材料代码可用数字、字母混合编码，但字母必须是大写。如果输入的是小写字母,则系统自动转换成大写字母；材料代码一经确定,请勿任意改动；材料代码的定义包括定义材料的名称、规格、计量单位、最低储量、最高储量、计价方法、保质期等,是对材料目录的管理。

具体操作步骤如图 6-4 所示。

（A）增加一个材料代码：移动鼠标，单击"N 增加"钮，或直接在材料代码域中输入一个新的代码。

材料代码不能重复。输入新代码为增加，若是旧代码则调出相应的材料信息供修改。当增加了一个新代码后，请用鼠标单击"S 保存"钮或按快捷键进行保存，否则用鼠标单击"取消"钮放弃。

（B）修改科目代码

方式一：单击编辑窗口内的按钮，向上、向下移动科目代码。

方式二：当光标停在科目代码位置时直接输入要修改的科目代码。

注意：输入的科目代码必须是已存在的。

方式三：单击"科目列表"浏览窗口，移动鼠标选中要修改的科目。此时科目的相关信息在"建立科目"编辑窗口中显示，可以进行修改。

注意：

当该科目余额或发生额不为零时，不能对此科目的某些属性进行修改，如科目类别、科目格式等。

（C）删除一个材料代码：移动鼠标，单击"删除"钮，可删除当前编辑窗口内的材料。当入库单、出库单、采购单、限额领料单、盘点表等有此材料代码时，则不能删除此

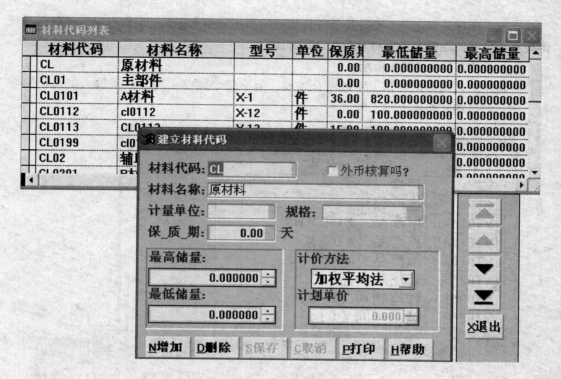

图 6-4 材料代码设置

材料代码。

删除汇总（大、小类）材料代码，则表示连同其下属的明细材料代码一起删除。

材料代码一经输入保存则不能修改，若想修改材料代码，只能先删除再增加。所以在编制和输入材料代码时一定要仔细。

（D）窗口切换：移动鼠标，单击某一窗口的可见部分或按快捷键，可在系统提供的二个窗口之间切换。增加新科目时，用户需要在"建立科目"编辑窗口将科目的相关信息填入和选中之后，按快捷键或单击"保存"钮保存此科目。如果放弃正在编辑的科目则单击"取消"钮。保存增加的科目后，可以在浏览窗口中立即看到。

（E）不同输入项目之间的切换：移动鼠标，单击某一项目输入区间。按键："Tab"键或"↑"、"↓"、"←"、"→"等方向键，可在各输入项目间切换。

（F）控制板的使用：控制板用于在已输入的科目表内定位一个科目，即放弃当前编辑窗口内正在显示的科目，转去显示指定的科目。

（G）退出"建立科目"功能，退到主菜单。单击"X 退出"钮。退出建立科目功能，返回主菜单。

如果是单用户版，则退出时提示"是否保存本次操作？"，选择不保存会放弃本次所有的操作；选择保存，则本次操作的所有内容均有效。

对于网络版，则退出时不会有任何提示，并认为本次操作的所有内容均有效。

（2）材料用途代码设置：材料费用是企业产品成本的重要组成部分，为归集费用方便，需进行用途代码设置。对于按产品品种计算成本的单位，材料用途是指产品的名称；对于分批法计算成本的单位，材料用途是指产品的批别。

在输入出库单据之前,必须把各种可能的材料用途预先定义。分配材料成本时,系统将按此处定义的用途自动将材料费用进行分配。

具体操作步骤如图6-5所示。

材料用途代码可用数字、字母混合编码,但字母必须是大写。如果输入的是小写字母,则系统自动转换成大写字母。

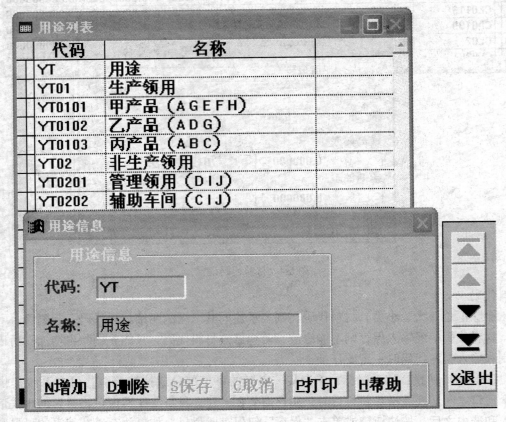

图6-5 材料用途代码设置

1) 增加一个材料用途:移动鼠标,单击"增加"钮或直接在材料用途代码域中输入一个新的代码。

2) 删除一个材料用途:移动鼠标,单击"删除"钮,删除当前编辑窗口内的材料用途。

当有出库单、限额领料单等使用此材料用途代码时,可以修改用途名称,但不能删除此材料用途代码。

材料用途代码一经输入保存则不能修改,若想修改材料用途代码,只能先删除再增加。所以在编制和输入材料用途代码时一定要仔细。

3) 打印:移动鼠标,单击"打印"钮,打印材料用途代码对照表。

4) 退出:移动鼠标,单击"退出"钮,退出材料用途代码定义操作,返回到系统主菜单。

对于单用户版,执行退出操作后,若对材料用途代码做过增、删、改的操作,则系统会出现一"退出提示"窗口,让用户确认是否保存本次操作,这时若用鼠标点"是"钮则保存本次操作;若用鼠标点"否"钮则不保存本次操作,将本次对材料用途代码库的编辑修改全部放弃,返回到进入材料用途代码定义前的状态;若用鼠标点"取消"钮,则放弃退出,继续编辑。

(3) 部门代码设置

部门代码包括购买、运输、领用等生产和非生产部门。部门代码的结构在建立新账套处设定。企业在分配材料费用时,除可以按照材料用途进行分配外,还可以按部门分配。

在输入出库单据之前,必须把各部门的代码、名称预先定义。在输入出库单据时,必须输入材料为哪部门领用,以后系统才可以对各部门领用材料进行统计;在不需要分部门统计时,部门代码也要预先虚设一个,这样便于分部门核算。具体操作步骤如图6-6所示。

图6-6 部门代码设置

部门代码设置可用数字、字母混合编码,但字母必须是大写,如果输入的是小写字母,则系统自动转换成大写字母。但是部门代码的长度必须符合有效长度,同时只有在定义了上级代码后,才可以定义下级部门代码。

1) 增加一个部门:略;
2) 删除一个部门:略;
3) 打印:略;
4) 退出:略。

(4) 仓库代码设置:一般说来,企业的材料明细账是按仓库设置的,材料也是按仓库进行分类管理的，按照不同的仓库汇总归集数据既是业务管理的需要，也是材料核算的需要。在输入入库单据和出库单据之前，必须把各仓库的代码、名称预先定义；在输入入库单据和出库单据时，必须输入相应的仓库代码，在"记账"后，系统可以对不同仓库进行出库、入库、在库统计；在不需要分仓库统计时，仓库代码也要虚设一个，这样便于仓库进行核算。

具体操作步骤与材料代码设置相似（略）。

（5）职员代码设置：本功能用于设置有关采购职员的个人档案以供查阅。使用本功能后，可对本单位的采购人员进行业绩考核；如果不需要按采购人员进行汇总统计和业绩考核，也要虚设一个职员代码。

具体操作步骤与材料代码设置相似（略）。

（6）厂商代码设置：本功能用于设置有应付账款业务的供货厂商代码设置，即替供货厂商起一个代码，方便应付业务的录入和查询，在输入采购单据、入库单据之前，必须已经设置好厂商代码。

具体操作步骤与材料代码设置相似（略）。

2.证、账、表格式设置

包括材料采购明细账、材料明细账、包装物和低值易耗品及其摊销的明细账；材料入库单、委托加工材料收料单、委托加工材料结算单、领料单、退料单、入库材料分类汇总表等凭证、表格。其基本格式在系统中已进行设置，打印输出格式的设置与账务系统的相关设置相似。

3.选择材料核算方法和计价方法以及包装物、低值易耗品摊销方法

这些核算方法和摊销方法一经选定，不得随意进行修改。

4.初始数据装入

根据库存材料类别，输入由手工转入计算机时，启用日期以前各个月份的库存数量、金额。在企业中，材料是分仓库进行收、发、存管理的，所以在整理手工数据时一定要按仓库清理余额数据。初始装入的数据主要包括各类库存材料的规格品种、计量单位、实物数量、消耗定额、实际成本、入库时间、存料地点、已领发数量、领料单位等。

初始数据装入只装入最明细的材料库存数量、金额，计算机会自动汇总上级材料库存数量、金额。如果是年初启用，则只输入年初的库存余额，否则还要输入启用月份以前的各月库存余额。按计划价进行成本核算的材料，在输入年初库存余额或启用月份以前的各月库存余额时，不仅要输入实际结存金额，还要输入计划结存金额；按实际价进行成本核算的材料，如果选择成本计价方法是"加权平均法"或"移动平均法"或"个别计价法"，则只需输入年初库存余额或启用月份以前的各月库存余额；如果选择"先进先出法"或"后进先出法"，则需要输入启用月份以前各月每一笔材料的收、发情况。

一种材料可以分不同仓库装入库存余额，分不同仓库汇总材料余额。

注意：必须在输入各种单据之前将所有明细材料的余额全部装入。本功能仅在系统开始使用时有效，投入正常运行后，可将本功能封死。

具体操作步骤如图6-7所示。

（1）仓库代码：已经定义的仓库代码，可以按"空格键"选择。

（2）材料代码：已定义的材料代码，可在浏览窗口中进行选择。若当前材料的计价方

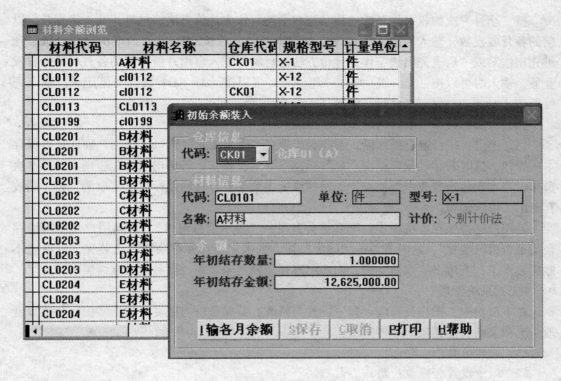

图6-7 初始数据装入

式为全月一次加权平均、移动平均或个别计价法,则可输入年初余额,这时若启用日期不是一月份,则可用鼠标点"输各月余额"钮输入启用月份以前的各月材料收发数;若当前材料的计价方式为先进先出法或后进先出法,则不用输入年初余额,可用鼠标单击"输材料余额"钮输入库存余额。

(3)输入各月余额:移动鼠标,单击"输入各月余额"钮,系统弹出一个窗口,如图6-8所示。

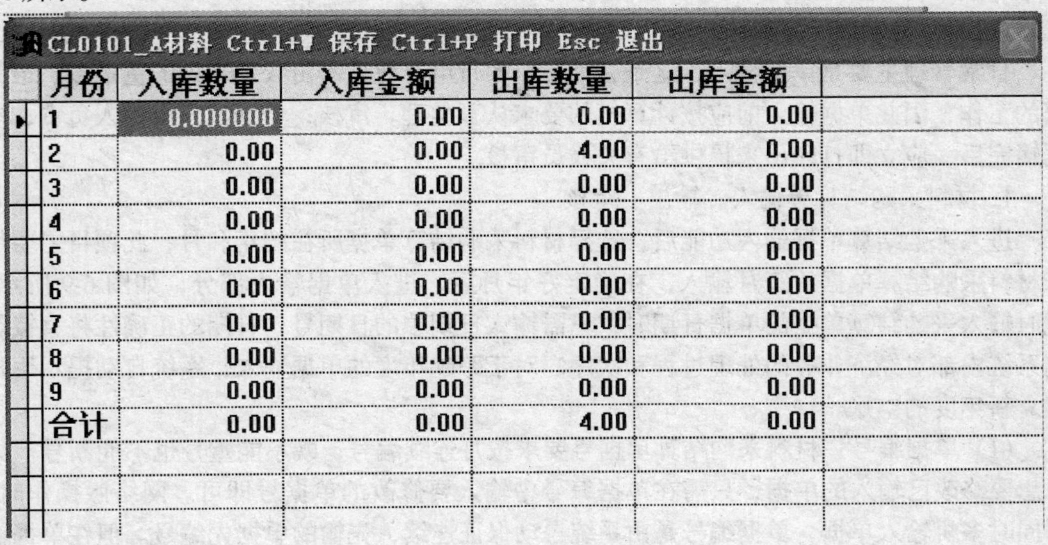

图6-8 输入各月余额

按"全月一次加权平均"或"移动加权平均"作为计价方法的材料，输入启用月份以前的各月收发数，输入后按［Ctrl＋W］保存本次输入或按［Esc］取消本次操作；按"先进先出法"或"后进先出法"作为计价方法的材料，输入启用月份以前的各月材料的收发业务，输入时可以按［Alt＋N］增加一笔记录，可以按［Alt＋D］删除一笔记录。输入完可以按［Alt＋W］保存本此操作或按［Esc］键放弃。

（4）打印：打印当前材料的库存余额表。

（5）退出：执行退出操作后，系统会出现一"退出提示"窗口，让用户确认是否保存本次操作，这时若移动鼠标单击"是"钮则保存本次操作；若单击"否"钮则不保存本次操作，将本次编辑修改全部放弃，返回到系统主菜单；若移动鼠标单击"取消"钮，则放弃退出，继续编辑。

若用户选择保存本次操作，则系统会出现一"提示信息窗口"，询问用户"全部库存余额是否都已装完"，这时若单击"确定"钮，则确定全部库存余额都已装完，以后就不能再装入了；若单击"取消"钮，则表示库存余额还未装完，以后还可继续装入。

（二）系统管理

在本模块中，操作员管理、口令设置与修改、数据备份与恢复、数据维护等与工资管理系统相关的功能相似，不再重复。

(1) 操作员管理：略；

(2) 口令设置与修改：略；

(3) 数据备份与恢复：略；

(4) 数据维修：略；

(5) 自动转账分录定义

(1) 根据入库单或材料收入汇总表等定义结转材料采购成本的分录；

(2) 定义发出材料的分录；

(3) 定义委托加工材料入库、出库结转分录；

(4) 材料清查盘盈盘亏表及相关分录等。

（三）日常管理

日常管理主要是单据输入，这是会计工作实行电算化后需由人工来做的量最多、最频繁的工作，因此单据输入前应按计算机的要求认真整理、审核；单据输入由专人负责；单据输完后，应立即打印出来提供给有关人员审核。

1．材料采购结算单输入、输出、审核

进入采购结算单据输入功能后，选择材料采购结算单据所在的年和月，此项目主要用于材料采购结算单据的跨月输入，在确定好年月后，进入单据输入部分，如图6-9所示。此时输入采购结算单据的单据日期时，只需输入日期中的日期号，日期的正确性将直接影响系统内部对经济业务的处理过程和次序。对于跨越年度的单据输入，系统自动提示用户建立新年度的空账。

（1）单据编号：材料采购结算单据号要求按月连续编号，既不能重号也不能断号。如果想要修改已输入的单据，只需在单据编号中输入要修改的单据号即可。网络版操作时，可同时多机输入单据，单据编号是由系统自动保证连续，先输的单据先编号。但在单据输入保存以前，可能会出现多机共用一个相同编号的情况，单据保存时，系统自动修正为连续

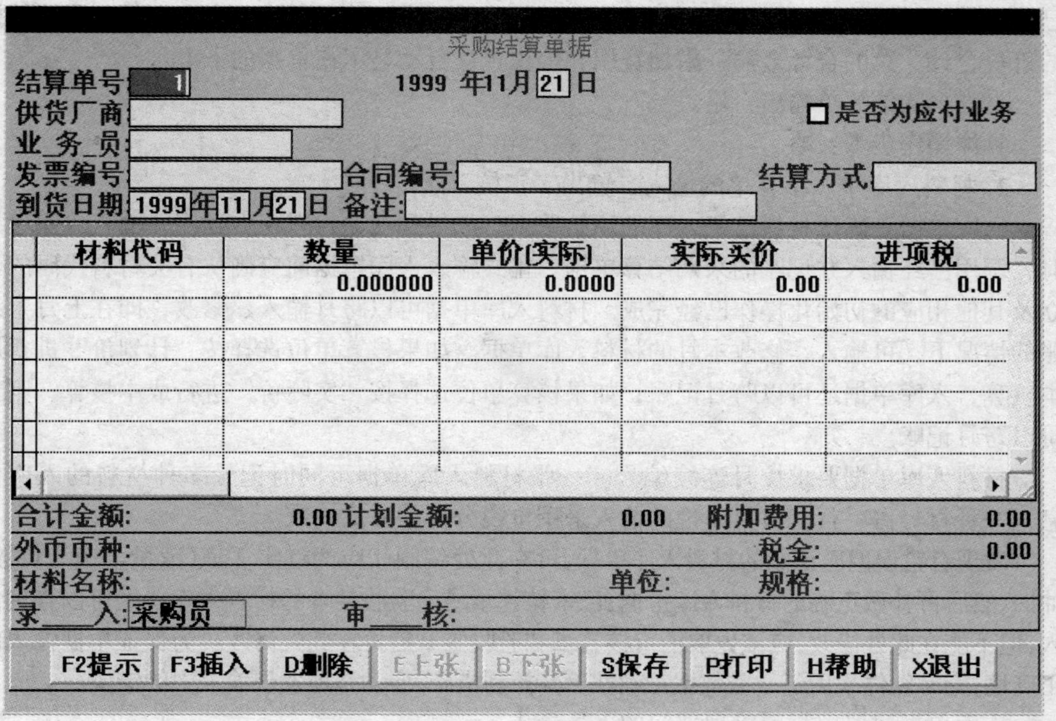

图 6-9 材料采购结算单输入

的单据编号,并向用户提示。

(2) 供货厂商：直接输入供货厂商代码或按鼠标右键选择。对于应付业务的材料采购单据，此项必须输入，以便核算应付账款，否则此项可不必输入。

(3) 应付业务标志：若此项采购结算为应付业务，选中应付标志，审核、记账后形成应付账款。此时，软件要求必须输入供货厂商代码，这是为了确认"某笔应付账款对应某个供货厂商"。输入应付业务的方法是按空格键切换或用鼠标点方框一下，不选择时，默认为非应付业务。如果方框变为"\ \"，则表示为应付业务。

(4) 业务员：业务员是指此笔材料采购业务是由哪个业务员经办的，直接输入业务员代码。此项必须输入，以便按业务员汇总统计采购情况。

(5) 发票编号、合同编号、结算方式、到货日期等。项目均可视单位管理的要求有选择地输入。

(6) 材料代码：材料代码应输入已定义好的明细材料代码，只有这样才能保证总账与明细账的一致性。正确输入材料代码后，相应的材料名称、型号、单位依次显示在单据下部的提示区中。如果是采用计划价进行核算，则相应的计划单价自动提示出来，如果是采用实际价进行核算，则相应的计划单价为零。

可以直接输入或按快捷键引导输入。

(7) 采购数量、单价、金额、税金、杂费。输入采购数量、单价后，采购金额由数量乘以实际单价计算得出。如当前输入的材料已设定为可采用外币结算，则可在此处按快捷键，在单据的下方将提示输入外币币种、外币汇率、外币单价，系统自动折合成人民币，在单据中显示出来。此后当单据各行上下移动时，自动显示外币信息。如当前输入的材料已设定为不可采用外币结算，则外币输入功能无效。在一笔材料输入完成之后，采购单据的价税合计、总的合计金额、附加费用和价税合计自动显示在单据的下方。

材料采购结算单输出：略。

具体操作步骤：略。

2. 材料入库单、结算单的输入、输出、审核

入库单据是确认材料已经入库的原始单据。如果是在途材料现在到库，输入入库单据时，调用已经输入并记账的采购结算单据。正式输入入库单据前应确认有关材料代码的建立及其他相应的初始化操作已经完成。材料入库单据可以跨月输入、修改，即在上月未结账的情况下，可输入、修改本月的材料入库单据。如果核算单位选择按"计划价"进行成本核算，入库单据还可以跨月记账；如果核算单位选择按"实际价"进行成本核算，则不可以跨月记账。

材料入库单据要求按月连续编号。一张材料入库单据可同时记录多种材料的入库信息，一种材料占一行。材料单价的输入采用价税分离的方式输入。

发现有错误但已记账的材料入库单据，可在此处编制相应的红字凭证（数量金额为负数）冲回，然后再补做正确的材料入库单据；已审核签章或已验收签章的材料入库单据可以查询调入，但不能在此处修改，应该先取消审核签章和验收签章后再在此处修改。为保证单据输入的正确性，安易软件采用了一些数据正确性检验控制措施，会动态地发现输入中的错误。

入库单据建议由材料管理部门的人员录入。

选择材料入库单据输入功能后，选择材料入库单据所在的年和月，此项设置主要用于材料入库单据的跨月输入。在确定好年月后，进入单据操作部分，如图6-10所示。此时

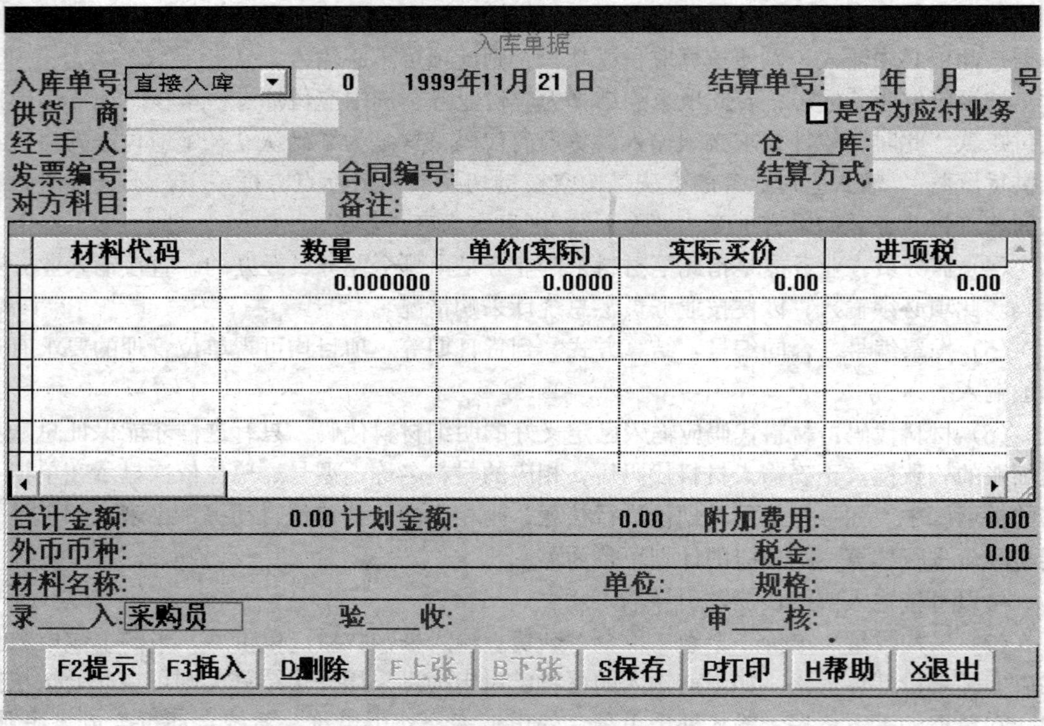

图6-10 材料入库单据输入

输入每一张入库单据时，只需输入日期中的日期号即可。日期的正确性将直接影响系统内部对经济业务的处理过程和次序。

如果是在途材料入库（已输入材料采购结算单据），则只需调入相应的已记账的采购结算单据。结算单据号不输入时，视同直接入库。

具体操作步骤：略。

3. 材料出库单、结算单的输入、输出、审核

出库单据是确认材料出库而编制的单据，它是导致库存减少的一个重要单据。如果本次出库材料是依据限额领料单领用的，则输入出库单据时，调用已经定义并审核后的限额领料单。选择按计划价核算材料成本的单位，出库单据输入时，只需输入出库数量，出库金额由出库数量乘以计划单价求得。在月底结转出库成本时，再分配出库成本差异；选择按实际价核算材料成本的单位，出库单据输入时，只输入出库数量，出库金额在月底结账、结转出库成本后，由系统自动填入。在结账以前的出库单据输出、材料明细账输出、耗用汇总和耗用明细输出中，出库成本为零。正式输入出库单据前应确认有关材料代码的建立及其他相应的初始化操作已经完成。

具体操作步骤与入库相似：略。

4. 限额领料单、结算单的输入、输出、审核

限额领料单是用于控制某种产品（用途）领用材料数量限额的一种单据。本功能用于将手工制定的限额领料单输入计算机；一张限额领料单上可以定义某用途所领用的各种材料的限额总数；限额领料单经审核生效后，在每次领用材料，填制出库单时就可以调用，从而控制领用材料的数量在限额以内；限额领料单经审核生效后，可以被“材料出库单”调用，便于限额控制。

具体操作步骤：略。

5. 财产清查

(1) 输入材料盘存表，如图 6-11 所示。

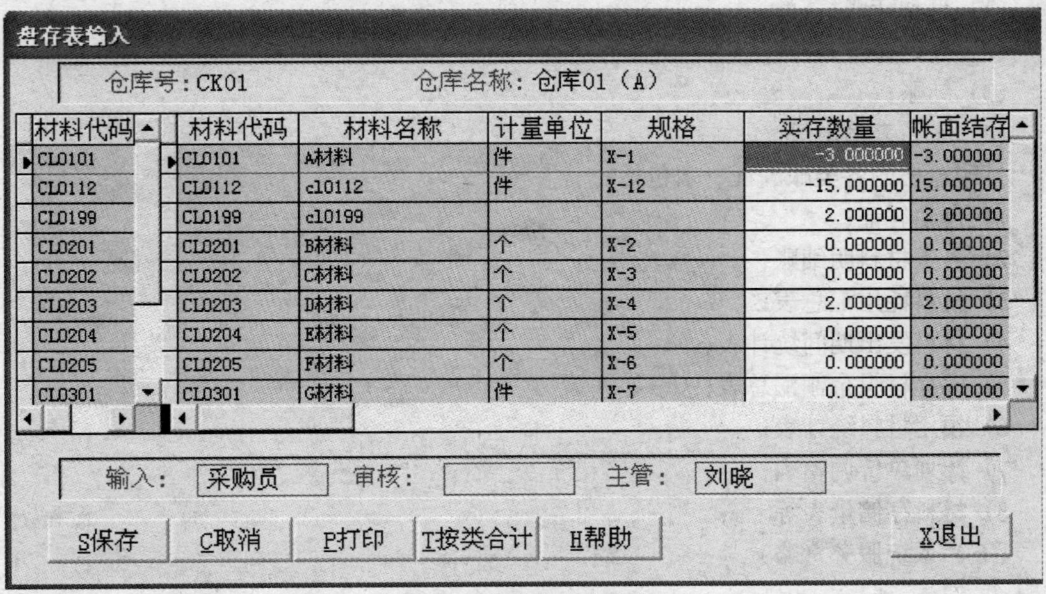

材料代码	材料代码	材料名称	计量单位	规格	实存数量	帐面结存
CL0101	CL0101	A材料	件	X-1	-3.000000	-3.000000
CL0112	CL0112	cl0112	件	X-12	-15.000000	15.000000
CL0199	CL0199	cl0199			2.000000	2.000000
CL0201	CL0201	B材料	个	X-2	0.000000	0.000000
CL0202	CL0202	C材料	个	X-3	0.000000	0.000000
CL0203	CL0203	D材料	个	X-4	2.000000	2.000000
CL0204	CL0204	E材料	个	X-5	0.000000	0.000000
CL0205	CL0205	F材料	个	X-6	0.000000	0.000000
CL0301	CL0301	G材料	件	X-7	0.000000	0.000000

图 6-11　材料盘存表输入

将手工盘点表输入计算机,经过与计算机结存数的比较,形成结存差异。

日期为输入手工盘存数的时间。其中,年、月已被默认赋值,用户可以进行修改。仓库代码表示本次输入的手工盘存数是对哪一仓库盘点后的结果,可以直接输入代码。实存数量表示需要输入的手工盘存数。结存数量显示的是计算机结存出的账面结存数量,只是显示,不可以编辑。结存成本是计算机盘点的账面结存成本,只显示,不可以编辑。

具体操作步骤:

1) 输入实际结存数:在编辑窗口的"实存数量"一栏直接输入某一明细材料的手工盘存数。

2) 保存:移动鼠标,单击"保存"钮,输入完材料的实际结存数量后,保存本次输入并退出。

3) 取消:移动鼠标,单击"取消"钮,放弃本次的输入或修改,重新回到选择窗口,继续编辑其他仓库的盘点表。

4) 按类合计:移动鼠标,单击"按类合计"钮,可以对某一仓库中的某类材料进行汇总查询。单击"按类合计"钮,再输入想要汇总的某类代码即可。

5) 退出。

(2) 汇总库存材料。

(3) 打印输出库存材料汇总表、库存材料分类汇总表、材料清查盘盈(亏)表等。

6. 查询

根据业务管理需要,当业务单据处理完毕后,可通过查询功能了解企业材料核算情况。主要包括账余查询、业务统计、打印输出等。

(1) 查询对象可以是所有已输入计算机的数据;

(2) 查询条件可以是材料类别、领用单位、供应单位、仓库等,这些条件可单项查询,也可组合查询。

(四) 账务处理

(1) 自动转账;

(2) 登记账簿;

(3) 结账;

(4) 账、表输出等。

打印输出的各类账、证、表包括:

1) 自动凭证;

2) 各类材料明细账;

3) 材料耗用汇总表;

4) 材料发出期间统计表;

5) 库存材料余额汇总表;

6) 领用材料统计表;

7) 计划单价调整表;

8) 材料存储量表等。

(五) 系统服务(略)

第三节 数据处理流程

一、手工账数据处理流程（如图6-12所示）

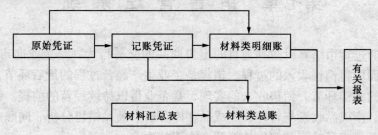

图6-12 手工材料管理数据处理流程

二、电算化下材料管理系统数据处理流程（如图6-13所示）

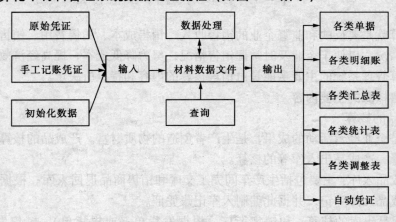

图6-13 电算化下材料管理系统数据处理流程

第七章 销售管理系统

销售是指通过货币结算以盈利为目的出售商品的交易行为，是企业向市场销售产品，提供劳务，从而取得销售收入的过程。销售是企业生产经营过程的最后环节，是企业产品得到价值补偿的关键环节。销售收入的实现，是企业得以持续经营的前提。销售管理系统具有销售核算、产成品收发与管理、产成品在库分析、商品销售分析、向账务系统传递数据等功能，包括产成品核算和销售核算两个方面的内容。

注：本章操作以安易销售管理系统 V3.11 版为例。

第一节 销售核算的内容和特点

销售核算就是要反映和监督企业的销售收入、销售成本、销售费用、销售税金及销售利润的完成情况，以便于企业及时掌握销售情况，努力降低成本，提高经济效益。

销售核算管理系统的主要功能是由销售核算的内容和特点所决定。

一、销售核算的主要内容

1. 产成品的核算

产成品是企业经营活动的成果，是生产者创造的物质财富。产成品的核算包括成本计价方法的选择，产成品出入库等的核算。

（1）产成品入库：主要包括生产车间完工交库和销售商品退回入库。根据入库单、退货单进行产成品入库登记，并据此编制入库记账凭证。

（2）产成品出库的核算：和销售衔接，根据发货单（或提货单）、销售发票等凭据，进行产品出库核算，并根据一定的成本计算方法，确定产成品销售成本。

（3）产成品库存保管的核算：根据库存物资资金占用量等信息资料，统计存货占用资金比率，调整资金结构，提高资金效益。同时，通过盘点，保证产成品账实相符，保证入库财产完全和完整。

2. 销售的核算

销售活动包括两个方面：一方面是将产品销售给购货单位；另一方面是从购货单位按销售价格收回货币资金。

3. 销售抵减项目的核算

销售抵减项目主要包括销售退回、销售折扣和折让。

（1）销售退回：销售退回是指购货单位在验收商品过程中发现所购商品不符合约定、法定要求，而将已购商品退回销售机构的事项。当月发生的销售退回，无论是当期销售还是前期销售，均应冲减当月的销售收入；如已结转销售成本，还应同时冲减销售成本，增加库存。

（2）销售折扣与折让

销售折扣是企业在销售商品时，为了及时收回货款，根据购买方的购货数量和付款时间，按照合同而给予购买方的价格优惠。销售折让是在销售商品过程中，因商品品种、质量等原因而给予购买方的价格减让或部分货款退回。

4．销售费用核算

5．销售成本和销售税费核算

企业在确认销售收入时，应结转销售成本、销售税金，核算企业损益。

二、销售核算的主要特点

（1）销售业务复杂。包括产成品、费用归集、成本结转、收入确认等各个方面。

（2）对数据真实、准确性要求严格。

（3）核算的及时性要求高。

（4）涉及的相关子系统较多，与其他子系统联系紧密，数据传递关系复杂。

（5）信息加工的深度要求较高。不仅要求进行销售核算，还需进行库存资金占用分析、销售业绩分析等。

三、销售核算的业务流程（如图7-1所示）

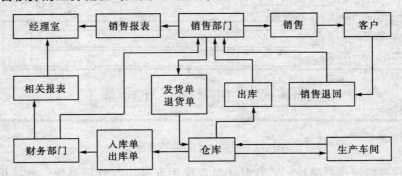

图7-1 销售核算的一般业务流程

第二节 销售核算管理系统的模块构成

销售管理系统的模块构成包括账套管理和基本核算模块两部分。

一、账套管理

1．增加一个新的核算单位（如图7-2所示）

要求输入该核算单位的单位代码、名称、产品类别分级以及所需要的其他信息。任何单位在正式使用前，必须用本功能建立一个自己的空账套，以便在里面输入数据处理建立账表。

（1）单位代码：略；

（2）单位名称：略；

（3）启用日期：略；

（4）账务系统路径：略；

（5）应收账款系统路径。

此处要求输入该单位对应的应收管理系统中账套的完整目录。可以直接输入，也可以

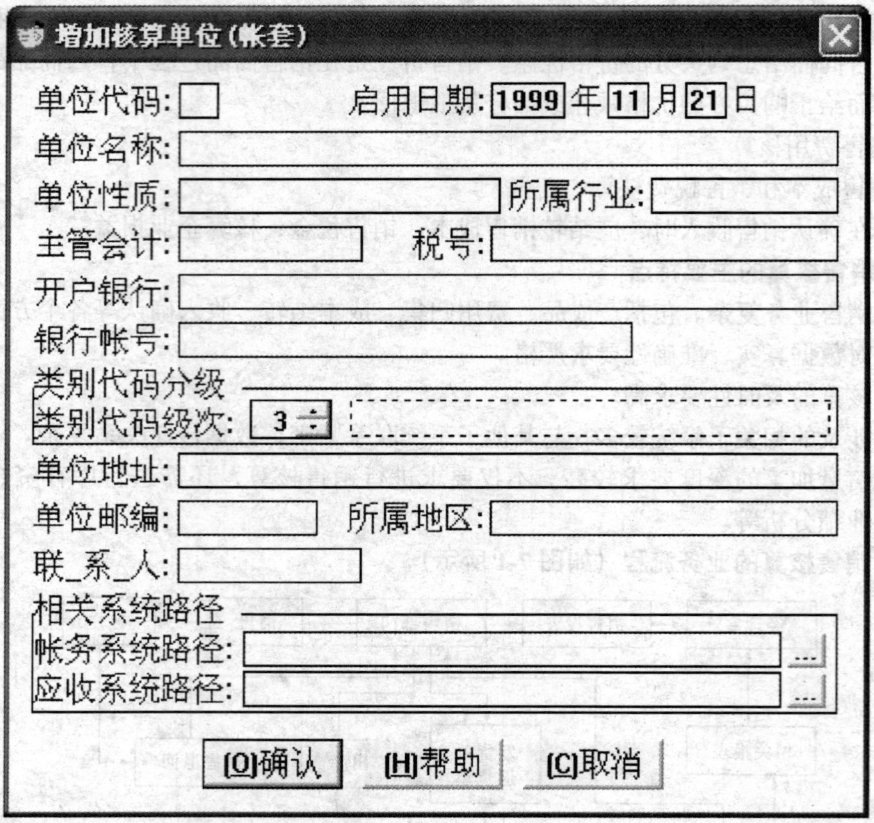

图 7-2 增加一个新的核算单位

单击该栏目右侧按钮选择路径。若暂时还没有使用安易应收管理系统，此项可以不输入。这时销售系统独立于应收系统，销售系统的会计科目取系统提供的缺省科目。

（6）类别代码级数：定义该核算单位所使用的产品类别代码共分几级以及每一级代码的长度。此项必须输入。

2. 删除账套

从销售系统中删除指定账套，即删除该账套下所有的数据，并注销该账套。

3. 修改账套

修改所选核算单位的有关内容。但"核算单位代码"、"启用日期"、"类别代码分级"不能修改。因此，要求用户建核算单位时认真确定好上述几项内容。

二、基本模块

根据销售核算的内容和特点，为了完成销售核算任务，销售核算系统应具有以下功能模块，如图 7-3 所示。

（一）系统初始化

1. 代码设置

（1）商品类别代码设置，如图 7-4 所示。

包括可供销售的各种商品，这里的代码设置应与销售和生产部门所设置的代码一致，以保证核算的准确性。

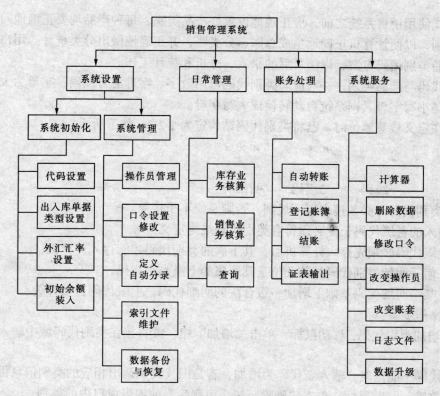

图 7-3 销售核算系统基本模块

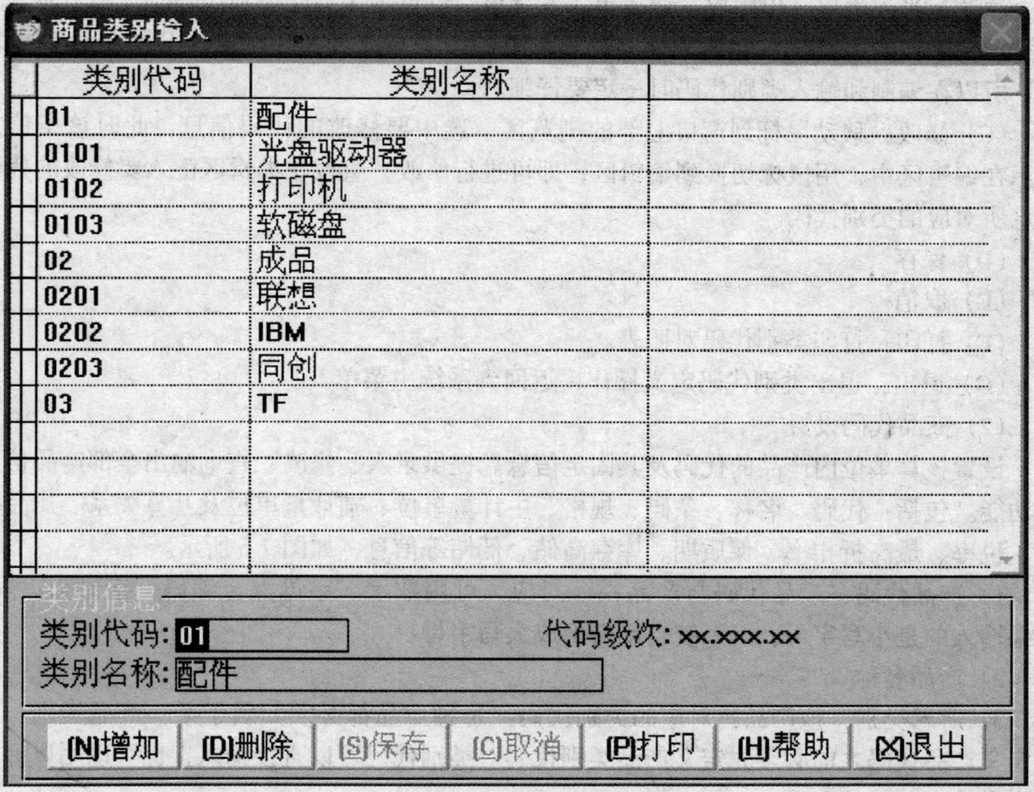

图 7-4 商品类别代码设置

在正式使用销售系统之前,应正确地设置好产品类别,每种产品均要正确地归属于某一产品类别,以便计算机正确地生成总账、分类账,并正确地做出分类统计。用户最好事先确定产品类别编码方案,以便日后的录入、分析和统计工作。

类别代码与产品类别一一对应。类别代码可用数字、字母混合编码,字母为大写。如果输入的是小写字母,则系统自动转换成大写字母。

假定在定义核算单位时,已将类别代码结构定为 2-2-3,如下所示:

```
  ××    ××    ×××
  ──    ──    ───
 一级码  二级码  明细码
```

输入类别代码时必须遵守以下规则,否则系统不予接受。
1) 输入的各级代码长度必须符合类别代码结构定义;
2) 上级代码必须先存入计算机后,其下属的类别代码才能存入计算机;
3) 任何一明细类别代码其前几位是其所属的上级类别代码;
4) 在某一明细代码基础上增加一级合法的明细代码,上级代码自动升级。

具体操作步骤:

(A) 增加类别代码:移动鼠标,单击"增加"钮,或直接在类别代码域中输入一个新的代码。

类别代码不能重复。输入新代码为增加,若是旧代码则调出相应的类别信息供修改。

(B) 删除:移动鼠标,单击"删除"钮,可删除当前编辑窗口内的类别。

注意:当入库单、出库单、调拨单、发货票、盘点表等有此类别代码时,则不能删除此类别代码。类别代码一经输入保存则不能修改,若想修改类别代码,只能先删除再增加。所以在编制和输入类别代码时一定要仔细。

(C) 修改:移动鼠标到窗口上部的浏览区,选中要修改的代码信息,此时该条信息显示在编辑区中,用鼠标切换到编辑区,即可进行修改;直接在编辑区键入要修改的代码信息所对应的类别代码。

(D) 保存

(E) 取消

(F) 打印:打印类别代码对照表。

(G) 退出:退出类别代码定义操作,返回到系统主菜单。

(2) 商品代码设置

设置核算单位内产品的代码及其固定信息。提供录入、修改、查询输出全部产品信息的功能。包括:代码、名称、条码、规格、主计量单位、辅计量单位及互算关系、产品类别、税率、最高折扣率、保质期、库存高储、低储等信息,如图 7-5 所示。

1) 产品代码:产品代码与产品一一对应。可用数字、字母混合编码,字母为大写。如果输入的是小写字母,则系统自动转换成大写字母。

2) 产品名称

3) 所属类别:该产品所对应的类别代码。每种产品都必须归属于某一产品类别。因此定义产品代码之前必须先定义产品类别代码。类别代码可以直接输入,也可以用鼠标右键引导输入。

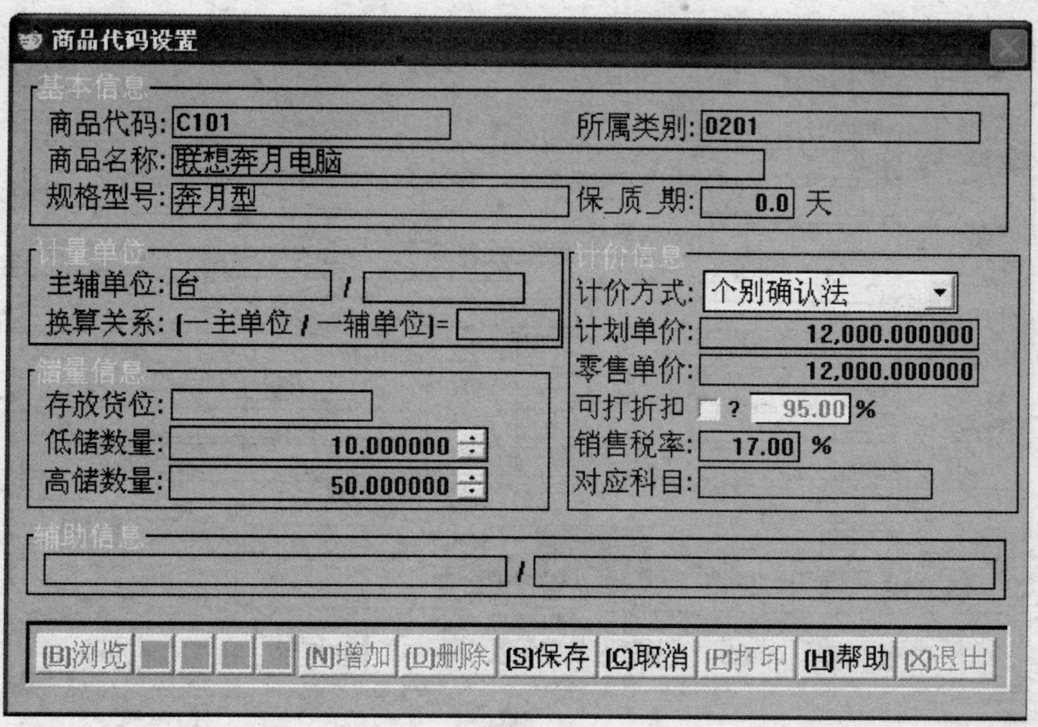

图 7-5 商品代码设置

4)计量单位:本系统允许用户设置主辅两个计量单位。对于具有主辅计量单位的产品,必须在此处定义二者之间的换算关系,以便核算时进行单位换算。

5)成本计价方法:在定义产品代码时,必须选择该产品对应的成本计价方法。如"先进先出法"、"后进先出法"、"加权平均法"、"移动平均法"、"个别计价法"。

6)对应科目:用于标识该产品销售时收入所对应的科目。

具体操作步骤:

(A) 增加

(B) 删除:当入库单、出库单、调拨单、发货票、盘点表等有此产品代码时,则不能删除此产品代码。产品代码一经输入保存则不能修改,若想修改产品代码,只能先删除再增加。所以在编制和输入产品代码时一定要仔细。

(C) 修改:修改产品固定信息。

(D) 保存

(E) 取消

(F) 打印:打印产品代码对照表。

(G) 浏览:移动鼠标,单击"浏览"钮,可浏览所有产品的产品信息。

(H) 退出

(3) 客户代码设置:设置厂商及往来客户档案,用于管理厂商及往来客户的固定信息,如图 7-6 所示。

1)客户代码:客户代码与厂商、往来客户一一对应,不同厂商、客户的代码不允许重复;客户代码为必须输入项目,可用数字、字母混合编码,字母为大写。在单据编制与

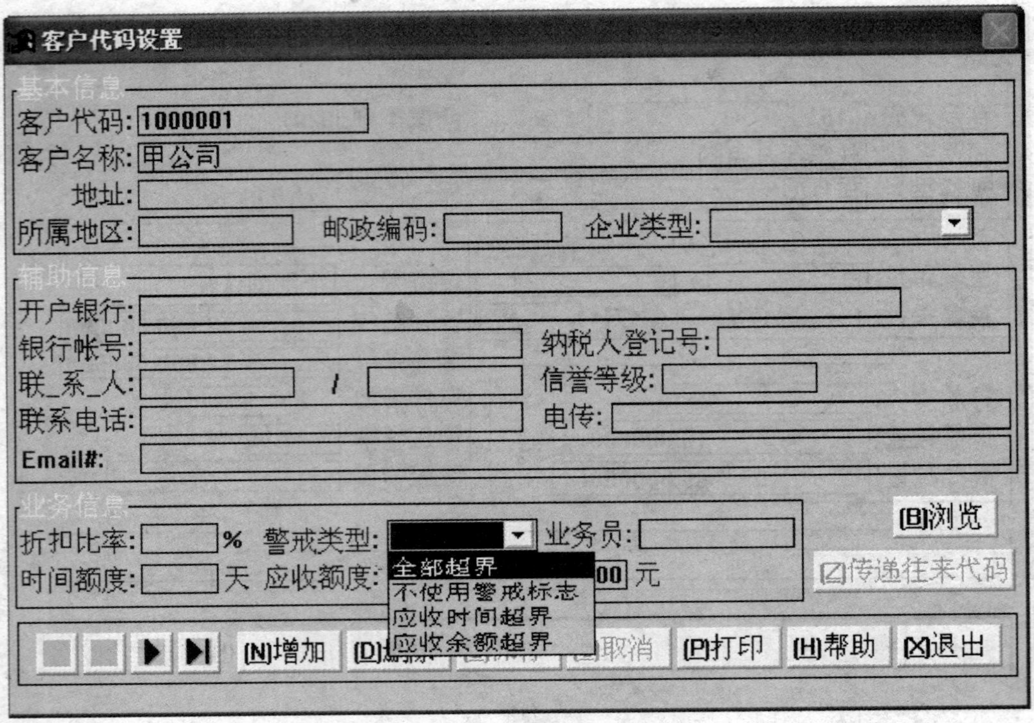

图7-6 客户代码设置

往来业务初始化之前，必须设置好客户代码，客户代码一经定义，请勿任意改动。

2）客户名称：客户名称为必须输入项目，对于需套打增值税发票的客户，联系电话、地址、开户银行及账号也需输齐。

3）信誉等级：定义该厂商、客户的信誉级别。

4）折扣率：该客户可以享受的折扣比率。

5）时间额度：允许该客户拖欠本单位账款的天数。

6）应收额度：允许该客户应收账款的最大数额。

7）警戒类型：分为全部超界、不使用警戒标志、应收时间超界、应收余额超界等。

8）业务员：本单位负责此客户的职员，可按鼠标右键进行引导输入。

（4）部门职员代码设置：设置单位内销售部门和销售职员信息，如图7-7所示，用于销售业务及销售业绩的汇总统计。

针对不同用户部门职员代码有两种设置方式：一种是设置部门代码并设置归属该部门的销售职员；一种是不设置部门代码，直接设置销售职员，此时无法进行部门汇总。选择何种方式由用户自己确定。

1）职员代码：职员代码与职员信息一一对应，必须输入；

2）职员姓名：职员姓名必须输入；

3）所属部门：职员所在部门的代码。

具体操作步骤：

（A）部门设置：移动鼠标，单击"部门设置"钮，弹出部门设置窗口，进行部门设置。

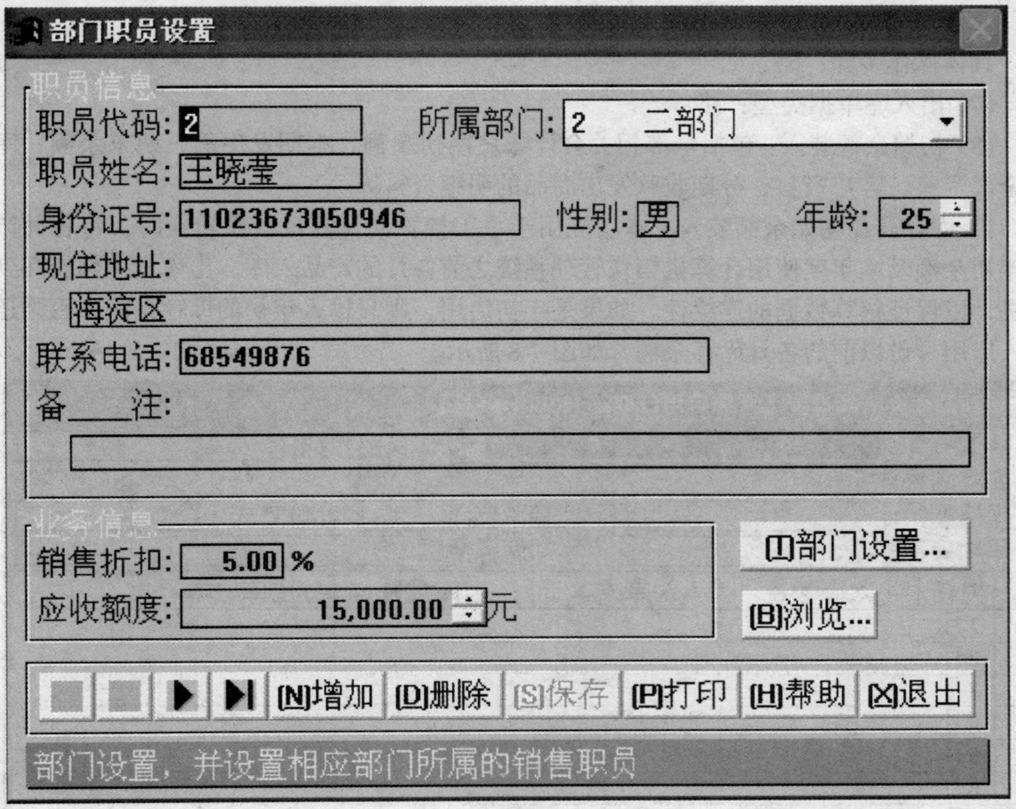

图 7-7 部门职员代码设置

(B) 部门代码
(C) 部门名称
(D) 增加
(E) 删除
(F) 保存
(G) 取消
(H) 打印
(I) 退出

(5) 仓库代码设置：一般产成品明细账都是按仓库进行设置的，产成品也是按仓库进行管理的。所以，进行仓库代码设置是产成品核算与管理的重要基础工作之一。

在输入出入库单据、调拨单据、盘存表和销售发货票之前，必须把各仓库的代码、名称预先定义好；在输入出入库单据、调拨单据、盘存表和销售发货票时，必须选择相应的仓库代码，在"记账"后系统才可以对不同仓库进行出入库、在库统计的核算。

具体操作步骤：略。

(6) 外汇汇率设置：.本功能用于输入各种外币的记账汇率（1外币折合多少人民币）。凡是在单据录入中涉及的外币都应在此处定义相应的记账汇率，否则汇率视为零。

汇率用于输入发票、收款单、退货单等单据时，自动将外币折成人民币，同时在单据输入时还可以调整汇率。

无外币的核算单位,可不用此功能。

具体操作步骤:略。

(7) 出入库单据类型:略。

(8) 初始余额装入:包括全部相关会计账户期初余额、本期发生额、期末余额、库存的全部资料、客户资料、分期收款发出商品的明细资料等。

1) 库存商品初始余额装入:本功能用于手工核算向计算机核算转换时,将各种产品的年初余额及本年度使用计算机销售管理系统之前各月的产品入库、出库发生额转存到计算机,以保证核算数据的连续性。如果是年初启用,则只输入年初的库存余额,否则还要输入启用月份以前的各月库存余额,如图7-8所示。

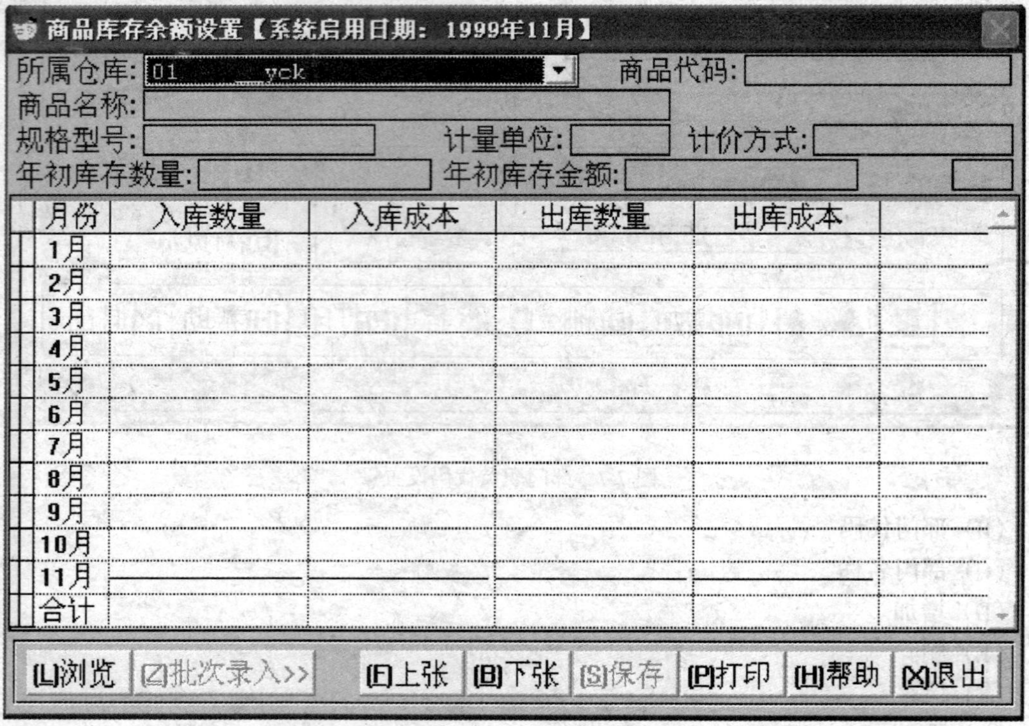

图7-8 库存商品初始余额装入

为了保证系统结转成本的准确性,务必在使用本系统后的第一月结账之前确保库存产品初始余额装入完毕。若第一月已结账,再进入此功能模块时只允许查看和打印,而不允许再装入和修改余额。

对于成本计价方式为"加权平均法","移动平均法"的产品,直接录入期初结存数量、成本以及各月汇总出入库数量、成本即可。

对于成本计价方式为"先进先出法","后进先出法"或"个别计价法"的产品,不能直接录入期初结存数,而是以入库单据输入的形式实现初始化。即把有结存的产品编制成若干条入库信息录入计算机。入库单据的日期取系统使用前至使用月份上一个月的最后一天。

具体操作步骤:略。

初始余额装入后,一经保存,计算机自动将这些入库信息记账并计算、填写各月余额。执行退出操作后，系统会出现"提示信息窗口"，问用户"全部库存余额是否都已装完"，若单击"确定"钮，则确定全部库存余额都已装完，至此以后，库存产品初始余额设置功能在系统中消失，今后就不能再次使用；若单击"取消"钮则表示库存余额还未装完，以后还可进入到库存产品初始余额设置中。为了安全起见，必须在确实装完余额后，选择"确定"，封死本功能。

2）分期收款发出商品初始余额装入：分期收款发出商品，是指根据购销合同将产品出库转移给购货单位，款项分多期收回的销售方式。因此，可能在使用本软件前已有分期收款发出商品，但货款未全部收回的情况，为保证核算工作的连续性，必须把这部分发出商品业务先存入计算机，待收到货款时再结转销售成本。

已收到货款（已转销售）的发出商品则不需录入。

为保证本功能的正确使用，有关购货客户单位的代码、名称及产品等信息必须已经设置完毕。

如果无分期收款发出商品，则不需要使用本功能。

注意：为了保证系统结转成本的准确性，务必在使用销售系统后的第一月结账之前，确保分期发出商品初始余额装入完毕。若第一月已结账，系统不允许再装入余额。

（A）日期：分期收款发出商品日期，此日期必须小于在核算单位定义时设定的系统开始使用日期。

（B）客户代码：分期收款发出商品对应的购货单位。可以直接输入也可以通过鼠标右键引导输入。

（C）出库单号：指分期收款商品出库的单据号。

（D）产品代码：指分期收款商品出库的单据上的一条产品代码。

（E）销售数量、金额：指原始出库单据上的销售数量、金额。如果一批分期收款商品已有部分收到款项，则此处仅输入余下的未收部分的数量和金额。

具体操作步骤：略。

（二）系统管理

在本模块中，部分功能与其他子系统的相应功能相同，不再赘述。

（1）操作员管理：略；

（2）口令设置与修改：略；

（3）数据备份与恢复：略；

（4）索引文件维护：略；

（5）自动转账分录定义

1）根据入库单，自动编制产品入库转账分录；

2）根据退货单，自动编制销货退回的转账分录；

3）销售收入确认的自动分录；

4）分期收款发出商品的自动分录；

5）根据盘点表，编制盘盈盘亏表，并编制相关的转账分录。

（三）日常核算

1．库存商品的核算业务

（1）入库单据的录入、审核、输出（如图 7-9 所示）

入库单是用于记载入库产品及其入库成本的单据。一张入库单可登记多个产品的入库记录。产品正式入库时采用本功能填制入库单；入库单可以跨月输入，即在上月未结账的条件下，输入本月的入库单，并记账；发现已记账的入库单据有错误，可在此处编制相应的红字凭证（数量金额为负数）冲销，然后再补做正确的入库单据；已审核签章但未记账的入库单据，不能直接修改，应该先取消审核签章然后在此处修改。

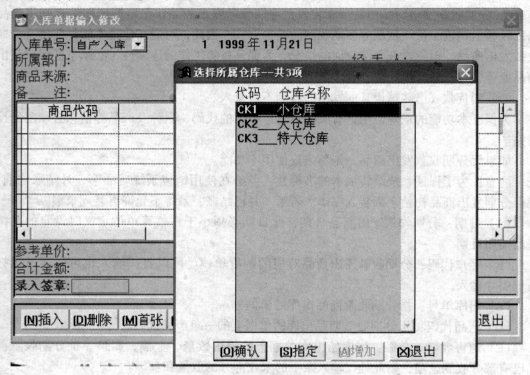

图7-9 入库单据的录入、审核、输出

1）入库单号：入库单号由入库单据类型和顺序号组成。入库单据类型在系统设置时定义。入库单序号连续编号，进入一张新的入库单时，系统总是给您一个当前最大的入库单号，这个号码比已有的最大入库单号大1。如果需修改旧的入库单，只需在此处输入旧的入库单号。网络条件下，如果两个工作站输同一个入库单号，则后存的入库单，计算机会要求改成另一个号码。

2）入库日期：产品入库的日期如果采用"先进先出法"或"后进先出法"计算产品出库成本，那么，入库单的日期有可能影响出库产品应负担的成本。

3）部门、经手人

4）产品来源：入库产品的供货厂商代码，可以用鼠标右键引导输入。

5）发票号：与入库单据对应的发票编号，只作为查询信息，可视单位管理的要求有选择地输入。

6）产品代码：指入库产品的产品代码。产品代码可以直接输入，也可以用F2键引导输入。输入产品代码后，产品名称和计量单位自动显示。

7）数量：入库产品的数量。

8）单价、金额：指入库产品的含税单价和成本金额。输入入库数量、单价后，入库金额由数量乘以单价计算得出。当输入的产品为采用外币结算,则可在此处按快捷键,在单据的下方将提示输入外币币种、外币汇率、外币单价,系统自动折合成人民币,在单据中显示出来。此后当光标上下移动至该行时,自动显示对应的外币信息。在一笔输入完成之后,入库单据的总的合计金额自动显示在单据的下方。

9)有效期:指库存产品的有效期,用于库存产品有效期分析。

操作:进入"入库单据输入修改"功能后,选择入库单据所在的年和月,此项设置主要用于入库单据的跨月输入。确定年月以后,在输入每一张入库单据时只需输入日期中的日期号。由于系统分仓库核算,所以在录入单据前必须选择仓库。

进入单据输入功能时,总是提示一最新的单据编号。此时也可输入一个旧的单据编号,将这张旧单据调入修改。如单据已经审核,系统提示"当前的入库单据已经审核不能修改!"

录入保存后,系统首先对当前输入或修改的单据进行合法性检查。对于单据输入中的错误,将给出错误提示,提示用户修改。

(2)出库单据的录入、审核、输出:操作与入库单据的录入、审核、输出相似,此处略。

(3)库存商品盘点清查的录入、审核、输出:月末或年末,通常要进行仓库盘点,盘盈指通过盘点发现的未在账上反映的产品;盘亏指通过盘点发现的已在账上登记但无实物的物品,或已毁损的物品。盘盈等同于产品入库,盘亏等同于产品出库。反映盘盈、盘亏的表称为盘存表,所以盘存表有出库单和入库单双重性质。

盘存表是一张表格,不像入库单和出库单有编号,所以当月所有盘盈、盘亏的产品必须在同一表格上一起反映。如果当月的盘存表已记账,又发生盘盈或盘亏,那么可继续补做该表,继续记账,记账后本软件会自动将所有盘盈、盘亏合并成一张表。

盘盈、盘亏物品的成本在盘点时估算,在录入盘存表时录入,不像入库产品或出库单上的产品成本,由月末计算产生。

注意:

1)采用"加权平均法"计算出库产品的单位成本时,不考虑当月盘盈、盘亏产品的影响,当月盘盈、盘亏产品的成本影响下月以后出库产品的单位成本;

2)采用"先进先出法"、"后进先出法"、"个别计价法"计算出库产品成本时,盘盈产品视同入库产品考虑,但不考虑盘亏产品的影响;

3)不管采用哪种成本计价方法,盘盈、盘亏产品的成本均不重新计价。

选择窗口的操作步骤:

(A)选择盘点方式:盘点方式包括"手工录入盘盈盘亏产品"和"月末盘点"。

手工录入方式:计算机将盘盈盘亏的产品数量、金额一条一条地录入,如图7-10所示。

月末盘点方式:将所有产品月末结存数量列出,手工将月末盘存数量录入,系统自动算出盘盈盘亏的数量。对于盘盈盘亏的产品,还应录入单位成本。

(B)选择盘点日期:建议用户在跨月输入时注意跨度,一般没有必要跨2个月以上,最好日清月结。

(C)选择盘点仓库:由于系统分仓库核算,所以在录入单据前必须选择仓库。

(4)商品调拨单据的录入、审核、输入:调拨指产品(商品)从一个仓库调到另一个

图 7-10　产品盘点的手工录入方式

仓库。发生调拨业务时要填写调拨单；对于仓库间调拨必须输入调出仓库号和调入仓库号；每张调拨单可以输入多个产品。每种产品只需输入产品代码和调拨数量，单位成本和调拨成本由计算机在结转成本时自动计算。

操作：略。

(5) 入库商品单位成本的录入、审核、输入：对于成本计价方式为加权平均的产品，月末成本计算完毕后必须将单位成本输入计算机；只有把单位成本输入并记账，才能计算该产品的入库成本。否则只有入库数量没有入库成本，将会影响产品出库成本的正确结转。

操作：略。

2．销售业务

(1) 发出商品的核算：发货票录入修改（如图 7-11 所示）。

发货票是确认销售已实现的书面文件。销售单位开据发货票时，表示承认产品的所有权已经转移给了购货单位，销售收入得到增加，同时，应依法上缴新增收入的增值税（或营业税）。购货单位在得到发货票时可向售货单位索取产品，同时向售货单位交纳货款（或承认是货款债务人）。发货票的另一种作用是标明发票上所列物品已经出库不属售货单位所有，起出库单的作用。计算机可据此增加销售收入、销项税额（或营业税）和出库数量。

发货票有两类：普通发票和增值税发票。本功能可以进行这两类发票的录入修改。发货票记账或审核后，不能在此处直接被修改，要修改已审核但未记账的发货票，可先取消发货票的审核签章，再在此处修改，对于已记账的发货票发现有错误，可以进行以下处理：①如果是更正本月已记账的发货票，可用红字冲销法；②如果是更正它月（它月已结

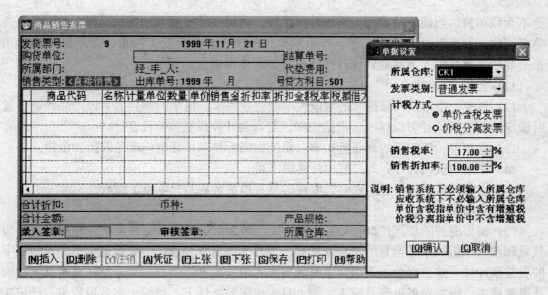

图 7-11 发货票录入修改

账)已记账的发货票,先做退货单,再补做正确的发货票(视同退货处理)。

1)发货票号:发货票号是按年编制,也就是说一年内发货票不允许重号。通常,进入一张新的发货票时,屏幕总是提示一个最新的发票号。这个号比已有的最大发货票号大1。发货票号直接用出具给用户的发票号(增值税专用发票号)就可以满足本软件的要求。修改已输入但未记账的发货票,只需输入它的发票号。网络条件下,发货票号由计算机自动保证不重复,当两个人同时输一个发货票号时,计算机不作判别,但存入时,先存入的发货票用这个号,后存入的计算机要求改成另一号。

2)发票日期:指发货票填制的日期,也指销售实现的日期。对于非分期收款发出商品,还指产品出库的日期。

3)销售方式:指发货票的销售方式,可选销售方式为:①分期收款;②直接销售。输入时这两种销售方式可以通过空格键进行切换。

录入分期收款销售发货票时,可以调出对应的出库单据的内容,在此基础上进行修改。

4)购货单位:出库单号:指本张发货票对应的出库单号。①如果是分期收款发出商品销售,必须正确地输入一个已记账的分期收款发出商品出库单的单号,即实现的是哪月哪一张出库单上的销售,这样才能正确地结转销售成本;②分期收款销售时,对应出库单号上的全部产品自动转入当前发货票;③如果是直接销售,出库单号不用输入。

5)贷方科目:用于标识收入的内容。

6)结算单据

例如:"托收 0962","信汇 5602"等。

7)代垫费用:代垫的运费、包装费、手续费等。

8)产品代码

9)数量

10)单价:销售产品的单价。录入单价含税发票时为含税单价,录入价税分离发票时为不含税单价。当输入的商品为采用外币结算,则可在单价输入处按快捷键,单据的下方将提示输入外币币种、外币汇率、外币单价,系统自动折合成人民币,在单据中显示出来。此后在单据中上下移动到该行时,自动显示外币信息。

11)金额

12)税率:指对该产品征收的增值税率或营业税率,税率的隐含值为该产品代码设置时设定的值,但此处可以修改。根据税率,可自动计算税额和价税合计。

13)折扣率:该产品的商业折扣率。系统根据折扣率计算出该产品的折扣金额。

14)税额和价税合计:此二栏由计算机求得。

15)借方科目:指销售实现时,取得的是货币资金还是只取得了债权。

操作:略。

(2)销售退回的核算:如果发生销售退货,那么企业就需填制退货单,冲减当月销售数量和收入。但如果是当月的销售发货票,当月又要退货,建议不要做退货单,而做红字的发货票冲减。这是因为录入退货单时需要输入退货成本,当月如果未结转成本就无法确认退货成本。退货单可以跨月输入,即上月未记账的条件下,可输入本月退货单;已记账的退货单不能修改,只能做红字退货单冲销;已审核但未记账的退货单,不能直接修改,必须先取消审核签章后再修改。

退货单录入与发货票录入修改相似(略)。

3.查询

查询对象包括在所有输入机内的一次数据和经过加工后的二次数据。查询方式可以是销售对象、销售收入、结算方式、购买单位、商品类别、销售部门、销售人员等任何条件,也可以是任意组合条件查询。

(四)账务处理

(1)自动生成转账凭证,向账务系统传递数据。

(2)汇总数据,生成各种汇总报表。

(3)记账:将本期凭证记入有关账簿。

(4)结账。

(5)证表输出。

1)凭证输出

2)库存商品分类汇总表输出

3)发出商品分类汇总表输出

4)销售收入分类汇总表输出

5)库存商品盘盈盘亏表

6)分期销售情况表

7)其他相关表格

(五)系统服务(略)

第三节 数据处理流程

销售核算管理系统的数据传递方式与手工账的数据传递有着本质的差异。

一、手工账的数据处理流程（如图 7-12 所示）

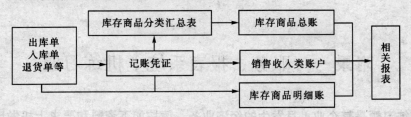

图 7-12　手工处理数据流程

二、电算化数据处理流程（如图 7-13 所示）查询

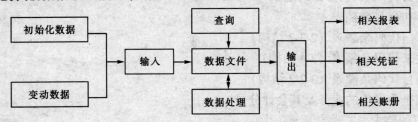

图 7-13　电算化下销售核算管理系统数据处理流程

附录一　账务、报表系统上机练习题

一、该练习题是某企业 1 月发生的经济业务，请按如下资料和要求上机做出该题

1. 原始资料
（1）科目代码表（4-2-2-2 结构）
（2）年初科目余额表
（3）部门代码余额表（2-3-2 结构）
（4）往来代码余额表（3-4 结构）
（5）项目代码余额表（3-2-2 结构）
（6）该企业发生的业务及其会计分录

2. 练习的要求
（1）查询月末科目余额表
（2）打印部分明细账、现金日记账和银行日记账、科目余额表、部门明细账。
（3）编制资产负债表和利润表

3. 练习题答案

4. 本套练习题不考虑资产的减值等业务

二、原始资料

．企业名称：ABC 公司
．会计主管：张三
．开始用软件日期：××年 1 月 1 日
．会计期间：12 个会计期，每个会计期起始日期同日历月份。
．外币按 1 美元 = 8.5 人民币固定汇率
．其余均使用安易软件新建账套的隐含设置。

1. 部门代码、初始余额表

部 门 代 码 表　　　　　　　　　　　　　　　附表 1

代　码	名　　称	代　码	名　　称
01	管理部门	02201	一车间
01101	办公室	02202	二车间
01102	财务部	03	辅助车间
01103	市场管理部	03301	机　修
01104	采购管理部	03302	水　电
02	基本生产车间		

年 初 余 额 表　　　　　　　　　　　　　　　附表 2

科　　目	部门代码、名称	借/贷	年初余额
1501 – 固定资产	01101 办公室	借	220000
	01102 财务部	借	600000
	02201 一车间	借	900000
	02202 二车间	借	280000
	03301 辅助车间 – 机修	借	150000

续表

科　目	部门代码、名称	借/贷	年初余额
	小计	借	2150000
1502－累计折旧	01101 办公室	贷	9000
	01102 财务部	贷	200000
	02201 一车间	贷	310000
	02202 二车间	贷	90000
	03301 辅助车间－机修	贷	91000
	小计	贷	700000

2. 往来客户代码及初始业务表

初始业务表　　　　　　　　　　　　　　　附表3

代　码	名　称	代　码	名　称
100	北京地区	2000002	广州微电子公司
1000001	甲公司	210	上海地区
1000002	乙公司	2100001	上海综合化工厂
1000003	北京化工公司	2100002	上海东方电脑公司
1000004	C公司	900	公司内部员工
1000005	D公司	9000001	李　勇
200	广州地区	9000002	王　山
2000001	广州轻工业公司	9000003	张　明

初始往来业务如下：

(1) 应收账款科目（1103）下甲公司（1000001）97.12.01 发生应收账款（借）100000.00 元。

(2) 应收账款科目（1103）下北京化工公司（1000003）97.12.15 发生应收账款（借）300000.00 元。

(3) 其他应收款—销售部（113301）科目下李勇 97.02.09 发生应收账款（借）5000.00 元。

3. 项目代码及初始数据表

项目初始数据表　　　　　　　　　　　　　　　附表4

代　码	名　称	年初累计
001	基建项目	
00101	2号锅炉工程	借：1000000.00
00102	一车间大修工程	
00103	厂区道路改造工程	
002	会议项目	
00201	职工代表大会	
00202	ABM 技术论证会	
00203	年度订货会	
00204	广州新技术展示交易会	
003	新产品研究	
00301	2号产品研究	
00302	CQ 产品改进研究	
009	其　他	
00901	ISO 认证项目	

4. 会计科目代码及余额表

附表 5

科目代码	科目名称	助记码	性质	类别	分部门/项目	本位币期初借方余额	本位币期初贷方余额	账户格式	币种	单位	外币	数量
1001	现金	XJ	资产			300.00		复币式	多币式			
1002	银行存款	YJ	资产			3341000.00						
100201	工行存款	YJGH	资产	银行类		3171000.00						
100202	中行存款-美元	YHUS	资产	银行类		170000.00		复币式	USD		20000	
1009	其他货币资金	QTHB	资产			150000.00						
1101	短期投资	DQTZ	资产			75000.00						
1102	应收票据	YSPJ	资产			2246000.00						
1103	应收账款	YSZK	资产	往来类		400000.00						
1133	其他应收款	QTYS	资产	往来类		405000.00						
113301	销售部	YSXS	资产	往来类		5000.00						
113302	保证金	YSBZ	资产	往来类		400000.00						
1141	坏账准备	HZZB	资产				900.00					
1151	预付账款	YFZK	资产	往来类		100000.00		复币式	多币式		USD11764.7	
1201	物资采购	CLCG	资产			500000.00						
120101	A材料	CLA	资产			100000.00		数量		t		100
120102	B材料	CLB	资产			400000.00		数量		t		400
1211	原材料	YCL	资产			3200000.00						
121101	A材料	YCLA	资产			3000000.00		数量		t		3000
121102	B材料	YCLB	资产			200000.00		数量		t		200
1221	包装物	BZW	资产			100000.00		数量		件		500
1231	低值易耗品		资产			500000.00						
1232	材料成本差异		资产			80000.00						
1243	库存商品		资产			500000.00						
1301	待摊费用		资产			400000.00						
1401	长期股权投资		资产			250000.00						
1501	固定资产		资产		分部门	2150000.00						
1502	累计折旧		资产		分部门		700000.00					
1601	工程物资		资产									
1603	在建工程		资产		分项目	1500000.00						
1701	固定资产清理		资产									
1801	无形资产		资产			600000.00						
1901	长期待摊费用		资产			200000.00						
2101	短期借款		负债				1000000.00					
2112	应付票据		负债				500000.00					
2121	应付账款		负债				953800.00					
212101	丙公司		负债				700000.00					
212102	丁公司		负债				253800.00					
2131	预收账款		负债				200000.00					
213101	X公司		负债				100000.00					
213102	Y公司		负债				100000.00					
2151	应付工资		负债				100000.00					
2153	应付福利费		负债				10000.00					
2161	应付股利		负债									
2171	应交税金		负债				30000.00					
217101	增值税		负债				2000.00					

续表

科目代码	科目名称	助记码	性质	类别	分部门/项目	本位币期初借方余额	本位币期初贷方余额	账户格式	币种	单位	外币	数量
21710101	进项税		负债			2000.00						
21710102	已交税金		负债									
21710105	销项税		负债									
21710106	出口退税		负债									
21710107	进项税额转出		负债									
217103	消费税		负债									
217105	所得税		负债				32000.00					
217107	城建税		负债									
2176	其他应交款		负债									
217601	教育费附加		负债									
2181	其他应付款		负债				50000.00					
2191	预提费用		负债				10000.00					
2301	长期借款		负债				3800000.00					
230101	工行借款		负债				3800000.00					
23010101	一年期以内借款		负债				3050000.00					
23010102	一年期以上借款		负债				750000.00					
2321	长期应付款		负债									
3101	实收资本		权益				6450000.00					
310101	人民币		权益				6265040.00					
310102	美 元		权益				184960.00	复币式	USD		21760	
3111	资本公积		权益									
3121	盈余公积		权益				2886000.00					
3131	本年利润		权益									
3141	利润分配		权益				6600.00					
314102	提取盈余公积		权益									
314110	应付股利		权益									
314115	未分配利润		权益				6600.00					
4101	生产成本		成本		部门/项目							
410101	工 资		成本		部门/项目							
410102	福利费		成本		部门/项目							
410103	原材料		成本		部门/项目							
410104	制造费用		成本		部门/项目							
4105	制造费用		成本		部门/项目							
410501	工 资		成本		部门/项目							
410502	福利费		成本		部门/项目							
410503	低值易耗品		成本		部门/项目							
410504	物 耗		成本		部门/项目							
410505	修理费		成本		部门/项目							
410506	折 旧		成本		部门/项目							
5101	主营业务收入		损益		部门/项目							
5102	其他业务收入		损益		部门/项目							
5201	投资收益		损益		部门/项目							
5301	营业外收入		损益		部门/项目							
5401	主营业务成本		损益		部门/项目							
5402	主营业务税金及附加		损益		部门/项目							
5405	其他业务支出		损益		部门/项目							

续表

科目代码	科目名称	助记码	性质	类别	分部门/项目	本位币期初借方余额	本位币期初贷方余额	账户格式	币种	单位	外币	数量
5501	营业费用		损益		部门/项目							
5502	管理费用		损益		部门/项目							
550201	工资		损益		部门/项目							
550202	福利费		损益		部门/项目							
550203	无形资产摊销		损益		部门/项目							
550204	印花税		损益		部门/项目							
550205	折旧		损益		部门/项目							
550206	坏账损失		损益		部门/项目							
550207	劳保费		损益		部门/项目							
5503	财务费用		损益		部门/项目							
5601	营业外支出		损益		部门/项目							
5701	所得税		损益		部门/项目							

5. 企业发生的业务和会计分录

(1) 01日，收到工商银行通知，用银行存款支付到期的商业承兑汇票100000元。
借：应付票据（2112）   100000
　　贷：银行存款（1002）—工行存款（01）   100000

(2) 01日，购入A材料150t，单价1000元/t，增值税25500元，用工商银行存款支付货款175500元，货款已付，材料未到。
借：物资采购（1201）—A材料（01）   150000
　　应交税金（2171）—增值税（01）—进项税（01）   25500
　　贷：银行存款（1002）—工行存款（01）   175500

(3) 02日，收到原材料A材料，数量100t，单价1000元/t，实际成本100000元，计划成本95000元，材料已验收入库，货款已于上月支付。
借：原材料（1211）—A材料（01）   95000
　　材料成本差异（1232）   5000
　　贷：物资采购（1201）—A材料（01）   10000

(4) 05日，用工商银行汇票支付采购材料价款，企业收到开户银行转来银行汇票多余款收账通知，通知上填写的多余款为200元，购入B材料数量100t，价款及运费共99800元，原材料已验收入库，该批B材料计划单位成本1000.00元。
A. 借：物资采购（1201）—B材料（02）   99800
　　　应交税金（2171）—增值税（01）—进项税（01）   15300
　　　银行存款（1002）—工行存款（01）   200
　　　贷：其他货币资金（1009）   115300
B. 借：原材料（1211）—B材料（02）   100000
　　　贷：物资采购（1201）—B材料（02）   99800
　　　　　材料成本差异（1232）   200

(5) 05日，销售产品一批，销售价款300000元，增值税金51000元，该批产品实际成本180000元，产品已发出，价款未收到。

A. 借：应收账款（1103）—甲公司（1000001）　　　　351000
　　　　　贷：应交税金（2171）—增值税（01）—销项税（03）　　51000
　　　　　　主营业务收入（5101）（市场管理部）　　　　　　300000
　　B. 借：主营业务成本（5401）（市场管理部）　　　　　180000
　　　　　贷：库存商品（1243）　　　　　　　　　　　　　　　180000
（6）05日，企业将列入短期投资的到期债券15000元兑现，收到本金15000元，利息1500元，本息均存入工商银行。
　　借：银行存款（1002）—工行存款（01）　　　　　　　16500
　　　贷：短期投资（1101）　　　　　　　　　　　　　　　　15000
　　　　投资收益（5201）（财务部）　　　　　　　　　　　　1500
（7）06日，厂长办公室购入不需要安装的设备一台，价款100000元，支付包装费及运费1000元。价款及包装费、运输费均以工商银行存款支付。
　　借：固定资产（1501）　　　　　　　　　　　　　　　101000
　　　贷：银行存款（1002）—工行存款（01）　　　　　　　　101000
（8）06日，购入工程物资一批，价款150000元，已用工商银行存款支付。
　　借：工程物资（1601）（00101工程项目）　　　　　　150000
　　　贷：银行存款（1002）—工行存款（01）　　　　　　　　150000
（9）08日，工程应付工资200000元，应付职工福利费28000元。
　　借：在建工程（1603）00101项目　　　　　　　　　　200000
　　　　　　　　　　　　00103项目　　　　　　　　　　　28000
　　　贷：应付工资（2151）　　　　　　　　　　　　　　　　200000
　　　　应付福利费（2153）　　　　　　　　　　　　　　　　28000
（10）09日，工程完工，计算应负担的长期借款（将于一年内到期，本金850000元）利息150000元。
　　借：在建工程（1603）00101项目　　　　　　　　　　　50000
　　　　　　　　　　　　00102项目　　　　　　　　　　　100000
　　　贷：长期借款（2301）—工行借款（01）——年期以内借款（01）　150000
（11）09日，00103和00102工程完工，交付生产使用，已办理竣工手续。
　　借：固定资产（1501）128000（其中：办公室100000元，一车间28000元）
　　　贷：在建工程（1603）　　　128000
（其中：项目00102　28000元，项目00103　100000元）
（12）09日，基本生产车间一台机床报废，原价200000元，已提折旧180000元，清理费用500元，残值收入800元，已用工商银行存款收支。该项固定资产已清理完毕。
　　A. 借：固定资产清理（1701）　　　　　　　　　　　　20000
　　　　　累计折旧（1502）（一车间）　　　　　　　　　180000
　　　　　贷：固定资产（1501）　　　　　　　　　　　　　　200000
　　B. 借：固定资产清理（1701）　　　　　　　　　　　　　500
　　　　　贷：银行存款（1002）—工行存款（01）　　　　　　　500
　　C. 借：银行存款（1002）—工行存款（01）　　　　　　　800

　　　　　贷：固定资产清理（1701）　　　　　　　　　　　　　　　　800
　　　D. 借：营业外支出（5601）（基本生产——一车间）　　　　19700
　　　　　贷：固定资产清理（1701）　　　　　　　　　　　　　　　19700
（13）09 日，从银行借入三年期借款 400000 元，借款存入银行，该项借款用于购置固定资产。
　　　借：银行存款（1002）—工行存款（01）　　　　　　　　　400000
　　　　　贷：长期借款（2301）—工行借款（01）——一年期以上借款（02）　400000
（14）09 日，销售产品一批，收到价款 819000 元，其中税金 119000 元，实际成本 420000 元，货款中 800000 为银行存款，其余为应收账款。
　　　A. 借：银行存款（1002）—工行存款（01）　　　　　　　800000
　　　　　　应收账款（1103）（1000001 甲公司）　　　　　　　10000
　　　　　　应收账款（1103）（1000002 乙公司）　　　　　　　9000
　　　　　贷：应交税金（2171）—增值税（01）—销项税（05）　119000
　　　　　　　主营业务收入（5101）（市场管理部）　　　　　　700000
　　　B. 借：主营业务成本（5401）（市场管理部）　　　　　　　420000
　　　　　贷：库存商品（1243）　　　　　　　　　　　　　　　　420000
（15）09 日，企业将要到期的银行汇票一张（面值 200000）解讫通知连同进账单交工商银行办理转账，收到银行盖章退回的进账单一联，款项银行已收妥。
　　　借：银行存款（1002）—工行存款（01）　　　　　　　　　200000
　　　　　贷：应收票据（1102）　　　　　　　　　　　　　　　　200000
（16）09 日，收到股息 30000 元，已存入工商银行。
　　　借：银行存款（1002）—工行存款（01）　　　　　　　　　30000
　　　　　贷：投资收益（5201）（财务部）　　　　　　　　　　　30000
（17）09 日，企业出售财务部使用的一台不需用设备，收到价款 300000 元，该设备原价 400000 元，已提折旧 150000 元。该项设备已由购入单位运走。
　　　A. 借：固定资产清理（1701）　　　　　　　　　　　　　　250000
　　　　　　累计折旧（1502）（财务部）　　　　　　　　　　　　150000
　　　　　贷：固定资产（1501）　　　　　　　　　　　　　　　　400000
　　　B. 借：银行存款（1002）—工行存款（01）　　　　　　　　300000
　　　　　贷：固定资产清理（1701）　　　　　　　　　　　　　　300000
　　　C. 借：固定资产清理（1701）　　　　　　　　　　　　　　50000
　　　　　贷：营业外收入（5301）（财务部）　　　　　　　　　　50000
（18）10 日，用工商银行存款归还短期借款本金 250000 元，利息 12500 元。
　　　借：短期借款（2101）　　　　　　　　　　　　　　　　　　250000
　　　　预提费用（2191）　　　　　　　　　　　　　　　　　　　12500
　　　　　贷：银行存款（1002）—工行存款（01）　　　　　　　262500
（19）10 日，从工商银行提取现金 500000 元准备发放工资。
　　　借：现金（1001）　　　　　　　　　　　　　　　　　　　　500000
　　　　　贷：银行存款（1002）—工行存款（01）　　　　　　　500000

(20) 10 日，支付工资 500000 元，其中包括支付给工程人员工资 200000 元。
借：应付工资（2151） 500000
　　贷：现金（1001） 500000

(21) 10 日，分配应支付的职工工资 315000 元，一车间锅炉工程应负担的工资 15000 元，一车间其余生产人员工资 275000 元，一车间管理人员工资 10000 元，行政管理管理部门人员工资 15000 元。
借：生产成本（4101）工资（01）（基本生产——一车间） 275000
　　生产成本（4101）工资（01）（基本生产——一车间）（00103 项目）
　　　　　　　　　　　　　　　　　　　　　　　　　　　　　　　 15000

　　制造费用（4105）—工资（01）（基本生产——一车间） 10000
　　管理费用（5502）—工资（01） 15000
　　（其中：办公室 7000，财务部 3000，市场部 2000，采购部 3000）
　　贷：应付工资（2151） 315000

(22) 10 日，分配支付的职工福利费 42000 元（不包括工程应负担的福利费 28000 元），其中生产工人福利费 38500 元，车间管理人员福利费 1400 元，行政管理部门人员福利费 2100 元。
借：生产成本（4101）—福利费（02）（基本生产——一车间） 38500
　　制造费用（4105）—福利费（02）（基本生产——一车间） 1400
　　管理费用（5502）—福利费（02） 2100
　　（其中：办公室 400，财务部 600，市场部 200，采购部 900）
　　贷：应付福利费（2153） 42000

(23) 11 日，提取应计入本期损益的借款利息共 21500 元，其中，短期借款利息 11500 元，长期借款（去年 5 月 11 日借入 750000）利息共 10000 元。
借：财务费用（5503）（财务部） 21500
　　贷：预提费用（2191） 11500
　　　　长期借款（2301）—工行借款（01）——一年期以上借款（02） 10000

(24) 12 日，基本生产领用 A 原材料用于建锅炉，计划成本共 700000 元，用于其他生产的原材料 180000 元，领用低值易耗品 50000 元，采用一次摊销法摊销。
A. 借：生产成本（4101）—原材料（03）（基本生产——一车间）（00101 项目）
　　　　　　　　　　　　　　　　　　　　　　　　　　　　　　　 700000
　　生产成本（4101）—原材料（03）（基本生产——一车间） 180000
　　贷：原材料（1211）—A 材料（01） 880000
B. 借：制造费用（410503）（基本生产——一车间） 50000
　　贷：低值易耗品（1231） 50000

(25) 13 日，计算并结转锅炉工程领用原材料应分摊的材料成本差异。
借：生产成本（4101）—原材料（03）（基本生产——一车间）（00101 项目）
　　　　　　　　　　　　　　　　　　　　　　　　　　　　　　　 35000
　　制造费用（4105）—物耗（04）（基本生产——一车间）（00101 项目）
　　　　　　　　　　　　　　　　　　　　　　　　　　　　　　　 2500

　　　　　贷：材料成本差异（1232） 37500
　（26）14日，摊销无形资产60000元，摊销印花税10000元，基本生产车间固定资产修理费（已列入待摊费用）90000元。
　　A．借：管理费用（5502）——无形资产摊销（03）（办公室） 60000
　　　　　贷：无形资产（1801） 60000
　　B．借：管理费用（5502）——印花税（04）（办公室） 10000
　　　　　制造费用（4105）——固定资产修理费（05）（基本生产——一车间）
　　　　　　　　　　　　　　　　　　　　　　　　　　　　　　　 90000
　　　　　贷：待摊费用（1301） 100000
　（27）15日，计提固定资产折旧100000元，其中应计入制造费用80000元，管理费用20000元。
　　借：制造费用（4105）——折旧费（06）（基本生产——一车间） 80000
　　　　管理费用（5502）——折旧费（05）（办公室） 20000
　　　　贷：累计折旧（1502）（一车间） 80000
　　　　　　　　　　　　　　　（办公室） 20000
　（28）16日，按应收账款的0.003补提坏账准备。
　　借：管理费用（5502）——坏账损失（06）（市场管理部） 210
　　　　贷：坏账准备（1141） 210
　（29）17日，用银行存款支付产品展览费10000元。
　　借：营业费用（5501）（市场管理部） 10000
　　　　贷：银行存款（1002）——工行存款（01） 10000
　（30）25日，计算并结转本期（基本生产——一车间）入库产品成本。
　　A．借：生产成本（4101）——制造费用（04） 233900
　　　　　贷：制造费用（4105）——工资（01） 10000
　　　　　　　　　　　　　　　　　——福利费（02） 1400
　　　　　　　　　　　　　　　　　——低值易耗品（03） 50000
　　　　　　　　　　　　　　　　　——物耗（04） 2500
　　　　　　　　　　　　　　　　　——修理费（05） 90000
　　　　　　　　　　　　　　　　　——折旧（06） 80000
　　B．借：库存商品（1243） 1477400
　　　　　贷：生产成本（4101）——工资（01） 290000
　　　　　　　　　　　　　　　　　——福利费（02） 38500
　　　　　　　　　　　　　　　　　——原材料（03） 915000
　　　　　　　　　　　　　　　　　——制造费用（04） 233900
　（31）26日，广告费用10000元，已用工商银行存款支付。
　　借：营业费用（5501）（市场管理部） 10000
　　　　贷：银行存款（1002）——工行（01） 10000
　（32）26日，企业采用商业承兑汇票结算方式销售产品一批，收到承兑的商业汇票一张，价款250000元，产品实际成本150000元。

A．借：应收票据（1102） 292500
　　　贷：应交税金（2171）—增值税（01）—销项税（05） 42500
　　　　　主营业务收入（5101）（市场管理部） 250000
B．借：主营业务成本（5401）（市场管理部） 150000
　　　贷：库存商品（1243） 150000

（33）26日，企业将上述承兑商业汇票到银行办理贴现，贴现息为20000元。
借：财务费用（5502）（市场管理部） 20000
　　银行存款（100201） 272500
　　贷：应收票据（1102） 292500

（34）26日，支付工商银行提取现金50000元，准备支付退休费。
借：现金（1001） 50000
　　贷：银行存款（1002）—工行（01） 50000

（35）26日，支付退休金50000元。
借：管理费用（5502）—劳保费（07）（办公室） 50000
　　贷：现金（1001） 50000

（36）28日，计算并结转已销产品的销售税金，该企业交纳消费税100000元，城市维护建设税7000元和教育附加2000元。
借：主营业务税金及附加（5402）（市场管理部） 109000
　　贷：应交税金（2171）—消费税（03） 100000
　　　　　　　　　　　　—城建税（07） 7000
　　　　其他应交款（2176）—教育费附加（01） 2000

（37）28日，用工商银行存款交纳消费税100000元，城市维护建设税7000元，教育附加2000元。
借：应交税金（2171）—消费税（03） 100000
　　　　　　　　　　—城建税（07） 7000
　　其他应交款（2176）—教育费附加（01） 2000
　　贷：银行存款（1002）—工行存款（01） 109000

（38）28日，计算应交所得税，税率33%。
借：所得税（5701）（市场管理部） 77216.70
　　贷：应交税金（2171）—应交所得税（05） 77216.70

（39）28日，将各收支科目结转本年利润。
A．借：主营业务收入（5101）（市场管理部） 1250000
　　　　营业外收入（5301）（财务部） 50000
　　　　投资收益（5201）（财务部） 31500
　　　贷：本年利润（3131） 1331500
B．借：本年利润（3131） 1174726.70
　　　贷：主营业务成本（5401）（市场管理部） 750000
　　　　　营业费用（5501）（市场管理部） 20000
　　　　　主营业务税金及附加（5402）（市场管理部） 109000

管理费用（5502）— 工资（01）		15000

（其中：办公室7000，财务部3000，市场部2000，采购部3000）

—福利费（02）		2100

（其中：办公室400，财务部600，市场部200，采购部900）

—无形资产摊销（03）（办公室）		60000
— 印花税（04）（办公室）		10000
— 折旧（05）（办公室）		20000
— 坏账损失（06）（市场管理部）		210
— 劳保费（07）（办公室）		50000
财务费用（5503）		41500

（其中：市场管理部20000，财务部21500）

营业外支出（5601）（基本生产——车间）		19700
所得税（5701）（市场管理部）		77216.70

（40）29日，提取法定盈余公积金，本年应提法定盈余公积。
借：利润分配（3141）—盈余公积（02）　　　　　　　　　15677.33
　　贷：盈余公积（3121）　　　　　　　　　　　　　　　　　15677.33
（41）31日，按税后利润25％计算应交利润。
借：利润分配（3141）—应付股利（10）　　　　　　　　　39193.33
　　贷：应付股利（2161）　　　　　　　　　　　　　　　　　39193.33
（42）31日，将利润分配各明细科目的余额转入未分配利润明细科目，结转本年利润。
A．借：利润分配（3141）—未分配利润（15）　　　　　　　54870.66
　　　　贷：利润分配（3141）—应付股利（10）　　　　　　　39193.33
　　　　　　　　　　　　　—提取盈余公积（02）　　　　　　15677.33
B．借：本年利润（3131）　　　　　　　　　　　　　　　156773.30
　　　　贷：利润分配（3141）—未分配利润（15）　　　　　156773.30
（43）31日，用工商银行存款偿还长期借款本息1000000元。
借：长期借款（2301）—工行借款（01）——年期以内借款（01）1000000
　　贷：银行存款（1002）—工行存款（01）　　　　　　　　1000000
（44）31日，用工商银行存款交纳所得税109216.70元，应付利润39193.33元。
借：应交税金（2171）—应交所得税（05）　　　　　　　109216.70
　　应付股利（2161）　　　　　　　　　　　　　　　　　39193.33
　　贷：银行存款（1002）—工行存款（01）　　　　　　　148410.03
（45）用中行银行存款预付购货定金，C公司1001美元，D公司3002美元。（当月折合汇率8.50，年末汇率为8.50）
借：预付账款（1151）—C公司（1000004）　　　　　　　　8508.50
　　　　　　　　　　　—D公司（1000005）　　　　　　　25517.00
　　贷：银行存款（1002）—中行存款（02）　　　　　　　　34025.50

三、练习答案
科目余额表；部门汇总表；往来余额表；项目汇总表；资产负债表；利润表

1. 科目余额表

科 目 余 额 表   附表 6

科目代码	科目名称	本期借方发生额	本期贷方发生额	期末借方余额	期末贷方余额
1001	现金	550000.00	550000.00	300.00	
1002	银行存款	2020000.00	2650935.53	2710064.47	
100201	工行存款	2020000.00	2609065.64	2581934.36	
100202	中行存款美元		34025.50	135974.50	
1009	其他货币资金		115300.00	34700.00	
1101	短期投资		15000.00	60000.00	
1111	应收票据	292500.00	492500.00	2046000.00	
1131	应收账款	370000.00		770000.00	
1133	其他应收款			405000.00	
113301	销售部			5000.00	
113302	保证金			400000.00	
1141	坏账准备		210.00		1110.00
1151	预付账款	34025.50		134025.50	
1201	物资采购	249800.00	199800.00	550000.00	
120101	A材料	150000.00	100000.00	150000.00	
120102	B材料	99800.00	99800.00	400000.00	
1211	原材料	195000.00	880000.00	2515000.00	
121101	A材料	95000.00	880000.00	2215000.00	
121102	B材料	100000.00		300000.00	
1221	包装物			100000.00	
1231	低值易耗品		50000.00	450000.00	
1232	材料成本差异	5000.00	37700.00	47300.00	
1243	库存商品	1477400.00	750000.00	1227400.00	
1301	待摊费用		100000.00	300000.00	
1401	长期股权投资			250000.00	
1501	固定资产	229000.00	600000.00	1779000.00	
1502	累计折旧	330000.00	100000.00		470000.00
1601	工程物资	150000.00		150000.00	
1603	在建工程	378000.00	128000.00	1750000.00	
1701	固定资产清理	320500.00	320500.00		
1801	无形资产		60000.00	540000.00	
1901	长期待摊费用			200000.00	
2101	短期借款	250000.00			750000.00
2111	应付票据	100000.00			400000.00
2121	应付账款				953800.00
212101	丙公司				700000.00
212102	丁公司				253800.00
2131	预收账款				200000.00
213101	X公司				100000.00
213102	Y公司				100000.00
2151	应付工资	500000.00	515000.00		115000.00
2153	应付福利费		70000.00		80000.00
2161	应付股利	39193.33	39193.33		
2171	应交税金	257016.70	396716.70		169700.00
217101	增值税	40800.00	212500.00		169700.00
21710501	进项税	40800.00		42800.00	
21710502	已交税金				

续表

科目代码	科目名称	本期借方发生额	本期贷方发生额	期末借方余额	期末贷方余额
21710505	销项税		212500.00		212500.00
21710506	出口退税				
21710507	进项税额转出				
217103	消费税	100000.00	100000.00		
217105	所得税	109216.70	77216.70		
217107	城建税	7000.00	7000.00		
2176	其他应交款	2000.00	2000.00		
217601	教育费附加	2000.00	2000.00		
2181	其他应付款				50000.00
2191	预提费用	12500.00	11500.00		9000.00
2301	长期借款	1000000.00	560000.00		3360000.00
230101	工行借款	1000000.00	560000.00		3360000.00
23010101	一年期以内借款	1000000.00	150000.00		2200000.00
23010102	一年期以上借款		410000.00		1160000.00
232102	长期应付款				
3101	实收资本				6450000.00
310301	人民币				6265040.00
310302	美元				184960.00
3111	资本公积				
3121	盈余公积		15677.33		2901677.33
3131	本年利润	1331500.00	1331500.00		
3141	利润分配	109741.32	211643.96		108502.64
314102	提取盈余公积	15677.33	15677.33		
314110	应付股利	39193.33	39193.33		
314115	未分配利润	54870.66	156773.30		108502.64
4101	生产成本	1477400.00	1477400.00		
410101	工资	290000.00	290000.00		
410102	福利费	38500.00	38500.00		
410103	原材料	915000.00	915000.00		
410104	制造费用	233900.00	233900.00		
4105	制造费用	233900.00	233900.00		
410501	工资	10000.00	10000.00		
410502	福利费	1400.00	1400.00		
410503	低值易耗品	50000.00	50000.00		
410504	物耗	2500.00	2500.00		
410505	修理费	90000.00	90000.00		
410506	折旧	80000.00	80000.00		
5101	主营业务收入	1250000.00	1250000.00		
5102	其他业务收入				
5201	投资收益	31500.00	31500.00		
5301	营业外收入	50000.00	50000.00		
5402	主营业务成本	750000.00	750000.00		
5402	主营业务税金及附加	109000.00	109000.00		
5405	其他业务支出				
5501	营业费用	20000.00	20000.00		
5502	管理费用	157310.00	157310.00		
550201	工资	15000.00	15000.00		
550202	福利费	2100.00	2100.00		
550203	无形资产摊销	60000.00	60000.00		

续表

科目代码	科目名称	本期借方发生额	本期贷方发生额	期末借方余额	期末贷方余额
550204	印花税	10000.00	10000.00		
550205	折旧	20000.00	20000.00		
550206	坏账损失	210.00	210.00		
550207	劳保费	50000.00	50000.00		
5503	财务费用	41500.00	41500.00		
5601	营业外支出	19700.00	19700.00		
5701	所得税	77216.70	77216.70		
	累计	14420703.55	14420703.55	16018789.97	16018789.97

2. 部门汇总表

部门汇总表　　　　　　　　　　　附表7

部门代码	部门名称	借方发生额	贷方发生额	余额方向	期末余额
01	管理部门	2838369.70	2657369.70	借	792000.00
01101	办公室	348400.00	167400.00	借	392000.00
01102	财务部	256600.00	506600.00	借	150000.00
01103	市场管理部	2229469.70	1979469.70	借	250000.00
01104	采购管理部	3900.00	3900.00	平	
02	基本生产车间	1939000.00	2281000.00	借	438000.00
02201	一车间	1939000.00	2281000.00	借	248000.00
02202	二车间			借	190000.00
03	辅助车间			借	59000.00
03301	机修			借	59000.00
03302	水电			平	
		4777369.70	4938369.70	借	1289000.00

3. 往来余额表

往来余额表　　　　　　　　　　　附表8

往来客户代码	客户名称	本期借方发生额	本期贷方发生额	期末借方余额	期末贷方余额
100	北京地区	404025.50		804025.50	
1000001	甲公司	361000.00		461000.00	
1000002	乙公司	9000.00		9000.00	
1000003	北京化工公司			300000.00	
1000004	C公司	8508.50		8508.50	
1000005	D公司	25517.00		25517.00	
200	广州地区				
2000001	广州轻工业公司				
2000002	广州微电子公司				
210	上海地区				
2100001	上海综合化工厂				
2100002	上海东方电脑公司				
900	公司内部员工			5000.00	
9000001	李勇			5000.00	
9000002	王山				
9000003	张明				
	累计	404025.50		804025.50	

4. 项目汇总表

项 目 汇 总 表

附表9

项目代码	项目名称	本期借方发生额	本期贷方发生额	期末借方累计	期末贷方累计
001	基建项目	1380500.00	128000.00	2380500.00	128000.00
00101	2号锅炉	1252500.00		2252500.00	
00102	一车间大修工程	100000.00	28000.00	100000.00	28000.00
00103	厂区道路改造工程	28000.00	100000.00	28000.00	100000.00
002	会议项目				
00201	职工代表大会				
00202	ABM技术论证会				
00203	年度订货会				
00204	广州新技术展示交易				
003	新产品研制课题				
00301	2号产品研究				
00302	CQ产品改进研究				
009	其他				
00901	ISO认证项目				
	合计(一级项目)	1380500.00	128000.00	2380500.00	128000.00

5. 资产负债表

资 产 负 债 表

××年××月××日

编报单位:××公司

报表编号:会企01表
计量单位:元

资产	行次	年初数	期末数	负债及所有者权益	行次	年初数	期末数
流动资产:				流动负债:			
货币资金	1	3491300.00	2745064.47	短期借款	68	1000000.00	750000.00
短期投资	2	75000.00	60000.00	应付票据	69	500000.00	400000.00
应收票据	3	2246000.00	2046000.00	应付账款	70	953800.00	953800.00
应收股利	4			预收账款	71	200000.00	200000.00
应收利息	5			应付工资	72	100000.00	115000.00
应收账款	6	399100.00	768890.00	应付福利费	73	10000.00	80000.00
其他应收款	7	405000.00	405000.00	应付股利	74		
预付账款	8	100000.00	134025.50	应交税金	75	30000.00	169700.00
应收补贴款	9			其他应交款	80		
存货	10	4880000.00	4889700.00	其他应付款	81	50000.00	50000.00
待摊费用	11	400000.00	300000.00	预提费用	82	10000.00	9000.00
一年内到期的长期债权投资	21			预计负债	83		
其他流动资产	24			一年内到期的长期负债	86	3050000.00	2200000.00

续表

资产	行次	年初数	期末数	负债及所有者权益	行次	年初数	期末数
流动资产合计	31	11996400.00	11348679.97	其他流动负债	90		
长期投资							
长期股权投资	32	250000.00	250000.00	流动负债合计	100	5903800.00	4927500.00
长期债权投资	34			长期负债：			
长期投资合计	38	250000.00	250000.00	长期借款	101	750000.00	1160000.00
固定资产				应付债券	102		
固定资产原价	39	2150000.00	1779000.00	长期应付款	103		
减：累计折旧	40	700000.00	470000.00	专项应付款	106		
固定资产净值	41	1450000.00	1309000.00	其他长期负债	108		
减：固定资产减值准备	42			长期负债合计	110	750000.00	1160000.00
固定资产净额	43	1450000.00	1309000.00	递延税项			
工程物资	44		150000.00	递延税款贷项	111		
在建工程	45	1500000.00	1750000.00	负债合计	114	6653800.00	6087500.00
固定资产清理	46						
固定资产合计	50	2950000.00	3209000.00	所有者权益（或股东权益）			
无形资产及其他资产：				实收资本（或股本）	115	6450000.00	6450000.00
无形资产	51	600000.00	540000.00	减：已归还投资	116		
长期待摊费用	52	200000.00	200000.00	实收资本（或股本净额）	117		
其他长期资产	53			资本公积	118		
无形及其他资产合计：	60	800000.00	740000.00	盈余公积	119	2886000.00	2901677.33
				其中：法定公益金	120		
递延税项：				未分配利润	121	6600.00	108502.64
递延税款借项	61			所有者权益（或股东权益）合计	122	9342600.00	9460179.97
资产合计	67	15996400.00	15547679.97	负债及所有者权益（或股东权益）合计：	135	15996400.00	15547679.97

6. 利润表

利 润 表

××年01月

编报单位：××公司

报表编号：会企02表
计量单位：元

项目	行次	本月数	本年累计数
一、主营业务收入	1	1,250,000.00	1,250,000.00
减：主营业务成本	4	750,000.00	750,000.00
主营业务税金及附加		109,000.00	109,000.00
二、主营业务利润	5	391,000.00	391,000.00
加：其他业务利润	10	0.00	0.00
减：营业费用	11	20,000.00	20,000.00
管理费用	14	157,310.00	157,310.00
财务费用	15	41,500.00	41,500.00
三、营业利润	16	172,190.00	172,190.00
加：投资收益	18	31,500.00	31,500.00
补贴收入	19	0.00	0.00
营业外收入	22	50,000.00	50,000.00
减：营业外支出	23	19,700.00	19,700.00
四、利润总额	27	233,990.00	233,990.00
减：所得税	28	77,216.70	77,216.70
五、净利润	30	156,773.30	156,773.30

附录二 会计电算化工作规范

财政部财会字〔1996〕17号

第一章 总 则

一、为了指导和规范基层单位会计电算化工作，推动会计电算化事业的健康发展，根据《中华人民共和国会计法》和《会计电算化管理办法》的规定，特制本规范。各企业、行政、事业单位（简称各单位）可根据本规范的要求，制定本单位会计电算化实施工作的具体方案，搞好会计电算化工作。各级财政部门和业务主管部门可根据本规范，对基层单位开展会计电算化工作进行指导。

二、会计电算化是会计工作的发展方向，各级领导都应当重视这一工作。大中型企业、事业单位和县级以上国家机关都应积极创造条件，尽早实现会计电算化；其他单位也应当逐步创造条件，适时开展会计电算化工作。

三、开展会计电算化工作，是促进会计基础工作规范化和提高经济效益的重要手段和有效措施。各单位要把会计电算化作为建立现代企业制度和提高会计工作质量的一项重要工作来抓。

四、会计电算化是一项系统工程，涉及单位内部各个方面，各单位负责人或总会计师应当亲自组织领导会计电算化工作，主持拟定本单位会计电算化工作规划，协调单位内各部门共同搞好会计电算化工作。

各单位的财务会计部门，是会计电算化工作的主要承担者，在各部门的配合下，财务会计部门负责和承担会计电算化的具体组织实施工作，负责提出实现本单位会计电算化的具体方案。

五、各单位开展会计电算化工作，可根据本单位具体情况，按照循序渐进、逐步提高的原则进行。例如：可先实现账务处理、报表编制、应收应付账款核算、工资核算等工作电算化，然后实现固定资产核算、存货核算、成本核算、销售核算等工作电算化，再进一步实现财务分析和财务管理工作电算化；在技术上，可先采用微机单机运行，然后逐步实现网络化。也可根据单位实际情况，先实现工作量大、重复劳动多、见效快项目的电算化，然后逐步向其他项目发展。

六、各单位要积极支持和组织本单位会计人员分期分批进行会计电算化知识培训，逐步使多数会计人员掌握会计软件的基本操作技能；具备条件的单位，使一部分会计人员能够负责会计软件的维护，并培养部分会计人员逐步掌握会计电算化系统分析和系统设计工作。对于积极钻研电算化业务，技术水平高的会计人员，应该给予物质和精神奖励。

七、开展会计电算化工作的集团企业，应当加强对集团内各单位会计电算化工作的统筹规划，在各单位实现会计电算化的基础上，逐步做到报表汇总或合并报表编制工作的电算化，并逐步向集团网络化方向发展。

八、会计电算化工作应当讲求效益原则，处理好及时采用新技术和新设备与勤俭节约的关系，既不要盲目追求采用最新技术和先进设备，也不要忽视技术的发展趋势，造成设备很快陈旧过时。对于一些投资大的会计电算化项目，有关部门应当加强监督指导。

九、各级财政部门应加强对基层单位会计电算化工作的指导，在硬软件选择、建立会计电算化内部管理制度方面，积极提出建议，帮助基层单位解决工作中遇到的困难，使会计电算化工作顺利进行。

十、会计电算化工作取得一定成果的单位，要研究并逐步开展其他管理工作电算化或与其他管理信息系统联网工作，逐步建立以会计电算化为核心的单位计算机管理信息系统，做到单位内部信息资源共享，充分发挥会计电算化在单位经营管理中的作用。

第二章 配备电子计算机和会计软件

一、电子计算机和会计软件是实现会计电算化的重要物质基础，各单位可根据情况和今后的发展目标，投入一定的财力，以保证会计电算化工作的正常进行。

二、各单位应根据实际情况和财力状况，选择与本单位会计电算化工作规划相适应的计算机机种、机型和系统软件及有关配套设备。实行垂直领导的行业、大型企业集团，在选择计算机机种、机型和系统软件及有关配套设备时，应尽量做到统一，为实现网络化打好基础。

具备一定硬件基础和技术力量的单位，可充分利用现有的计算机设备建立计算机网络，做到信息资源共享和会计数据实时处理。客户机/服务器体系具有可扩充性强、性能/价格比高、应用软件开发周期短等特点，大中型企事业单位可逐步建立客户机/服务器网络结构；采用终端/主机结构的单位，也可根据自身情况，结合运用客户机/服务器结构。

三、由于财务会计部门处理的数据量大、数据结构复杂、处理方法要求严格和安全性要求高，各单位用于会计电算化工作的电子计算机设备，应由财务会计部门管理，硬件设备比较多的单位，财务会计部门可单独设立计算机室。

四、配备会计软件是会计电算化的基础工作，选择会计软件的好坏对会计电算化的成败起着关键性的作用。配备会计软件主要有选择通用会计软件、定点开发、通用与定点开发会计软件相结合三种方式，各单位应根据实际需要和自身的技术力量选择配备会计软件的方式。

1. 各单位开展会计电算化初期尽量选择通用会计软件。选择通用会计软件的投资少，见效快，在软件开发或服务单位的协助下易于应用成功。

选择通用会计软件应注意软件的合法性、安全性、正确性、可扩充性和满足审计要求等方面的问题，以及软件服务的便利，软件的功能应该满足本单位当前的实际需要，并考虑到今后工作发展的要求。

各单位应选择通过财政部或省、自治区、直辖市以及通过财政部批准具有商品化会计软件评审权的计划单列市财政厅（局）评审的商品化会计软件，在本行业内也可选择国务院业务主管部门推广应用的会计软件。

小型企业、事业单位和行政机关的会计业务相对比较简单，应以选择投资较少的微机通用会计软件为主。

2. 定点开发会计软件包括本单位自行开发、委托其他单位开发和联合开发三种形式。

大中型企业、事业单位会计业务一般都有其特殊需要,在取得一定会计电算化工作经验以后,也可根据实际工作需要选择定点开发的形式开发会计软件,以满足本单位的特殊需要。

3. 会计电算化初期选择通用会计软件,会计电算化工作深入后,通用会计软件不能完全满足其特殊需要的单位,可根据实际工作需要适时配合通用会计软件定点开发配套的会计软件,选择通用会计与定点开发会计软件相结合的方式。

五、配备会计软件要与计算机硬件的配置相适应,可逐步从微机单用户会计软件,向网络会计软件、客户机/服务器会计软件发展。

六、配备的会计软件应达到财政部《会计核算软件基本功能规范》的要求,满足本单位的实际工作需要。

七、会计核算电算化成功的单位,应充分利用现有数据进行会计分析和预测,除了选择通用会计分析软件,或定点开发会计软件外,还可选择通用表处理软件对数据进行分析。

八、部分需要选用外国会计软件的外商投资企业或其他单位,可选用通过财政部评审的外国商品化会计软件。选用未通过财政评审在我国试用的外国会计软件,应确认其符合我国会计准则、会计制度和有关规章制度,具有中文界面和操作使用手册,能够按照我国统一会计制度要求,打印输出中文会计账证表,符合我国会计人员工作习惯,其经销单位具有售后服务能力。

第三章 替代手工记账

一、采用电子计算机替代手工记账,是指应用会计软件输入会计数据,由电子计算机对会计数据进行处理,并打印输出会计账簿和报表。替代手工记账是会计电算化的目标之一。

二、替代手工记账的单位,应具备以下条件:
1. 配备了适用的会计软件和相应的计算机硬件设备;
2. 配备了相应的会计电算化工作人员;
3. 建立了严格的内部管理制度。

三、具备条件的单位应尽快采用计算机替代手工记账。替代手工记账之前,地方单位应根据当地省、自治区、直辖市、计划单列市财政厅(局)的规定,中央直属单位应根据国务院业务主管部门的规定,计算机与手工并行三个月以上(一般不超过六个月),且计算机与手工核算的数据相一致,并应接受有关部门的监督。

四、替代手工记账的过程是会计工作从手工核算向电算化核算过渡的阶段,由于计算机与手工并行工作,会计人员的工作强度比较大,各单位需要合理安排财务会计部门的工作,提高工作效率。

五、计算机与手工并行期间,可采用计算机打印输出的记账凭证替代手工填制的记账凭证,根据有关规定进行审核并装订成册,作为会计档案保存,并据以登记手工账簿。如果计算机与手工账核算结果不一致,要由专人查明原因并向本单位领导书面报告。

六、记账凭证的类别,可以采用一种记账凭证或收、付、转三种凭证的形式;也可以在收、付、转三种凭证的基础上,按照经济业务和会计软件功能模块的划分进一步细化,以方便记账凭证的输入和保存。

七、计算机内会计数据的打印输出和保存是替代手工记账单位的重要工作，根据会计电算化的特点，各单位应注意以下问题：

1. 采用电子计算机打印输出书面会计凭证、账簿、报表的应当符合国家统一会计制度的要求，采用中文或中外文对照，字迹清晰，作为会计档案保存，保存期限按《会计档案管理办法》的规定执行。

2. 在当期所有记账凭证数据和明细分类账数据都存储在计算机内的情况下，总分类账可以从这些数据中产生，因此可以用"总分类账户本期发生额及余额对照表"替代当期总分类账。

3. 现金日记账和银行存款日记账的打印，由于受到打印机条件的限制，可采用计算机打印输出的活页账页装订成册，要求每天登记并打印，每天业务较少、不能满页打印的，可按旬打印输出。一般账簿可以根据实际情况和工作需要按月或按季、按年打印；发生业务较少的账簿，可满页打印。

4. 在保证凭证、账簿清晰的条件下，计算机打印输出的凭证、账簿中表格线可适当减少。

八、采用磁带、磁盘、光盘、微缩胶片等介质存储会计账簿、报表，作为会计档案保存的单位，应满足以下要求：

1. 采用磁带、磁盘、光盘、微缩胶片等介质存储会计数据，不再定期打印输出会计账簿，应征得同级财政部门的同意。

2. 保存期限同打印输出的书面形式的会计账簿、报表。

3. 记账凭证、总分类账、现金日记账和银行存款日记账仍需要打印输出，还要按照有关税务、审计等管理部门的要求，及时打印输出有关账簿、报表。

4. 大中型企业应用磁带、光盘、微缩胶片等介质存储会计数据，尽量少采用软盘存储会计档案。

九、替代手工记账后，各单位应做到当天发生业务，当天登记入账，期末及时结账并打印输出会计报表；要灵活运用计算机对数据进行综合分析，定期或不定期地向单位领导报告主要财务指标和分析结果。

第四章　建立会计电算化内部管理制度

一、开展会计电算化的单位根据工作需要，建立健全包括会计电算化岗位责任制、会计电算化操作管理制度、计算机硬软件和数据管理制度、电算化会计档案管理制度的会计电算化内部管理制度，保证会计电算化工作的顺利开展。

二、建立会计电算化岗位责任制，要明确每各个工作岗位的职责范围，切实做到事事有人管，人人有专责，办事有要求，工作有检查。

会计电算化后的工作岗位可分为基本会计岗位和电算化会计岗位。基本会计岗位可包括：会计主管、出纳、会计核算各岗、稽核、会计档案管理等工作岗位。电算化会计岗位包括直接管理、操作、维护计算机及会计软件系统的工作岗位。

三、电算化会计岗位和工作职责一般可划分如下：

1. 电算主管：负责协调计算机及会计软件系统的运行工作，要求具备会计和计算机知识，以及相关的会计电算化组织管理的经验。电算化主管可由会计主管兼任，采用中小型计算机和计算机网络会计软件的单位，应设立此岗位。

2．软件操作：负责输入记账凭证和原始凭证等会计数据，输出记账凭证、会计账簿、报表，和进行部分会计数据处理工作，要求具备会计软件操作知识，达到会计电算化初级知识；各单位应鼓励基本会计岗位的会计人员兼任软件操作岗位的工作。

3．审核记账：负责对输入计算机的会计数据（记账凭证和原始凭证）进行审核，操作会计软件登记机内账簿，对打印输出的账簿、报表进行确认；此岗要求具备会计和计算机知识，达到会计电算化初级知识培训的水平，可由主管会计兼任。

4．电算维护：负责保证计算机硬件、软件的正常运行，管理机内会计数据；此岗要求具备计算机和会计知识，经过会计电算化中级知识培训；采用大型、小型计算机和计算机网络会计软件的单位，应设立此岗位，此岗在大中型企业中应由专职人员担任。

5．电算审查：负责监督计算机及会计软件系统的运行，防止利用计算机进行舞弊；要求具备会计和计算机知识，达到会计电算化中级知识培训的水平，此岗可由会计稽核人员兼任；采用大型、小型计算机和大型会计软件的单位，可设立此岗位。

6．数据分析：负责对计算机内的会计数据进行分析，要求具备计算机和会计知识，达到会计电算化中级知识培训的水平；采用大型、小型计算机和计算机网络会计软件的单位，可设立此岗位，由主管会计兼任。

四、实施会计电算化过程中，各单位可根据内部牵制制度的要求和本单位的工作需要，参照上条对电算化会计岗位的划分进行调整和设立必要的工作岗位。基本会计岗位和电算化会计岗位，可以保证会计数据安全的前提下交叉设置，各岗位人员要保持相对稳定。由本单位人员进行会计软件开发的，还可设立软件开发岗位。小型企事业单位设立电算化会计岗位，应根据实际需要对上条给出的岗位进行适当合并。

五、建立会计电算化操作管理制度，主要内容包括：

1．明确规定上机操作人员对会计软件的操作工作内容和权限，对操作密码要严格管理，指定专人定期更换密码，杜绝未经授权人员操作会计软件；

2．预防已输入计算机的原始凭证和记账凭证等会计数据未经审核而登记机内账簿；

3．操作人员离开机房前，应执行相应命令退出会计软件；

4．根据本单位实际情况，由专人保存必要的上机操作记录，记录操作人、操作时间、操作内容、故障情况等内容；

六、建立计算机硬件、软件和数据管理制度，主要内容包括：

1．保证机房设备安全和计算机正常运行是进行会计电算化的前提条件，要经常对有关设备进行保养，保持机房和设备的整洁，防止意外事故的发生；

2．确保会计数据和会计软件的安全保密，防止对数据和软件的非法修改和删除；对磁性介质存放的数据要保存双备份；

3．对正在使用的会计核算软件进行修改、对通用会计软件进行升版和计算机硬件设备进行更换等工作，要有一定的审批手续；在软件修改、升版和硬件更换过程中，要保证实际会计数据的连续和安全，并由有关人员进行监督；

4．健全计算机硬件和软件出现故障时进行排除的管理措施，保证会计数据的完整性；

5．健全必要的防治计算机病毒的措施。

七、建立电算化会计档案管理制度，主要内容包括：

1. 电算化会计档案，包括存储在计算机硬盘中的会计数据以及其他磁性介质或光盘存储的会计数据和计算机打印出来的书面等形式的会计数据；会计数据是指记账凭证、会计账簿、会计报表（包括报表格式和计算公式）等数据；

2. 电算化会计档案管理是重要的会计基础工作，要严格按照财政部有关规定的要求对会计档案进行管理，由专人负责；

3. 对电算化会计档案管理要做好防磁、防火、防潮和防尘工作，重要会计档案应准备双份，存放在两个不同的地点；

4. 采用磁性介质保存会计档案，要定期进行检查，定期进行复制，防止由于磁性介质损坏，而使会计档案丢失；

5. 通用会计软件、定点开发会计软件、通用与定点开发相结合会计软件的全套文档资料以及会计软件程序，视同会计档案保管，保管期截止到该软件停止使用或有重大更改之后的五年。

第五章 附 则

本规范由财政部会计司负责解释，自发布之日起实施。

档 案 管 理 制 度

实现会计电算化系统后，会计资料包括存储在磁介质（软盘、硬盘、磁带、存有会计数据的计算机系统等）上的会计数据和书面形式的会计凭证、会计账簿、会计报表等会计核算资料。

一、会计资料的管理

计算机内的会计数据及其备份和作为会计档案资料打印出来的各种凭证、账册、报表，应按有关财会制度使用、保管。

1. 现金日记账。每日数据审核员打印出现金日记账，审核后签章并交出纳人员，出纳人员核对现金库存，相符后出纳员签章，交系统管理员，系统管理员审核后在账页上签字盖章，按月编页码装订成册加盖封印，年终将各月现金日记账按顺序装订成册，加盖封印妥为保管。

2. 银行日记账。数据审核员每日打印银行日记账，审核后签章并交出纳。出纳审核无误后，签章并交系统主管，系统主管审核后签字盖章，按月编页码装订成册加盖封印。年终将各月银行日记账按顺序装订成册，并加盖封印妥为保管。

3. 凭证。凭证包括手工编制凭证和机制凭证两种。数据审核员每天将机制凭证打印输出后，与手工编制凭证一起交系统管理员，系统管理员审核后按凭证的顺序编号装订成册，并加盖封印妥为保管。

4. 科目余额表和会计账簿打印时间。

银行余额调整表每月打印一次。

总分类账和各种明细分类账每月打印一次。

现金、银行存款、转账凭证的分册科目汇总表每月打印一次，并同该册凭证一起装订。

会计报表、核算分配计算表、分析表,按管理要求和时间打印输出,经系统主管审核无误后签字生效。

5. 其他。由计算机打印输出的会计资料发生缺损时,应该补充打印,并要求数据审核员在打印输出的账页上签字盖章,由系统主管签字(盖章)认可。

二、数据备份管理

由于会计核算数据的重要性,必须经常进行备份工作,避免意外和人为错误造成数据的丢失;发生会计数据丢失时,必须及时用备份恢复。

1. 每日操作结束后,系统主管使用财务信息化软件的备份功能,进行备份。软件的备份功能能方便备份、恢复系统的必要数据。

2. 每日备份完成后,应将计算机上备份数据复制到存储介质(如 CD-RW 等)上。

3. 每日操作结束,将备份介质(软盘或光盘等)交档案保管员妥为保管。

三、会计档案管理

1. 会计档案必须进行科学管理,做到妥善保管,存放有序,查找方便。档案管理员应建立档案备查簿,详细记载其所保管的所有档案的存放情况。

2. 有会计信息的磁性介质及其他介质应视同会计档案,妥善保管。注意做好防磁、防尘、防污、防水等工作。

3. 一切会计资料均由档案管理员统一管理;档案管理员不得私自公开他(她)所掌握的数据。

4. 打印输出的凭证、账册、报表,必须有会计主管签章才能存档保管。

5. 为了保证存储介质数据的安全,备份介质必须贴保护标签,装入保护套,放进硬盒,存放在安全、洁净、防热、防潮、防磁的场所。

6. 打印出的凭证、账册、报表等书面形式的会计档案按《会计档案管理办法》规定的保管期限和管理办法管理。

7. 随计算机配置而来的操作系统、各类应用程序软件以及购买的商品化会计软件和以上软件的备份介质,作为会计档案保管。

8. 系统数据、备份数据及档案数据的查询使用,必须经过系统管理员的审批并在查询使用表上签字。

9. 如果对备份介质的操作可能危及该备份介质的完整性,应制作该备份介质的复制件,使用复制件进行操作。

10. 会计档案的保存期限和销毁办法,参照财政部和国家档案管理局的统一规定办理。

11. 必须加强会计档案的保密工作,任何人如有伪造、非法涂改变更、故意毁坏数据文件、账册、备份介质和装有会计数据的计算机系统等行为,将受到行政处分,情节严重者,将追究其法律责任。

四、安全和保密措施

1. 对电算化会计档案管理要做好防磁、防火、防潮、防尘、防盗、防虫蛀、防霉烂和防鼠咬等工作,重要的会计档案应备份双份,存放在两个不同的地方。

2. 对磁性介质保存的会计档案,一个月(30天)定期进行检查,必要时进行重新复制。

3．严格执行安全和保密措施，会计档案不得随意堆放，严防毁损、散失和泄密。

4．各种会计资料包括打印出来的会计资料以及存储会计资料的软盘、硬盘、计算机设备、光盘等，未经会计主管同意，不得外借和拿出单位。

5．经会计主管同意借阅的会计资料，应履行相应的借阅手续，经手人必须签字记录。存入在介质上的会计资料借阅归还时，还应认真检查病毒，防止系统感染病毒。

计算机病毒防范制度

一、计算机病毒防范制度

1．对财务信息化工作人员经常进行安全思想教育，强化反病毒意识。

2．购买或更新最新正版病毒软件。

3．制定病毒防范措施，防止病毒的流入和及时查杀病毒。

4．内部软件特别是工具软件和财务会计软件要经常性进行病毒检查，发现新病毒及时消除。

5．与工作无关的外来软件、软盘等介质，不得随意上机运行，经领导批准的可上机运行，必须在使用之前严格病毒检查。

6．对交付给其他部门的机器、软件、数据存储介质，应事先与对方一起进行病毒检查，确认无病毒后方可交对方带走，并由经办人签字验收。

7．外来人员不得擅自操作机器，更不能运行财务软件。

8．严禁在机器上玩耍电子游戏，不准保留任何游戏软件。

二、计算机维护员应备有病毒防范措施

1．系统维护员应具备正版杀毒软件。

2．在每台计算机上安装金山毒霸等病毒防火墙，实时监测系统的运行情况。

3．系统维护员定期用 KV3000 等对计算机系统进行彻底的查毒和杀毒，原则上一周一次。

4．系统维护员定期对杀毒软件升级，保持最新的版本。根据开发商升级情况及时进行升级。

5．财务信息化系统使用的计算机应设置开机密码，严禁其他部门或个人使用。

6．禁止玩计算机游戏和从事与财务信息化无关的操作。

7．设置计算机维护工作情况表，系统维护员根据维护的实际情况填写，系统主管审查后，签字并存档。

参 考 文 献

1. 安易软件有限责任公司编．安易财务软件使用手册．北京：2000
2. 四川省财政厅会计处编．新编会计电算化初级培训教材．成都：四川人民出版社，2001
3. 何日胜编篇．会计电算化系统应用操作．北京：清华大学出版社，2002
4. 东软金算盘软件有限公司编．会计电算化基础教程．北京：经济科学出版社，2002
5. 中华人民共和国财政部制定．企业会计制度2001．北京：经济科学出版社，2001
6. 蔡立新．计算机会计学．北京：首都经济贸易大学出版社，2001
7. 教育部考试中心．会计电算化教程．北京：清华大学出版社，1999
8. 杨周南，张瑞君主编．会计信息系统．北京：经济科学出版社，2000
9. 全国会计专业技术资格考试领导小组办公室编．中级会计实务．北京：中国财政经济出版社，2001